占領華爾街精神領袖
大衛・格雷伯——著
湯淑君—李尚遠—陳雅馨——譯

為什麼上街頭？

新公民運動的歷史、危機和進程

THE DEMOCRACY PROJECT

A HISTORY, A CRISIS, A MOVEMENT

DAVID GRAEBER

推薦序　恢復尊嚴的另一種選擇

李茂生

本書是倫敦大學金史密斯學院人類學教授大衛・格雷伯的新著，因為他被譽為占領華爾街運動的精神領袖之一，所以由他來描述這整個運動的始末、基礎理論以及實踐手段等等，應該是非常適當的。

本書共分五章，對這個運動有興趣的人，應該會被講述實踐手段的第四章所吸引：非暴力、共識決、圖書館與廚房、與警方的溝通管道等等，在在都指出這個活動之所以成功的機制；也讓我們知道，最近才落幕的太陽花學運其實與這個運動有意義上的傳承，這些都是全球正義運動的一環。

不過本書真正吸引我的，卻是理論性較重的第三章：〈「暴民開始思考與講理」：隱藏的民主史〉。這一章充分表達了多數決民粹與共識決民主之間的差異，並且告訴我們傳統的垂直性民主與水平性民主之間的衝突。但是更重要的，是作者透過理論的描述，表明了占領華爾街運動的本質，就是

「無政府主義」的彰顯：一個在現行民主體制下，到處開花結果，改變人們生活態度的革命。

如果能夠理解作者的論述，那麼應該就可以區分以往在體制中尋求解決方案，利用呼口號與遊行表達訴求或進行抗議的民主運動，到底與這個以占領、大會模式來進行的抗議活動有何不同，而這個「不同」又有什麼樣的意義存在。看完本章後，讀者可能會憶及一九九〇年時阿岡本（Giorgio Agamben）所出版的一本小書：《即將到來的共同體》（*La comunità che viene*），並且在對照之下得到鼓舞。本書的第三章，究竟給了我們怎麼樣的啟示？

一般提到民主制度，我們都一定會將這個制度定義成民有、民治、民享的制度，並將之稱為人類歷史上最成熟的政治制度。然而，事實上果真的是如此嗎？或許真實僅是我們以虛偽的民意取代了虛幻的神權，現代的統治者在本質仍然和中世紀的統治者一樣，他們都是少數的菁英分子，強占了所有的資源，而且總是自私自利。本書不斷地提及「我們就是那些被支配的百分之九十九」，就是在非難這個現象。而且作者也提及在後工業時代，金融服務取代了工業生產，資本金融化後，貨幣的虛幻價值不斷地被再生產，工人日益貧窮，而學生也在畢業後受到就學貸款清償的壓力，而整日感到不安與羞辱。整個社會中階層向上移動，已經成為無法實現的夢想。值此之際，一種古老的生活方式、一種不斷被傳統民主體制壓抑到社會邊緣的生活圈，或許就是另一個讓我們恢復尊嚴的選擇。

讓我們一起回憶一個更古老的時代，在那個時代裡，一個族群的組成分子公推了共主，在族群受到外界侵襲時，共主擁有極大的權限，以擊退外界的侵襲，但是在平時仍舊是與其他的族群組成分子一樣，沒有任何的特權；更奇妙的是，只要有必要，族群可以透過共識而另推共主（書中以海盜為例）。然而在現在，這類的行動會被定義成革命，而且被任何種類的法制所禁止。這種戰鬥型的生活共同體，在剝除了戰鬥的性質後，難道沒有留下任何斷簡殘篇嗎？

革命是種創法的活動，然而當創法者成功推翻了原有的體制後，其自身又會成為支配者，並盡全力發揮護法的權力以維護其所創製出來的體制。在這個階段，創法的權力會變成為護法的權力，兩者幾乎無法區分。在這種無限循環的機制下，唯一不變的，就是那些永遠存在百分之九十九的被支配者。

本書的作者，不是主張這些被支配者應該革命，更不是主張依循合法管道懇請支配者留意他們的需求。革命只是無限的循環，每次革命除了帶來極度的犧牲與悲哀外，改變不了現實。而體制內的改革一事，在在證明人民只能在投票的數秒內當主人，然後回頭繼續當奴隸。

在充滿了無力感的情況下，人民沉迷於意識形態鬥爭的對決（例如藍綠兩極的謾罵），並非無法想像。所謂做自己的主人，僅是代表了選擇一邊的支配者當自己的主人而已。不論是左派還是右派，對於華爾街占領活動的批評都是他們是無政府主義者，沒有行動計畫，也不想提出任何具體的改革建議，他們能夠做的僅是透過「暴力」拆除現有的秩序。然而，這種批評，僅是想把直攻「金錢、軍事、全球化統治模式的核心—美國華爾街」的活動，引導回所謂的「正軌」而已。

華爾街占領活動透過非暴力的訴求，暫時性的占領了傳統統治體制下的一個物理性空間，然其所表達出來的，卻是以往被民主洪流沖刷過後成為斷簡殘篇或廢墟的、被遺忘的生活態度；一種透過討論集結共識，來對以多數決迷惑群眾的統治階層施加壓力的新型直接民主管道。亦即透過占領物理性空間的活動，表現出處於創法與護法兩個物理性空間中的「閾」，一種存在於不存在空間中的生活態度。

正如班雅明（Walter Benjamin）所說，挖掘出斷簡殘篇或廢墟，並給予新生命、新定義，並不是一種為過往被遺忘事物「正名」的舉動，而是一個讓挖掘遺址的人得到救贖的行動。面對著全球化現象，在（不）自由貿易協定下幾乎無法呼吸的百分之九十九，在這二十年來，在全世界各處串聯，雖然短暫，卻還是不斷地發出了怒吼，尋求新的生活態度。這正是遍地開花的時刻，也是即將到來的共同體的實踐。

《為什麼上街頭？新公民運動的歷史、危機和進程》一書用了極為淺顯的用語，表達了以上的情事，也為持續奮鬥、爭取自由的人們，帶來了新的希望。

（本文作者為台灣大學法律學院教授）

推薦序　從占領華爾街到占領立法院

何明修

一、

無政府主義（anarchism），或說安那其主義，大概是人類歷史上最常被誤解的政治主張。對於大部分奉公守法的好國民而言，這個詞意味著無政府狀態（lawlessness），如果沒有了警察、法院與監獄，社會秩序就盪然無存，彷彿捷運上就可以無差別砍人，或是路上隨地大小便。就如同二十世紀初期，共產主義剛傳入中國時被曲解成為「共妻制度」一樣，反正隨便套用刻版印象或是偏見，總是一種掩飾自己無知的最順手的方式。

就如同其他社會主義運動一樣，無政府主義者追求一個自由社會，在其中的每個人可以平等地實現自己的潛能。馬克思主義與無政府主義也都認為，現行的遊戲規則例如私有財產、自由貿易、國家等，都是帶來了巨大的壓迫，因此，需要被更良善的社會制度徹底取代。但是要如何促成這樣的社會革命，以及未來社會的圖像會是什麼，從十九世紀以來，兩種左翼思維卻經常爭論不休。基本上而言，馬克思主義者是採取比較現實的立場，要打破資產階級的專政，就是需要依靠強大的組織力量，在科學的社會主義旗幟下，組成具有紀律的革命黨。無論是採取和平或暴力的方式，國家政權一定是要攻占下的政治高地，一方面可以實行「無產階級專政」，壓制反動勢力，另一方面可以推行生產工具社會化，實行社會主義的藍圖。儘管馬克思本人沒有描述何謂真正的共產社會，但是列寧所謂的「蘇維埃權力加電力化」（soviet power plus electricity）卻提供一個夠清楚的輪廓，取代資本主義的社會將是一個巨大的生產組織，它不但擁有最先進的科技，而且也是由中央政府直接掌控。

相對於此，無政府主義者相信群眾自發性、地方分權，他們偏好鬆散的組織形態，也不相信有什麼顛破不滅的歷史定律。在策略上，無政府主義者反對將手段與目標分離，因為你不可能用不自由的方式來追求自由。他們批評以馬克思主義為名號的革命組織，對於異議完全不寬容，如此將會以新的壓迫來取代舊的壓迫；從事後來看，他們的預言不幸成真。馬克思主義者相信生產力提升的硬道理，然而無政府主義卻認為分散化的自給自足經濟，提供了較可欲的生活形態。簡單地說，馬克思主義認為具有強制力的組織是必要，無論是為了推翻資本主義，亦或是維持社會主義的運作，而無政府主義傾向於認為，只要有階層性的組織，就一定會帶來壓迫。

在全球的社會主義運動脈絡下，馬克思主義顯然是占上風的。念過馬克思著作的人，大概都會覺得普魯東（Pierre-Joseph Proudhon）是腦袋不清楚的法國人，根本不了解工業資本主義的邏輯，以為小工匠的互助倫理就可以維繫現代經濟的運作。同樣地，你也很可能認為巴枯寧（Mikhail Bakunin）是個陰險的俄國人，妄想用少數人的密謀與暴力活動，帶來社會主義的解放。籠罩在馬克思巨大的知識權威下，古典的無政府主義倡議者，從普魯東、巴枯寧、到克魯泡特金（Peter Kropotkin），都顯得只是二三流的作家。他們的分析總是不夠犀利，無法掌握更深層的關鍵；當他們遇到理窮理拙的時候，往往只能訴諸於空洞的道德說教，或是一廂情願的期待。

在世界各地，馬克思主義對於無政府主義的勝利曾一度取得決定性的勝利。除了少數例外，例如短命的西班牙共和國，無政府主義者沒有他們的一九一七、一九四九年革命，進而取得政權。馬派的歷史學家霍布斯邦（Eric Hobsbawm）指出，在工會與左派政黨組織穩固的北歐，具有高度理論性格的馬克思主義，是占主導地位的意識型態；相對地，在發展落後的南歐，強調熱情與自發性的無政府主義則是具有巨大的吸引力。在二十世期初的中國，無政府主義也一度十分盛行，中共在一九二一年建黨之後，也曾花了不少精力才根除無政府主義的影響。在日治時期，成立於一九二六年的台灣黑色青年聯盟也是深受這種思潮啟發。等到台共在一九二八年成立，並且逐步掌控文化協會與農民組合的主導，無政府主義運動才在台灣沒落。

無政府主義之所成為社會主義運動的魯蛇，自己也要負一點責任。從十九世紀末期以來，有些無政府主義者相信喚起群眾反抗最好的方式，就是丟炸彈、暗殺政要，這些暴行為被稱為「透過行動來達成宣傳」（propaganda of deed）。事實上，是無政府主義者發明了恐怖主義（terrorism）一詞，而不是後來的基進伊斯蘭主義者。理所當然，在缺乏其他條件的配合下，沒頭沒腦的衝組暴力，只會帶來社會的反彈，製造當局鎮壓的口實。不過，誠如本書所指出，在經歷了甘地領導的不合作運動、美國的民權運動之後，二十世紀的無政府主義已經轉向非暴力抗爭的原則，揚棄了恐怖主義的路線。

當代的無政府主義值得我們重視，因為它訴求群眾自發性、去中心化領導、平等參與、自由創意等價值，在這半世紀以來曾引發各式各樣的新左派運動。一九六八年五月的巴黎學生運動提出「解放想像力」、「現實一點，要求不可能的事！」（be realistic, demand the impossible!）之口號，就是帶有強烈的無政府主義色彩。一九七〇年代之後，美國婦女運動出現各種「意識覺醒」（consciousness raising）的小團體，他們有意識地拒絕組織專業化與階層化，以受暴婦女收容所、書店、出版社、餐廳、靈性成長團體等另類機構的方式，將女性主義訴求帶入日常生活。同樣地，有些生態運動者主張「生物區域主義」（bioregionalism），要求降低全球經貿的密切往來，將政治組織與社會生活還原到生態體系的基礎。換言之，無政府主義的思想，儘管至今沒有如馬克思在《共產黨宣言》中預告的，能夠「贏得一個世界」，但是它對於直接民主、廣泛參與、尊重多元的方法論原則，卻啟發了世界各地反壓迫的各種抵抗運動，包括本書所描述的占領華爾街運動。

二、

本書作者大衛．格雷伯大概是當前全球最著名的人類學家，也是左派運動中的明星級知識分子。在二〇一一年的出版《債的歷史》（*Debt: The First 5,000 Years*）一書中，格雷伯從債權人與債務人的關係演變，來考察世界歷史的演進。這是一本關於債務的百科全書，所引證的資料包羅萬象，從古印度吠陀經、馬達加斯加的民族誌，到美國政府的貨幣發行量。格雷伯提出這樣的質問：為何從初民社會到當前的金融資本主義，我們都傾向於認為，債台高築是一種道德瑕疵，甚至是一種罪惡？同時，各種勾銷債務、赦免負擔的舉動卻往往是被歌頌的美德，也帶來歷史向前邁進的革命？同時，我們是如何走入這種荒謬情境：處於破產邊緣的大銀行是「大得不能讓它倒」（too big to fail），可以享有政府的紓困措施，但是繳出不房貸的失業者卻面臨家園被法拍的命運？美國政府的國債可以不斷攀升，但是第三世界國家一旦遇到債務危機，卻被逼得跳樓大拍賣，將寶貴的資產賣給外國人？

《債的歷史》是格雷伯最具有代表性的作品，在歷史人類學的領域中，它的歷史縱深與影響力已經明顯超越了渥夫（Eric Wolf）的《歐洲與無歷史的民族》（*Europe and the People Without History*）、敏茲（Sidney W. Mintz）的《甜蜜與權力：現代史中的糖》（*Sweetness and Power: The Place of Sugar in Modern History*）等經典鉅著。在《債的歷史》出版後，原先在英倫執教的格雷柏意外地捲了入紐約的占領華爾街運動，這使得他從債務的歷史觀察者，轉變成為抵抗不義債務的行動者。在運動落幕後的兩年，格雷伯出版了本書，原先英文題目是 *The Democracy Project: A History, a Crisis, a Movement*（直譯應是《民主計畫：歷史、危機與運動》），深刻地記錄格雷伯本人的參與見聞，以及評估這場運動的後果。更重要地，格雷伯企圖說明，無政府主義的精神如何貫穿了這場舉世睹目的運動，以及為何這個思潮在現今的進步政治中仍扮演重要的角色。

抗議貧富差距跨大的占領運動，高舉「我們是百分之九十九」口號的，在二〇一一年九月從紐約華爾街發起，後來擴散到全世界兩千七百多個城市的抗爭。占領運動的訴求是日益惡化的社會不平等，但是卻不是依循著傳統的階級或左派運動的路線。通過各種網路媒體的動員，抗議者集聚在城市中的公共空間，他們紮營露宿，長期抗戰；即使被警察強力驅趕，仍再接再厲重新占領現場。占領者並不選派領導者，也不提出具體的訴求，更不期待要與政府當局對話；相對地，他們實踐參與式民主的理念，以共識決而不是多數決的方式來進行重大議題的討論。在該年十一月，占領華爾街運動正式結束，但是其影響仍在持續發酵。

有些人將格雷伯描述為占領運動的領袖或是思想導師，但是堅信無政府主義的他，肯定會反對這樣的稱號。這本書紀錄了格雷伯所觀察的運動第一手內幕，包括「我們是百分之九十九」的口號是如何出現，一場原先不看好的抗議如何透過推特吸引年青人的注意，以及堅持平等參與的「水平性」（horizontals）在起初鬥倒教條左翼的「垂直性」（verticals），取運動主導權。根據格雷伯的描述，紐約場的占領運動一開始來自於是少數運動者的發想，沒有組織力量的支持，甚至連自由派媒體也不看好；結果他們在成功堅守祖科提公園幾天後，不但連原先觀望的社運組織與工會都開動員支持，熱心民眾與披薩店捐贈物資（包括所謂的「占領派」（Occu-pie）是號稱「百分之九十九的起司加百分之一的豬肉」），世界各地也紛紛出現了聲援活動。格雷伯認為，占領運動之所以能引發風潮，正是由於其堅持直接民主的原則，不推選領袖，也不提出訴求，更拒絕與官員或警察談判。占領運動不形成一個組織，他們稱自己是「大會」（general assembly），重大的決策是由各小組所組成的「發言人會議」（spokescouncil）所商議，更重要，他們是採取共識決，在充份尊重每種異議的前提下，來促成共同的決定。

從傳統社會運動角度來看，占領運動排斥領導與組織，更沒有明確主張，這似乎是一場鬧劇。但是格雷伯深信，這正好就是運動發揮影響力之所在，因為一旦有了組織與固定領導者，官員就容易製造分化幹部與群眾，或是更容易忽略運動所帶來的政治壓力。相對地，平等而廣泛的參與才會帶來有創意的抗議劇碼，格雷伯指出，選擇祖科提公園作為抗爭地點、決定紮營夜宿、設立公共廚房與圖書館等舉動，就是來自於群眾的自發性，而不是少數領導者片面決定。更重要地，無政府主義者反對為了達到目標而不擇手段，因為既然這是一場爭取民主的運動，其過程也一定要符合民主。占領運動採取了「預兆性政治」（prefigurative politics），也就是說他們所設想的良善社會願景，就直接浮現在抗爭現場。

在本書中，格雷伯將無政府主義定義為一種徹底的民主化。他回顧美國創建的歷史，獨立革命之後，建國之父所追求只是非君主統治的共和國，而不是接納人民參與的民主。只有一波波的社會抗爭之後，愈來愈多的人民才爭取到民權與參與政治的權利。然而，在現今的金權政治之下，民主制度已經被財團侵蝕，政治獻金是正大光明的行賄，民選政治人員忙著討好金主，而不是他們的選民。面對這種危機，自由派拿不出對策，很多時候他們也跟著同流合污，而舊左派則是拘泥其意識型態教條，影響力日益萎縮。相對地，美國的無政府主義運動，承續了美洲原住民的聯邦自治傳統、貴格教會對於平等的堅持、民權運動的非暴力抗爭，以及採取意識覺醒策略的婦女運動，將有機會解決金融資本主義所帶來的民主危機。

三、

在今年（二〇一四）春天，太陽花學運猛然爆發，為了抗議兩岸服務貿協議定在國會草率審查，學生與公民占領了立法院議場長達二十四天。在這場台灣前所未有的社會運動中，爭議的焦點就是中國因素對台灣民主與主權侵害，以及兩岸經貿往來所加劇的貧富兩極化。本書的讀者會發現，紐約與台北兩地的抗議者其實面臨了高度相似的情境，包括警察的違法暴力、流氓的滋擾、主流媒體的惡意扭曲等。占領華爾街與占領立法院的行動，同樣依賴網際網路作為動員管道，而且他們所吸引的主要參與者則是不滿貧窮化的青年人。儘管有這樣的類似性，本書所宣揚的無政府主義理念，似乎是在台北場的占領運動明顯缺席。聲援太陽花學運的勢力來自四面八方，包括了在野黨、各種社運團體、學生自治組織、大學系所、專業人士（藝文界、出版界、廣告界）、海外台灣人等，但是就沒一個組織是高舉無政府主義的旗幟。黑色島國青年陣線是最早關切服貿議題的學運團體，但是他們之所以選擇了無政府主義的代表色，恐怕也只是巧合與偶然。

但是情況是如此嗎？

從表面來看，太陽花學運是一場高度集中心化的抗爭動員。在經歷了占領行政院事件的衝擊之後，最高的領導中心就是由五位學生、四位NGO代表與學者所組成的「九人決策小組」。而且，被媒體封為「學運總指揮」的林飛帆與陳為廷兩人，也成為了亮眼的學運明星，擁有眾多的粉絲。在他們的號召下，三月二十一日當晚，全台各地的國民黨黨部與民眾服務社被反服貿群眾包圍，在三月三十日，更有高達五十萬人走上凱道。這似乎完全背離了格雷伯所描述的由下而上、平等參與的原則。儘管在四月七日正式宣布撤出立法院之前，運動幹部經歷了長達二十小時四次會議，儘可能疏通內部的反彈，安撫不滿的情緒，但是其決策過程仍是被批評「黑箱作業」，也引發部分參與者的不滿。

但是更仔細審視，太陽花學運並不是只依靠九人小組或是帆廷兩位具有魅力的領袖，才支撐起這場長達二十四天的占領運動。從三月十八日晚上衝入立法院開始，自發前往抗爭現場，長期露宿青島東路、濟南路、中山南路、林森南路八巷的公民就發揮了保護議場的作用。他們不但對於輪班駐守議場內的警察形成了反包圍的態勢，更使得執政者意識到，強制驅離行動將帶來嚴重的政治後果。議場外所形成的次團體，例如糾察站、物資站、醫療組、「街頭民主教室」、「街頭議會開講」、「三一八心理服務站」、「公民親子教室」、台大新聞 e 論壇、戰地廚房、「賤民解放區」、「大腸花論壇」、「廣場小對話」等，也都不是來自於議場內的指揮調度，而是許許多多參與者的自發性決定。來自於不同背景與專業的參與者，有學生與非學生，有資深社運老手，也有一般素人，他們各自想要貢獻自己的力量，保衛被占領的立法院議場。等到占領運動進入到第三週，議場內幹部的動員能力明顯出現疲態，在這段低潮，是由場外自發形成的民主黑潮、割闌尾行動、小蜜蜂戰鬥隊等團體延續了抗爭的力道。

因此，那段期間的立法院周遭區域也隱約地呈現了一個理想民主社群的圖像。糾察志工輪班守夜，讓安睡的朋友得以好好休息，物資站總是可以滿足各種現場群眾的需求，無論是雨衣、飲料、食物或是手機充電。NGO幹部、醫師、律師二十四小時排班，陪同面臨各種威脅的占領者。藝術家在現場創作，瑜伽老師教導群眾如何放鬆身心，教授在街頭上課，即使第一次參與社運的公民也有機會上台分享心得。對於共同生活的規則，民主社群必然會有不同意見，針對動線管制、醫療通道等安排，曾引發激烈的針鋒相對。是否有必要向交接班的警察鼓掌，或是進行鉅細靡遺的垃圾分類與資源回收，也有正反兩極的意見。但是無論如何，二十四天的占領立法院就是台版的預兆性政治，具體地展演了大部分參與者所想像的民主生活。

總結來說，太陽花學運有一個明確而封閉式的決策管道，這與格雷伯所描述的占領華爾街運動明顯不同。畢竟，無政府主義所強調的直接民主、共識決、反組織化與反領導人等原則，在台灣的社會運動脈絡中是非常陌生的。但無論如何，台灣的例子仍舊顯示了，大規模抗爭運動是不可能全憑由上而下的領導，群眾的自發性，多元的創意不只是運動重要的資產，也是向統治者施壓的最有效策略。運動的參與也不應被限縮成為純粹的工具性行為，只有當群眾在其中找到自我實現的意義，民主化的訴求才能真正被深化。更重要地，晚近台灣所盛行的「公民運動」一詞，就是強調沒組織的公民或是社運素人，只要團結起來，一樣可以發揮巨大的政治力量。就這些面向而言，格雷伯的運動紀實提供了我們進一步反思的線索。

（本文作者為台灣大學社會系教授）

推薦序　在街頭實踐民主

陳俊宏

自二〇〇八年金融海嘯以來，「占領X」已經成為全球各地社會運動常見的抗爭劇碼，這個X可以是公園、廣場、法院、國會，甚至是情人節。[1]占領運動如何成為一股席捲全球的社運風潮，絕對不能不談及二〇一一年在美國發生的「占領華爾街」運動。而本書所談論的，不只是占領華爾街運動的點滴紀實，更是探索占領運動所啟發的種種想像力，以及其後續所帶動的意識革命。

本書作者大衛・格雷伯，被視為當代最重要的公共人類學家之一，無政府主義的倡議者，二〇一

1. 占領情人節運動（Occupy Valentine's Day）是在占領華爾街運動結束之後，在美國發起的一項行動。發起人Samhita Mukhopadhyay主要挑戰在鋪天蓋地的商業包裝下，對人們生活選擇的束縛。她認為運動的宗旨並不是反對愛情，而是反對：「這種強迫我們必須以某種方式相愛的不公平結構。」

一年被美國《時代》雜誌評選百代風雲人物。他的名著《債的歷史：從文明的初始到全球負債時代》，更獲得美國文化人類學會「最佳專書獎」的殊榮。在遭遇被耶魯大學不續聘，並在美國尋求教職處處碰壁，而剛在英國倫敦大學的金史密斯學院落腳之際，因緣際會的成為「占領華爾街」運動的重要成員。而他與其他同伴集體構思的口號：「我們是百分之九十九」（We are the 99 percent）[2]，深刻打動人心，召喚了廣大的人民走上街頭，表達市井小民無法分享經濟成長果實的憤怒。這場運動無疑向世人揭露：凡是有益於華爾街的東西，絕對不利於整個美國，甚至整個世界，它更真實的凸顯出美國的代議政治已經淪為金融菁英們的附庸。不久之後，各式的占領運動從美國一路蔓延到歐亞，引起全球各地兩千七百多個城市響應。

「我們是百分之九十九」的口號之所以引起全球的共鳴，正因為全球化導致的不平等已經成為全球普遍的現象。近二十年來新自由主義所倡議的市場、競爭與發展掛帥等概念已經出現嚴重的危機。這類觀點的邏輯，假設經濟一旦有所成長，發展「理當」會點滴下滲（trickle down），所以分配的問題根本無須擔慮。然而現實已經清楚地回答，全球財富日益收斂成「窮」與「富」兩個大集團，集團內部相互收斂，但是集團之間差距卻日益擴大。聯合國發展署曾經以香檳杯圖像，來形容全球分配不均的慘況。一九九〇年代初期，前百分之二十的富人擁有全世界百分之八十的財富，而最赤貧百分之二十的窮人總和則僅有百分之一．四的全球財富。而這個差距比例在當前的發展趨勢中更加惡化。根據《二〇一三年瑞士信貸全球財富報告》，全球財富有百分之八十六掌握在百分之十的人手裡，僅百分之一的頂級財富持有者就占據了全球財產的百分之四十六，而底層人群所占有的財富僅為百分之一。《二十一世紀的資本》（Capital in the 21st century）作者皮凱提（Thomas Piketty）在二〇〇三年就曾與加州大學柏克萊分校經濟學者塞斯（Emmanuel Saez）合作，研究從一九一三年至一九九八年美國收入不均的情形，並關注最富裕的百分之一階層的收入情況。他們詳細揭示美國國民收入絕大部分是落入了這些高收入者之手，據說占領華爾街運動也深受這項研究的啟發，進而喊出了「我們是百分之九十九」這個深植人心的口號。

然而作為一位無政府主義的倡議者，格雷伯對改造資本主義並不抱希望。他的立場可以和皮凱提的巨著《二十一世紀的資本》，作一個有趣的對比。皮凱提也指出資本主義存在根本的缺陷，自然地會使社會愈來愈不平等，也就是會產生貧富差距日益擴大的危機。因此皮凱提主張以「加稅」作為解決之道，例如，要求政府推行增稅政策（對百分之一的富人課徵百分之八〇的所得稅率與百分之五〇到六〇的遺產稅）以及金融管制等政策。然而格雷伯對於資本主義的改革，似乎沒有皮凱提那麼樂

2. 二〇一一年五月，諾貝爾經濟獎得主史帝格里茲（Joseph E. Stiglitz）在《浮華世界》雜誌（*Vanity Fair*）的文章，標題就是〈百分之一所有，百分之一所治，百分之一所享〉（Of the 1%, by the 1%, for the 1%）。根據他的統計，位居社會頂層百分之一那些人，年收入約占全國總收入四分之一，若以財富計算，他們擁有全美國四成左右財富。這一篇文章的論點成為構思「我們是百分之九十九」口號的主要來源。

觀。對格雷伯來說，皮凱提顯然無意反對資本主義，而只是期待透過矯正的方案，或許可以減緩資本主義所帶來的副作用。格雷伯認為，這些看似基進的政策最終將徒勞無功，因為那些居於百分之一頂端的菁英不可能剝奪自己的財富，同時他們對媒體與政治場域所打造的銅牆鐵壁，早已排除任何人能透過選舉撼動他們利益的可能性。皮凱提的改革方案，就好比將資本主義想像為一個巨大的真空吸塵器，將財富吸入極少數的菁英手裡，卻仍堅持不去拔掉插頭，而只想以一個小型的真空吸塵器來取代。因此，對他來說，我們需要的是一個全新的想像，努力思考如何找出一個先拔除插頭，徹底調整機器功能再重新啟動的模式。這兩位學者對資本主義的診斷，非常值得進一步追蹤觀察。

除了挑戰資本主義所帶來的不公平，在這本新書中，格雷伯也挑戰一般美國人對民主的理解。對大多數美國人來說，「民主」一詞等於在描述現狀。然而對格雷伯來說，無論過去或是現在，民主從來沒有真正在美國實現過，不論《獨立宣言》還是美國《憲法》都沒有體現它們應當體現的民主價值。而當前的政治體系之所以犧牲百分之九十九的人的權益來保障百分之一人的利益也絕非偶然，因為現實的政治早已將職業政客與金融資本主義（fiance capitalism）融為一體，透過金錢與權力掐住了百分之九十九人的生活，當前所謂的民主根本只是個幻象。當政治已經成為經濟和金融利益的附庸，抗議者的目標就不在於如何與現存的體制尋求協商妥協或任何可能的讓步。「如果我們打算生活在一個真正民主的社會當中，我們就不得不從頭開始」。因此占領華爾街不只是要改變這個眼前不公平的經濟體制，更在創造一個真正的民主。而這種民主模式在占領華爾街運動中，得到完美的實現。

這是一種由所有公民在自由平等的基礎下形成共識的直接民主模式。有別於常見的由上而下的垂直式組織形式，這種直接民主的特色包括：強調分享「水平性權力」（horizontal power，即所有人參與共同決策），採取「直接行動」（Direct Action，即無需他人代表，個人自動自發的參與）的方式，並採用「共識決」的模式來決定行動策略。整個過程沒有領導人，只有共識引導者（Facilitator）負責協助整個流程，以便群眾找到共識，做出決策。每個人都有機會啟用人民麥克風（People's Microphone）發言或公布自己的提議；每個人都可以「否決」某個提議；或是選擇成為旁觀者角色，也就是「即使我不參與行動，但我不會阻止他人如此行動」。共識決的模式不同於以多數決的投票表決體系，不以壓抑少數意見來進行決策，而是對提案進行充分討論，從而形成共識。

這種採取去中心化、水平組織、共識決的直接民主方式，肯定會挑戰我們的直覺，特別是習慣於國家、政府或企業以「由上而下」的垂直性權力結構運作的人，很難想像這樣的實踐如何可能。這個實踐必然面臨幾個嚴肅的問題：例如沒有領導人的組織要如何運作？決策該如何產生？七〇年代美國基進女性主義學者喬・弗利曼（Jo Freeman）在〈無架構的暴政〉（The Tyranny of Structurelessness）中，就曾經質疑這種去中心化的組織及決策模式未必能達成組織成員平等參與的目標，反而容易讓權力更加集中於少數菁英之手，同時還無法要求菁英為決策負責；因此，沒有明文規定的組織架構以及可辨識的決策者，反而成為「權力遮掩的面具」。然而格雷伯認為，他所倡議的「共識程序」，可以解決弗利曼所提出的挑戰。

因此，占領運動展示一種對於政治共同體的另類想像。當運動過程中面臨主流媒體批評這場運動缺乏具體的目標與訴求時，格雷伯反駁，「占領」本身就是目標，它是一種直接民主的展現。透過「占領」讓所有被壓迫者可以平等的、公開的抒發對於當前貪婪不義體制的不滿；另一方面，則是向公眾展示一種真正自由、平等、有創意的民主圖像如何可能。格雷伯認為，我們必須徹底拋棄「目的正確等於手段正當」的邏輯，因此「社運團體採取的組織形式，必須具體呈現出我們所希望創造的那一種社會」。換言之，若要推翻資本主義就不應複製資本主義的邏輯，同樣的，社運團體要成就民主的目標，就不應以「不民主」的手段來達成。這是一種「預兆性政治」（pre-figurative politics），亦即對未來社會和政治圖像的真實預演。「占領」本身就形成一場對體制反思的展演，揭示政府統治機制的本質，並實踐一個直接參與並深具包容性的自治模式。因此他說：「我們或許永遠不可能透過邏輯來證明直接民主、自由以及立基於人類團結的社會是可能存在的，我們只能透過行動來體現這些規則。」儘管占領運動過後，沒有任何具體訴求被實現，但作為一個樂觀主義者，格雷伯並不從這個角度來評價占領運動的成敗。正如華勒斯坦所說，革命首先是由政治常識的變遷所組成的。儘管祖科提公園早已被淨空，然而「我們是百分之九十九」的口號仍在世界各地獲得迴響，以各式各樣的形式繼續上演占領的抗爭劇碼，因此這是一場意識覺醒的革命，當革命想像力一旦甦醒，改變就會不斷地持續下去。

過去幾年，台灣版的「百分之一與百分之九十九的戰爭」處處可見，特別是跨海峽資本所形成的政商聯盟已成為台灣的百分之一，壟斷政策制定過程，使得台灣的民主政治與自由經濟受到嚴重威脅。而代議民主制度的嚴重失靈，導致公民唯有透過街頭抗爭，才能撼動分贓政治的權力遊戲。二〇一四年三月因立法院草率通過《海峽兩岸服務貿易協議》，引發學生和公民團體的抗爭，展開為期三週的國會占領運動。對許多參與此場運動的青年學子而言，此場台灣近年來最具規模的公民運動，像是一場嚴肅又深刻的「公民成年禮」，讓他們對於未來該如何扮演積極的公民，有了清楚的體認。歷經「三二四占領行政院」行動中慘遭警察強力鎮壓的公民，更是真實的體驗血淋淋的國家暴力。而在占領運動期間，許多在占領華爾街運動常見的策略與參與形式，也不時出現在議場內外。由學生和公民團體一起舉行的草根會議中，更援引了「占領華爾街運動」所採行的會議手勢，讓近千名參與者能夠即時進行溝通，並達成具體共識。而在街頭公民審議（D-Street）會議中，一群公民團體與學者更發展出七種以上在街頭進行民主審議與對話的形式。當然，如果沒有一個足夠顢頇無能的政府，所有這一切還真是很難想像。

不論你是否曾經參與街頭運動，本書絕對值得一讀。對於不熟悉占領華爾街運動的讀者，本書提供豐富的資料，讓讀者可以了解運動的發展歷程。對於關心如何在街頭實踐民主的讀者，本書第四章提供讀者一窺當年街頭共識決模式的民主實踐過程，絕對值得每位政治行動者參考。而對於參與社會運動過程，經常遭遇的嚴肅問題，例如如何思考社運組織的內部民主？如何思考國家暴力的本質？如何判斷公民不服從是否「是」非暴力的？都可以在本書中找到線索。重點不在於是否被格雷伯的主張所說服，而是書中不斷挑戰我們習以為常的想法，並用具體行動激發我們探索民主實踐的各種可能，本書確實開拓了我們對另類政治實踐的想像空間。

（本文作者為東吳大學政治系副教授）

推薦序　重新想像民主

張鐵志

我們處於一個新的革命年代，本書作者大衛・格雷伯這麼說。所謂革命，是觀念的世界性轉變，例如發生在一八四八年的歐洲，或者一九六八年的全球性革命。而二〇一一年，就是標誌著我們這個時代，一個後冷戰、全球化時代的全球性的觀念革命。再一次，福山在冷戰結束剎那所宣稱的歷史終結，成為一個不好笑的笑話——從二〇〇八年的金融風暴到二〇一一年在全球各地爆發的反抗運動，他所相信歷史終點的資本主義和自由主義民主，被徹底質疑、挑戰。

在本書中，格雷伯——一個無政府主義運動者，一個知名的人類學者，[1]也是全球正義運動的積

1.「從他的積極行動和著作來看，他可能是世界上最有影響力的人類學家。」美國《高等教育紀事報》（*The Chronicle of Higher Education*）說。

極參與者和占領華爾街運動的關鍵推動者[2]——詳盡敘述占領華爾街開始的過程，解釋了占領華爾街的諸多問題，然後分析了「民主」的歷史和現實出了什麼問題，以及何以無政府主義可以找到民主的出路。

當前全球民主的危機已經是不論左右政治立場都認識到的現實，從二〇一一年到今年，從西方傳統民主國家到已經民主轉型十年至二十年的民主國家，到後阿拉伯之春的埃及，都出現大規模的群眾抗爭。

《經濟學人》雜誌在今年（二〇一四）春天就有這麼一個封面：「民主出了什麼問題？」他們認為民主在全球的式微與挫敗有兩個原因：其一是二〇〇七至〇八年的金融危機——而這是因為數十年來的福利導致債務上升（非常經濟學人的解釋）；其二是中國崛起，凸顯了「中國模式」的吸引力——特別是從美國推動的伊拉克民主化到革命後的埃及都問題重重。

甚至在民主的心臟地帶，也遭受著嚴重的結構性問題。這包括上層的挑戰——全球化，下層的挑戰——地方想從中央政府手中奪回權力；更大的問題則來自中間——選民本身。因為民主政府逐漸習慣於背負龐大的結構性債務，借錢滿足選民的短期需求，金融危機驟然暴露了此類以借債度日的民主國家的真面目。

對格雷伯來說，答案完全不同。問題是在於更本質性的：我們如何認識民主。

首先，「至少過去兩千四百年以來，每一個如今被認定與『西方文明』有關的作者，幾乎全都明確地反民主。」格雷伯說，在西方傳統中，包括美國建國者，民主一方面只被視為一套政治體制，到了二十世紀初，民主作為一套政治體制更是主要被想像為一套選舉制度；另一方面過去民主只是有產者的遊戲，在那些民主思想家心中，他們擔心全民普選；而進入二十世紀平民最終獲得了普選權，但在資本主義體制下，民主淪為有錢人的遊戲。

這表示在西方傳統中，他們所認定和實踐的民主和其應該有的內涵有著巨大落差。

格雷伯認為「本質上，民主只是一種信念，相信人類根本上是平等的，而且應該被允許以平等主義的方式，運用任何看來似乎是最有利的手段，去管理他們的集體事務。」

這個落差也體現在掌權者和平民之間：「當知識階級的成員談到『民主』時，他們思考的是一套政府制度。相形之下，普通的美國人民似乎以更廣泛的社會和文化用語來看待它：『民主』是自由、是平等、是單純的農民或商人可以有尊嚴和自尊地跟『優越者』說話的能力——一種更廣泛的民主感受力。」是這個民主感受力讓法國人托克維爾寫下《美國的民主》。

一直以來，我們被告知沒有別的選擇（除了細微的政治制度差異）。尤其二次戰後，以美國為主的西方世界在第三世界國家所推動的民主就是以選舉主義為中心，這導致七〇年代中期以後的民主轉

2. 關於大衛・格雷伯的個人故事，及占領華爾街如何與其債務的論述連結起來，可以見我為他的《債的歷史》一書所寫的導讀。本文將集中於本書英文原名的核心命題：民主計畫的歷史、危機與運動。

型很快地出現停滯，很多所謂的新興民主不過是有選舉的威權體制。而在美國自己，也是在七〇年代以後，金權政治愈來愈嚴重，社會不平等也愈來愈嚴重，尤其是到了晚近的資本主義金融化（financialization of capitalism）時期——所謂「『金融化』真正的意義是政府和金融機構的合謀，以確保愈來愈多人陷入債務」。因此出現諾貝爾獎得主史帝格里茲（Joseph Stiglitz）在著作《不平等的代價》中所分析的，政治權力的不平等加深了經濟分配的不平等，而經濟的不平等更惡化了政治不平等。[3]

因此，有了「占領華爾街」運動。

格雷伯說，「這基本上是一群往前看、但前面的路被擋住的民眾的運動。他們依照規則行事，卻眼睜睜看著金融資產階級完全不按規則來玩，透過詐欺性的投機行為搞砸了世界經濟，竟獲得政府既迅速又大手筆的出手搭救，因此得以運用比以往更大的影響力、受到更尊崇的待遇，而他們自己卻被打入看來永無止盡的屈辱生活。因此，他們願意擁抱比美國前幾個世代所見更基進的一些立場：毫不避諱地訴諸階級政治，徹底改造現有的政治體系，呼籲（至少對許多人來說）不但要改革資本主義，而且還要開始把它完全廢除。」

這場運動在兩個意義上是革命性的。其一是挑戰金錢在政治中的角色。他說「在一年之內，占領運動找到了問題所在——實質上把金融與政府結合在一起的階級權力制度——並且提出了解決方案：建立真正的民主文化。」

這個方案當然還是抽象的，甚至是虛的，一如許多人批評占領華爾街運動沒有具體訴求，但格雷伯認為這個運動本來就不是關於改變政策，而是在於讓體制去正當化：「訴求許多美國人的共同感覺，亦即我們的政治階級是如此腐化，以至於無法處理一般公民面對的問題。要創造一個真正的民主系統只能是一切從頭來過。」

其次是對參與者來說，他們在過程中徹底改變他們對民主的認識，因為占領華爾街運動從一開始就是採取無政府主義的共識決原則（本書中有提供操作性的指引）。對「大多數人來說，民主終究是抽象之物，是一種理想，而不是某種他們曾經練習或體驗過的東西；這就是為什麼那麼多人，當他們初次開始參加全體大會，以及參與我們在占領運動中所採取的其他橫向決策方式時，會覺得自己對政治可能性的認知好像在一夕之間全盤改觀。」

這也是格雷伯強調的「預兆性政治」（prefigurative politics），亦即行動本身、行動的組織原則，就是成為未來社會的樣貌。

在占領國會運動之後的台灣來閱讀本書特別有意義。雖然具體議題不同，但兩者訴求是接近的——青年面臨的現實不平等、被偷竊的未來，以及對代議民主的不信任——且同樣採取了占領形

3. 史帝格里茲的文章〈百分之一擁有、百分之一治理、百分之一享受〉（*Of the 1%, By the 1%, and For the 1%*）是占領華爾街口號99% vs. 1%的靈感，如格雷伯在本書中所提到的。

式。但在上述格雷伯提出的占領華爾街的兩個革命性意義是有著巨大不同：其一是台北占領運動的群眾組織方式仍是傳統的決策層級，直到運動後半部才試圖部分借用占領華爾街的討論模式，這也造成現場的內部矛盾，其二，弔詭的是，運動雖然占領國會，但卻不是否定代議機構，反而是要求加強立法院的監督和立法功能。

當然，我們不用對革命充滿浪漫幻想，也未必要依循格雷伯的無政府主義哲學，甚至可以說格雷伯的無政主義其實有內含著矛盾：他們所要求的平等、對金融資本的管制，對金權政治的規範，都是需要更多立法介入。

如果格雷伯說，所謂全球性革命是改變了政治最終是關於什麼的基本假設，那麼台北占領運動確實打開了新的政治想像，改變了我們對於公民和政治之間的關係的理解。但台灣公民運動要面臨的持續挑戰是，能否如格雷伯對後占領華爾街運動的期待：「改造性的想像力爆發已經發生、正在發生，且將來肯定還會繼續再發生。我們發現我們的視野被用力推開了；發現我們開始質疑，本來我們以為不可能發生的事實際上真的有可能發生。這類事件促使我們反思過去我們自以為了解的一切。」

我們必須不斷地重新想像民主，並不斷地向前摸索。

（本文作者為《號外》雜誌總編輯、《彭博商業周刊中文版》總主筆）

推薦序　街頭民主的突圍與創進

孫友聯

自從答應商周出版為大衛・格雷伯的《為什麼上街頭？新公民運動的歷史、危機和進程》撰寫導讀，反覆閱讀著作者、同時也是占領華爾街運動發起人之一，細膩記錄運動現場的故事轉折與不同行動者的角色，並理論性、哲學性的討論一場新公民運動民主決策的創新與危機；這樣一本兼具理論與實務的大著，國內應有比我更合適導讀的朋友吧。然而，反芻著書中的文裡行間，千頭萬緒，腦海裡時而浮現自己在台灣勞工陣工作近十九年來的點點滴滴，在某個街頭的轉角、某一次運動現場的喧嘩，會心一笑，感覺多麼的熟悉。因此，我想我可以嘗試以一個組織工作者的經驗，以台灣的經驗提供給讀者在現實生活上的連結感，讓讀者更能體會一場所謂「新公民運動」的樣貌。

無疑的，大衛・格雷伯這本書此時在台灣出版非常重要。台灣剛經歷一場轟轟烈烈的「三一八公民占領國會運動」。三月十八日，公民和學生團體於濟南路立法院群賢樓前舉辦抗議晚會，對廣大社會訴求反黑箱服務的立場。當反抗的號角響起，學生成功突破層層封鎖，占領立法院議場之後，有更多的學生聚集在立法院周圍道路，宣告了一場為期二十四天、受全球矚目的公民運動（或被稱之為太陽花學運）就此展開。然而，兩場發生在不同國家、不同時間，但卻共享某些經驗的公民運動，無論是群眾的組成、運動的訴求、決策過程，或是新運動技術的運用，都有許多類同之處，將來也勢必成為各方比較和分享的題材。一群人，為什麼要上街頭，無論是運動參與者、路過者、旁觀者，甚至於反對者，這本書都提供了更多元和豐富的想像。

從「占領」到「新公民運動」的蔓延與擴散

本書的背景是近年來影響全球的一場重要社會運動：占領華爾街。這場強調沒有任何組織或個人領導，參與者自主自發，以及非暴力為原則的大型群眾運動，就發生在被視為民主標竿的美國。一群人，以「百分之九十九」為身分認同，對抗政治決定權被壟斷下的社會不公。因此，公民自發性的發起占領象徵銅臭貪婪的「華爾街」，控訴著百分之一的財團鉅富壟斷的政治決定，貧富差距擴大、就業不穩定，國家舉債度日（關於這一點，在作者的另一本大作《債的歷史》中有更詳盡的說明），讓百分之九十九底層社會人民受盡苦難。

無獨有偶，二〇一〇年十二月中旬，北非突尼西亞的茉莉花革命，成為阿拉伯國家中第一場因人民起義導致推翻獨裁政權的革命，也鼓舞了鄰近的國家，緊接著阿爾及利亞、埃及、葉門、敘利亞也出現一波又一波的民主改革聲浪，而網路嚴格監控的中國也激起了零星火花。最近，台灣的「三一八公民占領立法院運動」，讓馬政府酒駕暴衝式的兩岸政策受到徹底的挑戰；鄰近的香港也有「搶救東北」和「占領中環」的行動，以至澳門的「反離補運動」，也成功的擋下高官自肥的法案。無論是在民主國度或獨裁國家，人民有組織或無組織的透過網路科技展開一波又一波的反抗行動，有的成功地敲響獨裁者的喪鐘，但更多的是在新公民運動以後，這些反抗力量開枝散葉地轉化成更有力的監督機制，對政府提出更嚴厲的批判。

然而，從筆者從事勞工運動組織工作近二十年來，主要的經驗都是透過組織的運作推動各項理念或政策。尤其是，因為處理的議題可能會跨越不同的專業領域，所以「聯盟」往往就成為一種重要的策略，以發揮「草根專業」的角色：除了必須具有社會運動組織動員的「草根性」，亦必須承擔起「專業論述者」，與其他政策行動者進行溝通和辯論。當然，「有組織」的決策模式相對「無組織」的模式，顯得單純許多，畢竟組織內的伙伴經過長期的合作，對於凝聚共識較有默契，溝通的成本也比較小。因此，無論是對組織工作者，或者是所謂新公民運動當中許多自主自發的參與者而言，大衛・格雷伯這本書可以提供讀者更多的想像，尤其是本書討論運動可行性和街頭民主實踐的各項可能，都有許多值得參考借鏡之處。

「黑手資本主義」下的貧富不均

無疑，占領華爾街運動對抗的就是在「新自由主義」下的掠奪與貧富不均，而諷刺的是，這個讓廣大「百分之九十九」的人生活陷入絕望境地的事實，發生在一個民主國度裡，這讓人時常跳入一個似乎永遠不解的疑問，百分之九十九的「多數」如何淪落為百分之一「少數」的俎上魚肉，而且處境愈來愈艱難，但這個問題無論是在美國、台灣，以及許多所謂的民主國家都在持續惡化中。其中，台灣勞工陣線聯盟於二〇一一年提出了財團化、貧窮化和少子女化的「崩世代」警訊，某種程度上也呼應了這個已經成為事實的殘酷問題。

這本書提供了許多線索，讓讀者對這場運動的脈絡有更深層的了解，礙於篇幅，無法逐一和讀者分享和討論，但只要讀者和近幾年來台灣社會的脈絡對照，就可以對這場占領運動有更清晰的圖像。例如，作者提到資本主義金融化（financialization of capitalism）對於美國民眾的影響，愈來愈多人覺得周遭的制度性組織，其實並不是為了協助他們而設立的，甚至還成為具有敵意的惡勢力，顯然是政府與金融機構串通，好更多人陷入永無止境的債務堆裡。於是，在金融權力（financial power）與國家權力（state power）之間的差別愈來愈模糊的同時，愈來愈多的財富透過純粹投機的複雜金融工具被創造出來，並累積在少數人的身上。但當玩火自焚的金融風暴發生時，政府的首要之務，就是「情義相挺」的保障不會讓任一家金融機構倒閉。接下來，就是慷納稅人之慨，大量的透過租稅，甚至於舉債，補貼給這些曾經不可一世的貪婪投機者。

同樣的情形亦發生在台灣。過去，無論是二〇〇一年因應因金融業貪婪的「雙卡風暴」，以及層出不窮的超貸淘空所成立的「金融重建基金」，政府除了以減稅的方式「協助」許多不良銀行打銷壞帳，更直接用納稅人的錢協助財團銀行併購「經營不善的金融機構」。而政府挺銀行、銀行挺企業、企業挺勞工的政策口號，就成為美化這種赤裸裸圖利金融財團的正當理由。筆者認為，各國社會運動的學習與參考，某種程度上是公民社會面對問題的趨同化，而這也是近幾年來台灣包括工運、環保運動和學生運動欲對抗的主要議題。

新公民運動的共識凝聚

就如同作者所言，本書所論談的不只是占領運動，也討論美國民主的可能。這是另一個有趣的命題，尤其把占領運動擺放在美國這個兩黨政治的脈絡，在在突顯了這套民主制度無法解決運動所欲挑戰的結構。同樣的議題在台灣的三一八公民占領國會運動中被提出，而召開「公民憲政會議」就成為運動的重要訴求，試圖透過政治制度的改革，解決當前台灣社會所面臨的各項問題。

本書花了很大的篇幅介紹了許多國家及公民社會不同的民主形式，無論是古老的智慧或現代的嘗試，這裡就不再贅述，而是把重點放在這場運動從發起、共識凝聚到行動，不同背景和看法的人如何取得平衡，進而讓運動擴散。其中，包括媒體和新資訊科技的角色、如何選擇和既有政治勢力的合作等，都可以提供讀者對於新公民運動更豐富的想像。當然，一場運動不可能純粹出自於群眾的自發性，且一定都會有一些積極的投入者（姑且先不叫他們領袖），而這些帶著不同意識的人，如何去說服其他人及更多的群眾加入運動，就成為運動是否成功的關鍵因素。

事實上，觀察美國的占領華爾街、阿拉伯之春的各項革命、馬來西亞的乾淨選舉（Bersih）、台灣的三一八占領國會、香港的普選占中等，我們都可以看到媒體的角色和新資訊科技的運用，一直都扮演著極為關鍵的角色。特別值得一提的是，這些新媒介不只成為理念和訊息擴散的重要工具，同時也是組織動員的一種模式。尤其是現在幾乎人手一支的智慧型通訊媒體，讓「運動現場」更加無遠弗屆的透過臉書、推特快速散播，成為新公民運動有利的宣傳工具，包括有效率的募集運動所需的物資。在台灣，無論是去年（二〇一三）喧嘩一時的「洪仲丘白衫軍運動」，或是今年占領國會運動中公民團體在短短的三天內五十萬人的集會，都突顯了這些工具在創造新公民運動和新民主模式的重要角色。

而書中提到了一個埃及二〇一一年革命的動員故事。他們大量利用計程車司機的網絡，因為他們知道埃及有個傳統：計程車司機必須開口說話，不停地說。他們沒辦法不說，因此，透過計程車司機散播訊息頗有效率和安全，例如，有一次他們知道警方將驅離他們的集會，是故在臉書刻意發布較晚的時間，再透過計程車有效散播正確的時間，最終成功地集結了一場萬人的集會。這個故事讓筆者回們憶起一九九七年參與在「搶救全民健保聯盟」的小故事，當時也是透過對計程車司機的溝通，讓他們了解全民健保民營化的各項問題，再透過運將們把訊息傳播給廣大的社會大眾，進而達到理念擴散和抵擋健保民營化。這兩個故事恰好可以相呼應，顯現基層草根民主的可能。

最後，本文以書中所提到的一段話作為結語，希望這本書的出版，提供台灣社會對公民運動有更多的想像與期待：「反抗餘燼的火星在我們之間散播，一待微風吹來就會燃燒遍野。偉大的人民民主時代已再度來臨，就要改變歷史！」

（本文作者為台灣勞工陣線祕書長）

推薦序　民主的想像與匱乏

孫窮理

這是一本書討論何謂「民主」的書。

格雷伯認為，「民主」不但不是美國立國的精神，相反地，把可怕的民主給壓制掉，避免富人、銀行家的財產給多數人充公、分配掉，才是建立共和制度的初衷。透過選舉，人民把政治權力，交給少數的菁英，一個包裝成「企業遊說」的賄賂體系，構成「百分之一」的合法統治；而賄賂，是這個制度的本質，體制內改革的可能，是不存在的。

不用還的債，和不能不還的債

這讓人想起一九六一年，美國總統艾森豪有名的告別演說中，提出「軍工複合（Military–

industrial complex）」的概念：私有的軍火工業資本，與科技、學術機構結合，透過遊說、獻金、旋轉門等方式，在選舉體制下，掌握美國的國家機器，以軍事行動，維持其產業的運作。

這些軍事行動，又進一步，把這「百分之一」的寡頭勢力，伸向全世界的範圍；格雷伯提到「美國的軍事支出，比地球上所有其他國家的總和還要多」，在海外的七百三十七個軍事基地，至少維持了兩百五十萬軍力。二〇一一年，格雷伯在《債的歷史：從文明的初始到全球負債時代》一書中談到，美國的國債與軍事支出成長的曲線完全疊合，借錢都是用來擴張軍事，以維持在全球的霸權地位。

至今（二〇一三年的統計），美國的國債已經超過十七兆美元，其中七成以上在美國境外，加上世界各國以美元作為貨幣發行的準備，為了維持自己本身經濟的穩定性，各國只能幫美元「護盤」，不會拿美債跟美國要求兌換，也不會拿美元換黃金，於是美國便肆無忌憚地借錢擴張軍事，回過頭來，維持它在全球的宰制地位。

而相較於美國政府這些不用還的債，美國人面對的是「不能不還的債」，這與「資本主義金融化」有關：政府和金融機構串通，讓人深陷於債務堆裡，學生貸款使未來的工資一大部分落入銀行口袋。地方財政問題，也助長了「金融壓榨」的系統：

> 華爾街金融顧問與地方政治人物的勾結，則逼得市政機關陷入破產或瀕臨破產，於是當地警察奉

命大舉對屋主加強執行草坪、垃圾和修繕等法規，如此一來，罰金源源不斷的產生，就可增加市府用來償還銀行債務的收入。在每個案例中，一部分的收益透過遊說人士和政治行動委員會（PACs）回饋給政治人物。由於地方政府的每個職務幾乎都變成金融壓榨（financial extraction）的機制……

這個由賄賂、剝削、利益輸送構成，對抗民主的體制，當然極其脆弱，所以，就像它對外以軍事力量維持霸權那樣，在國內也建立強大的壓制系統，那就是警察、司法以及各種的監視系統。

鎮壓民主的國家機器

格雷伯特別提到了九一一事件之後，美國政府假「反恐」之名，對於社會運動的壓制；二〇〇九年，紐約市警局出動「四組反恐小隊，其中包括配備了各種科幻小說式的新奇武器、從直昇機垂降而下的突擊隊員」，只為了對付一群手無寸鐵的學生。

在占領華爾街運動中，警方對女性施以公然的性攻擊；據說，這麼做的靈感來自埃及，目的是「使女性社運人士遭受的心理創傷最大化，同時意圖激怒男性社運人士，為了捍衛她們而訴諸暴力」，當警方企圖對佔領運動主場祖科提公園（Zuccotti Park）清場時，可以集會，但是不能帶帳篷，只要有人拿個睡袋躺下，就會立即被捕。而無論示威者如何抗議，主流媒體充耳不聞。

警察是這樣子的：

我遇到一位婦女，她告訴我，在聯合廣場某夜的驅離過程中，有五個不同的警察抓住她的乳房（有一次，另一名警員還站在旁邊拋飛吻）；另一個女子發出尖叫，大罵撫摸她的警察是個變態，於是他和警察同僚把她拖到警察封鎖線的後方，把她的手腕打斷了。

這種狀況，套句美國政府常常喜歡掛在嘴邊的話，這個國家「人權問題，值得高度關注」。沒錯，對格雷伯來說，就是為了壓制民主、避免「百分之九十九」的人，對「百分之一」的人，進行財產重分配而設計的。

格雷伯用上了他的專長人類學的方法，考察了整個被和「民主」掛勾在一起的「西方文明」，根本是假造出來的意識形態，而在更多被「西方文明」認為是「原始、不文明」的部落，像是原住民、海盜、古代的社會，反而有更多的制度，是更接近民主的理想的。

而這就涉及格雷伯對於無政府主義的組織與行動的信念，格雷柏提出了「垂直性」與「水平性」組織的對比，「垂直性」指傳統有明確的層級、領導人的組織與行動模式，而「水平性」則是每一個群眾平等地以「直接民主」的方式參與的組織、強調「共識決」。

集體的想像力：無政府主義方法

經過「黑旗（無政府）與紅旗（傳統左派）並舉」的一九六〇年代晚期，一九七〇年代，美國基進女性主義思想家與行動者喬・弗利曼（Jo Freeman）曾提出《無架構的暴政》（參閱陳信行的翻譯：http://blog.roodo.com/dkchen10/archives/4728841.html ）概念，從實踐的過程，發現由於缺乏組織制度的規約，共識決容易出現在媒體的需求下，產生「明星化」的結果、這些明星變成非正式的發言人與決策者。

結果是水平性的「無架構」，比起垂直性的「架構」更糟，也沒有團體的規約可以約制自然產生的明星，本來追求的「直接民主」、「共識」這些東西，被摧殘得更慘。

不過，畢竟一九七〇年代已經過去了四十年，無政府主義的方法論向前面走了不少，格雷伯在這本書裡面，用了很大的篇幅，仔細地處理了「共識程序」的實踐，使得這本書的後半本，幾乎變成了類似「（無政府主義）組織方法ABC」。

格雷伯對於決定我們應該擁有什麼樣的經濟體制的興趣，少於對做出這類決定的工具的興趣，因此才這麼仔細地處理了「共識決程序」的操作方法，這也是對於佛利曼「無架構的暴政」在實踐上的一種回應。

而根本拒絕接受在現有的法律和制度下解決問題，也是格雷伯的重要原則，他區別了「直接行動」與「公民不服從」的差異：

公民不服從通常不會質疑整個法律現狀，因為它針對的是某項法律或政策；事實上，它往往會很明確地打算在既存的法律體制中進行。這是為何採取公民不服從的人士，往往樂於被逮捕：這使得他們可以在合法的平台或輿論的法庭中挑戰法律或政策。

格雷伯舉了砸毀肯德基行動的例子。印度甘地主義分子質疑各地砸毀肯德基、麥當勞、星巴克的行動，不是因為這樣做不對（事實上，砸毀行動本身就是甘地主義者帶頭做的），而是他們認為無政府主義者砸了店之後，沒有等在那裏給警察抓，因為這樣才有進入體制裏面申辯、表達訴求的機會，那如果你砸了店，然後就跑掉了，他們不知道這樣要幹嘛。

對啊，要幹嘛？格雷伯解釋，占領華爾街的原初概念，就是「拒絕承認任何既存政治秩序的正當性」，沒有政治主張，會得到群眾支持嗎？他如此辯論著：

唯有在明白表示堅決不肯走傳統路線、拒絕與潛在腐敗的現有政治體制交涉、並且呼籲徹底改造美國的民主，這場占領運動才立刻開始在全國遍地開花。顯然，這場運動的成功並沒有受到無政府主義元素的妨礙，反而是因為它才成功的。

格雷伯並以一種「集體的想像力」為這本書作結：

當許許多多的人們同時開始掙脫那些強加在我們集體想像力的鐐銬時，那一刻，即便是最深刻灌輸在我們腦海中的那些關於什麼在政治上是可能的、什麼是不可能的預設，過去也曾在一夜之間粉碎脫落。

捍衛民主，誰的民主？

寫到這邊，我想該拉回台灣，去審視一下可能很多人都會想到的發生在今年（二〇一四）三、四月間「占領立法院議場」的「反服貿」運動。

當然，兩場運動有一些相同的背景：個人可以掌握的網路傳播發達、參與者非傳統的組織群眾，還有「百分之一」決定「百分九十九」，在全球資本主義發展下，日益分配不均的環境。但是除了這些客觀的條件之外，我們的運動者創造出的這一場運動，跟格雷伯口中的「占領華爾街」運動，實在太不像了。

在這一波「向西（中國）怒吼」的反服貿運動中，對於美國，這一個全球帝國主義的霸權，幾乎毫無意識。

有人將二〇一〇年代發生在全球各地的抗議事件湊起來，用一個「全球正義行動」的標題來概括。假設真的有這樣一個全球運動的脈絡，那麼它發生在美國的華爾街，與發生在世界任何的地方，絕對有不同的意義；就如同格雷柏所指出的，包括美國人在內的全球人民共同的敵人，是美國，這個政商一體、以賄賂作為其本質的體制，對內打壓民主、對外以軍事、政治、經濟的力量，為金融霸權服務。

美國帝國主義，是許多全球性問題的根源。

反服貿運動的主調，是一場因自由貿易協議引發的反中運動，在這個主調之外，如果這場運動也關心自由貿易問題的話，是不可能不將一直主導台灣自由化發展的美國帝國主義思考進去的。特別是今天，它正面臨區域中的競爭者，並以跨太平洋戰略經濟夥伴關係協議（TPP；The Trans-Pacific Partnership）這個「超WTO」規範的協議，要將台灣推向更加自由化、服膺於「百分之一」秩序的處境裡。

我們的運動，好像也還有另一個主軸，就是「民主」。但是，相較於格雷伯對於美國制度的根本批判，反服貿的論述，是護衛現有制度的，擔心台灣的「民主」遭到中國（及其代理的馬英九政權）破壞。然而，正是在這個制度下，產生了「百分之一」的寡占、獨裁，制度本身有沒有問題呢？進一步追問，運動所要捍衛的「民主」有沒有問題呢？會不會（像美國一樣）只是個騙人的幌子呢？

只要對照一下格雷伯對「民主」，這一個他的核心關懷所下的功夫，就會發現台灣的反服貿運動，多麼缺乏格雷柏所強調的對民主的想像。

無架構暴政

美國這個被格雷柏徹底否定的體制，就好像在台灣許多人愛掛在嘴邊的「中國因素」那樣，在內部進行鎮壓，對外則是侵略與擴張，不過，美國不一樣的地方，是「民主」的謊言；對格雷伯來說，為了打擊民主而存在的美國體制，在逐漸消滅了他的敵人之後，竟然鳩佔鵲巢地，宣稱它本身就是民主。

這種對於「民主」，尤其是「美式民主」缺乏問題意識，甚至有意無意地為其服務，我們的運動者甚至還到為跨國資本打造的「貿易授權（TPA；Trade promotion authority）」制度當中去找「兩岸協議監督」機制的答案。這與占領華爾街運動的核心關懷，當然是背道而馳的。

缺乏民主想像的後果，也呈現在運動的組織與決策過程，格雷伯提出「勞工掌握（worker's contrl）」與「直接民主」兩大原則；其中「勞工掌握」指的是「任何積極參與某項行動計畫的人們，在該計畫應如何付諸實踐上，都該擁有平等的發言權」而其建基於「均衡的工作綜合體」（balanced job complexes）：每個人都必須擔當一定程度的生理、心理與行政勞動，這樣的基礎之上。

在占領議場行動最後，我們只要看一看勞役與決策權不均的「二樓奴工」所發表的〈退場聲明〉（http://www.coolloud.org.tw/node/78167），就可以知道這場運動與占領華爾街運動所揭示的理想的距離有多麼遙遠。

而當格雷伯心心念念以「無架構的暴政」為念，展開「共識程序」的實踐之時，我們的運動者則完完全全掉入弗利曼所說的「無架構暴政」之中，在媒體的簇擁下，聚光於學運明星的光彩、不可自拔。

最後，相較於占領華爾街拒絕體制內改革的態度，我們的運動對於體制順服的程度超出想像，整個占領行動的過程，出現與警方「共治」占領現場的現象，而最後的訴求，落在「制定《兩岸協議監督條例》」訴求上，最終回到國會裡（1%的）兩黨政治邏輯（參閱孫窮理〈法制化、佔領行動與民主的悖論〉http://www.coolloud.org.tw/node/78131）。

運動，或者反動？

在這本書的一開頭，格雷伯曾梳理了「全球正義運動」的脈絡，這一場起於一九九四年，墨西哥查巴達民族解放軍（EZLN；Zapatista Army of National Liberation）行動，至一九九九年西雅圖反WTO示威帶入美國，隨著二〇〇八年全球金融危機，而發展出「反撙節（減支）」運動。

而二〇〇一年初，從突尼西亞人民對高失業、貧困現象的憤怒發動「茉莉花革命」，接著，一連串的「花系列」、「顏色革命」在全球爆發。這些各有其脈絡與性質的運動，其實已經難以歸結到「同一個浪潮（有一些甚至根本是美國政府趁機鼓動的）」底下。

從格雷伯所揭示出全球正義運動脈絡下的占領華爾街運動看，我們的運動，無論就形式或內容，竟處處站在它的對立面上。當然，如果要斷言反服貿，是占領華爾街，或者全球正義運動的「反動」或「反挫」，那也未免過分，畢竟，本書所關懷的許多事情，似乎從來不曾進入過這些行動者的腦袋裡。

而這，也正是這本書的價值所在，資本主義由全球化發展到區域經濟體，扯碎了工人階級的連帶，也造成全球性的分配不均現象，對於像格雷伯這樣的行動者而言，已經難以使用在全球資本競租環境下被扯得支離破碎的「工人階級」來描述行動的主體，而採取了「百分之九十九」對「百分之一」這個模糊的概念。

不過，一場全球的行動畢竟是展開了；而對於不管多麼年輕的世代，台灣社會仍沉溺與冷戰話語中，追逐著虛假而空泛的「民主」軀殼、淪入不自知的反動輪迴，而自以為跟上了進步的潮流；對於促成趕上這一個早已跨越國境的對話與行動，格雷伯的諄諄之言，應當是重要的開始。

（本文作者為苦勞網記者）

contents

當人們擁抱民主時，他們腦子裡所想的，一定是比單純參與選舉更為廣大而且深刻的事情；那必定是個人自由的理想，與某種迄今未曾實現的觀念的結合。那個觀念就是，自由的人必須能夠像講理的成年人一同坐下來談，並且管理他們自己的事務。

【第一章】序幕即將揭開　71

投入社會運動那麼久，你會有點忘記自己還有可能會贏。這些年來，我們一直辦遊行、群眾大會……假如只有四十五人現身，你會很沮喪。如果三百人到場，你會很高興。結果，有一天，來了五十萬人。你反而難以置信：某種程度上，你早已停止去想那有沒有可能發生了。

【第二章】占領運動為什麼可行？　127

反叛亂專家長久以來都明白，革命在任何國家醞釀發酵的最明確前兆，就是失業人口增加和大學畢業生窮困潦倒：換句話說，就是精力充沛的年輕人，空閒時間很多，有各種理由憤怒不平，並且接觸到一整部的基進思想史。

【第三章】「暴民開始思考與講理」　221

不論用哪一種意思來解釋無政府主義，最簡單的說法就是，它是一種政治運動，目的在促成一個真正自由的社會——而這也為「自由的社會」下了定義，亦即在這樣的社會裡，人們只有在不會時時受暴力威脅強制下，才會互相建立這類的關係。歷史已經證明，嚴重的財富不均以及諸如蓄奴、以勞役償債或僱傭勞動等制度，只在有軍隊、監獄和警察做後盾的情況下，才可能存在。

【第四章】改變如何發生　279

不管我們採取怎樣的行動，我們都必須創造空間，讓自己能夠真誠地遵守講理與妥協的原則，就算我們已經揭穿在政客宣稱自己能夠憑空創造「政治現實」的空談背後，他們所仰仗的其實是由全然不講理的蠻橫武力構成的國家機器。而這必然意味著，在面對蠻橫、不講理的權力時，我們不該訴諸任何「講理」的妥協，而是應該以彈性與巧思的反制力量對抗，我們必須採取基進的另類取徑，而且不斷提醒眾人，所謂的「權力」究竟是建立在怎樣的基礎之上。

【第五章】尚待破除的魔咒　341

革命的年代絕對沒有結束。人類的想像力頑固地拒絕死去。當許許多多的人們同時開始掙脫那些強加在我們集體想像力的鐐銬時，那一刻，即便是最深刻灌輸在我們腦海中的那些關於什麼在政治上是可能的、什麼是不可能的預設，過去也曾在一夜之間粉碎脫落。

注釋　374

導言

當人們擁抱民主時，他們腦子裡所想的，一定是比單純參與選舉更為廣大而且深刻的事情；那必定是個人自由的理想，與某種迄今未曾實現的觀念的結合。那個觀念就是，自由的人必須能夠像講理的成年人一同坐下來談，並且管理他們自己的事務。

二〇一二年四月二十六日，約三十名占領華爾街運動（OWS，Occupy Wall Street）的活躍分子聚集在紐約聯邦廳（Federal Hall）的台階，對街就是紐約證券交易所。

我們已努力了一個多月，設法在曼哈頓下城區重新建立據點，以取代我們六個月前被逐出的祖科提公園（Zuccotti Park）營地。我們希望，就算無法搭起新的營地，至少也要找個地方，讓我們能定期舉行集會，並且設置圖書館和廚房。祖科提公園的一大優點，是凡是對我們所做的事情有興趣的人，都知道他們來到此處總是能找到我們、打聽即將進行什麼行動，或純粹聊聊政治；如今少了這樣的場地，也造成了層出不窮的問題。然而，市府當局已經決定，不讓我們再去占領另一個祖科提。不論我們在何處找到可以合法開張的地點，他們都只會改變法規並把我們趕走。當我們試著在聯合廣場（Union Square）落腳，市府當局就更改公園管理法規。當一群占領者依據一項明言公民有權睡在紐約街道上進行政治抗議的法院判決，並開始睡在華爾街的人行道上時，市府就把曼哈頓下城的那個區域視為「安全管制特區」，這意味著該區不適用那條法律。

最後，我們在聯邦廳的台階上安頓下來。往寬闊的大理石階梯走上去，有座華盛頓（George Washington）的雕像鎮守在這棟建築物的門口，兩百二十三年前美國《人權法案》（Bill of Rights）就是在這裡簽署的。這些台階不在市政府的管轄範圍之內，而是屬於聯邦土地，歸國家公園管理局所管。美國公園警察的代表之前已經告訴我們，只要沒有人真的睡在那裡，他們不反對我們占據台階，或許他們也明白，那整片空間都被認定是公民自由紀念碑的範圍。聯邦廳的台階夠寬敞，可以輕易容納兩百個人，起初，大約也就是這麼多人現身。但不久之後市府介入，說服公園管理局的人讓他們實質接管：他們在周邊豎起鋼製的圍欄，另外還用一些柵欄把台階分隔成兩個區域，我們馬上將之稱為「自由牢籠」。入口旁有一群特殊武器戰術小組（SWAT）隊員就定位，一位身穿白衫的指揮官仔細檢視每個想要進來的人，並告訴他們，為了安全起見，任一邊的牢籠最多只能同時容許二十人進入。儘管如此，還是有一小撮意志堅定的人堅持到底。他們輪流值班，維持全天二十四小時在場留守，白天舉辦討論會，與工作煩悶、趁休息時間閒晃過來的華爾街交易員進行即興辯論；晚上則繼續在大理石台階上守夜。

沒有多久，大型告示牌遭到禁止。緊接著，任何用厚紙板做成的東西也被禁用。之後則是隨機逮捕。那位警察指揮官希望我們搞清楚，他雖然不能把我們統統都抓起來，但卻絕對可以逮捕我們其中任何一人，不論在什麼時間、用什麼理由。單單在那一天，我就目睹一名活躍分子被銬上手銬帶走，理由是他不斷喊口號構成了「噪音違規」；另一個人是伊拉克戰爭的老兵，因為演說時罵了三字經而被指控公然猥褻，也許是因為我們把這個活動宣傳為一場「大鳴大放」吧。那位指揮官似乎在強調：即使在美國憲法第一修正案（First Amendment）的誕生地，他也有權僅以從事政治演說為由，就逮捕我們。

我有個朋友名叫羅比（Lopi），出了名地常常騎著一輛巨型三輪車參加遊行，車上用五彩繽紛的海報點綴，上面寫著「週年慶！」。這場活動就是他辦的，文宣是「說出對於華爾街的不滿：一場在聯邦國家紀念堂台階上舉行的和平集會，這是人權法案的誕生地，現在卻被『百分之一』（the one percent）的軍隊給封鎖。」至於我呢，我向來不是個煽動民眾的人士。在參與占領活動的整個期間，我從來沒有發表過演講。我只希望能以見證人的身分在場，提供精神和活動安排上的支持。在這場活動開頭的半小時，一個接一個的占領者朝著牢籠前方移動，當著一排臨時聚集在人行道上的攝影機前，開口談論戰爭、生態浩劫、政府腐敗。我則在場邊漫步，試著與警察閒聊。

「所以，你是特警隊的一員囉，」我對手持大型突擊步槍駐守在牢籠入口、一臉嚴肅的年輕男子說：「嘿，SWAT代表什麼意思？全名是『特殊武器……』」

「……與戰術。」他很快就接話，不讓我有說出特警隊原始的名稱——也就是特殊武器突擊隊（Special Weapons Assault Team）——的機會。

「了解。不過我很好奇，你們的指揮官認為，要用哪種特殊武器，來對付三十個手無寸鐵、在聯邦台階上參加和平集會的公民呢？」

「這只是預防措施而已。」他回答，神情顯得很不安。

當權者從不會自願放棄任何權力

我已經推掉兩次上台演講的邀請，但羅比還是很堅持，所以到最後，我想我還是說些話，再怎麼簡短也好。我在攝影機前就位，抬頭看了紐約證券交易所上空的華盛頓銅像一眼，然後開始即席演說。

「我認為，今天，我們在當年簽署《人權法案》的同一棟建築的台階上集會，是非常合適的。有趣的是，大多數美國人認為自己生活在一個自由的國家、全世界最偉大的民主政體。他們覺得，是開國元老納入我們憲法中的權利與自由，將我們定義為一個國家，也讓我們能做真實的自己——甚至，如果你聽信政治人物所說的，這多少也賦予我們能夠隨心所欲入侵其他國家的權利。但實際上，你們知道嗎，當年起草憲法的人，他們並不想把人權法案納入憲法。這說明了人權法案為何是憲法修正案，而不是包含在原始文件之中。那些有關言論自由與集會自由的響亮字句，最後之所以會出現在憲法裡，唯一的原因是因為反聯邦黨人（anti-Federalists），例如喬治・梅森（George Mason）和帕提克・亨利（Patrick Henry）見到正式草稿後勃然大怒，於是開始動員抵制簽署憲法，除非修改內文，改成包含從事這類民眾動員等活動的權利。這可嚇壞了聯邦黨，因為打從一開始他們召集制憲大會（Constitutional Convention）的理由之一，就是為了阻止他們預見出現更多基進民眾運動將導致的危險，這些運動一直呼籲促進金融的民主化，甚至是註銷債務。如同他們在美國革命期間所目睹的，大規模公眾集會以及公共辯論的爆發，是他們最不希望發生的事。所以，最後，詹姆斯・麥迪遜（James Madison）集合了一長串、總計超過兩百項的提案，並據此撰寫出我們現在稱之為《人權法案》的本文。

「當權者從來不會自願放棄任何權力。就我們擁有的各種自由而言，那不是因為一些偉大、明智的制憲元勛把它們授與我們，而是因為像我們這樣的民眾，在任何人願意承認人民擁有那些自由之前，就堅持要行使那些自由，從事與我們此時此地所做同樣的事。

「在《獨立宣言》或憲法本文中，沒有一處明文敘述有關美國是個民主國家這件事。這其來有自。連華盛頓這樣的人物，都公開反對民主。這聽起來有點詭異，畢竟此時我們正站在他的雕像之下。但這個說法對他們全體來說卻全都屬實：不論是麥迪遜（James Madison）、漢彌爾頓（Alexander Hamilton）、亞當斯（John Adams）都一樣，他們撰文表明，正設法建立一套能夠阻止並控制民主所帶來危險的制度，即使當初掀起革命把他們送上權力寶座的人民確實想要民主。而且，我們來到此地，大多數當然是因為不論是從何種意義來解釋，我們至今還是不認為自己生活在民主的體制下。我的意思是，看看你的四周。從特警隊布署在那邊，你就什麼都明白了。我們的政府已經演變成一種不比制度化賄賂系統高明多少的體系，光是這麼說，你就可能會被拖進監牢。大致上來說，目前他們一次還只能把我們關在牢裡一、兩天，但他們勢將盡其所能地改變這種情況。然而，他們若不是明白我們所說的是真話，根本也就不用把我們給圍堵起來了。沒有什麼比爆發民主浪潮的展望，更讓美國的統治者膽顫心驚的了。而如果這種展望有可能發生，如果願意走上街頭要求制定《人權法案》的先賢後繼有人，那麼我們幾乎可以說是捨我其誰了。」

在羅比推我上台的那一刻之前，我其實並沒有真的想過，占領華爾街是源自於美國歷史上的任何宏大傳統。我更有興趣談論它在無政府主義（anarchism）、女性主義（feminism），乃至於全球正義運動（Global Justice Movement）的根源。但現在回過頭來思考，我那時所說的也的確是事實。畢竟，說來奇怪，我們被教導關於美國民主的思考方式，其實有些前後矛盾。一方面，我們不斷被告知，民主只是選舉政治人物出來管理政府的事；另一方面，我們也注意到大多數美國人都熱愛民主、厭惡政客，並且對政府的概念抱持懷疑的態度。這些怎麼可能全部為真呢？顯然，當美國人擁抱民主時，他們腦子裡所想的，一定是比單純參與選舉（其中有一半的人根本就懶得去投票）更為廣大而且深刻的事情；那必定是個人自由的理想，與某種迄今未曾實現的觀念的結合。而那個觀念就是，自由的人必須能夠像講理的成年人一同坐下來談，並且管理他們自己的事務。若是如此，當前美國的統治者對於民主運動如此懼怕，就一點也不令人訝異了。再延伸到最終的結論，民主的衝動（democratic impulse）只會導致統治者變得完全多餘。

談到這裡，可能有人會反對，認為這即使是真的，大多數美國人對此想必也會有所猶豫，不會讓民主衝動無限上綱到逼近終極結論的地步。他們的看法無疑是有道理的。大多數美國人都不是無政府主義者。他們再怎麼宣稱厭惡政府，或在許多情況下厭惡政府的概念，但是真正會支持廢除政府的，還是少之又少。但這或許是因為他們不知道還有什麼方式可以取而代之。事實上，大多數美國人從小到大的政治視野被教導的極為有限，對人類潛能的認識也極為狹隘。對其中大多數人來說，民主終究是抽象之物，是一種理想，而不是某種他們曾經練習或體驗過的東西；這就是為什麼那麼多人，當他們初次開始參加全體大會，以及參與我們在占領運動中所採取的其他橫向決策方式時，會覺得自己對政治可能性的認知好像在一夕之間全盤改觀，而我在二〇〇〇年於紐約首次參與直接行動網絡（Direct Action Network）時的感受也是如此。

所以，本書所談論的不只是占領運動，也談論美國民主的可能性；此外更談到了占領運動所啟發的大膽想像力。

我們只需比較占領運動最初幾個月所激起的普遍熱情，與一年後總統大選季節期間的氣氛。今年（2013）秋季，只見兩名候選人——其中一個是現任的總統，民主黨基層覺得他常常背叛他們，卻又因為木已成舟而被迫接受他為候選人；另一位憑龐大的財力強渡關山，強迫共和黨基層接受，共和黨基層則表明，寧可選擇除了他之外的任何人——耗費大部分的精力對億萬富翁獻殷勤，民眾偶爾透過電視就可以察覺。除非他們恰好是住在搖擺州（swing state）約百分之二十五的美國人，否則他們非常清楚自己的選票改變局勢的影響力微乎其微。即使對握有攸關大局選票的人來說，一般認定，僅有的選擇，只是在兩黨之間選擇由誰在敲定削減人民的退休金、美國聯邦醫療保險（Medicare）、社會安全（Social Security）福利的協議上，扮演主導的角色。因為犧牲勢在必行，而權力的現實又是如此，以至於沒有人考慮過那些犧牲可不可能由富人來承擔。

在最近《君子雜誌》（*Esquire*）的一篇文章中，查理・皮爾斯（Charles Pierce）指出，電視權威評論者在這個選舉週期的表現，似乎只是藉著施虐—受虐狂的角色扮演，替全民無力感找尋苦中作樂的出口，這類似於真人實境電視節目中，我們喜歡看著跋扈的上司對部屬頤指氣使：

> 我們放任自己陷入寡頭政治（oligarchy）的習慣，好像沒有別種政治可行似的，即使在一般認為是自我治理的共和國也一樣，而隱忍順從是其中最明顯的習慣之一。我們逼自己適應接受政治人物擺布的習慣，而不是堅持要他們聽令於我們。電視明星告訴我們，政治明星要砍他們的「大協議」（Grand Bargain），而「我們」屆時將為他們代表我們做出「艱難的選擇」而為其喝彩。要在政治共同體中灌輸寡頭政治習慣，你必須使用以下方式。首先，你要去除人們對「政府是政治共同體的終極體現」的觀念。接下來，再消除或削弱任何可能獨立於你壓制勢力之外而存在的權力中心，比方說，像是勞工團體（organized labor）。然後，你要讓他們充分明白是誰在掌權：我是老闆，設法習慣吧。

當人們拋棄民主確實有可能的觀念時，就只剩下這種政治型態了。但這也只是暫時的現象。我們最好記得，二〇一一年夏天，同樣的談話也發生過，當時政治階級所能談論的，只是一場人為製造的危機，爭議焦點是「舉債上限」，以及無可避免將尾隨而來的「大協議」（又要削減聯邦醫療保險與社會安全支出）。緊接著在那年九月，占領華爾街運動發生了，數百個名副其實的政治論壇隨之應運而生，讓一般美國民眾能有談論切身實際顧慮與問題的去處——於是，傳統的權威評論者談話突然靜止下來。那不是因為占領者對政治人物提出什麼特定的要求與建議；相反地，他們只是讓各界一窺真正的民主可能是什麼模樣，就足以在整個體系掀起一場正當性危機（crisis of legitimacy）。

當然，自從二〇一一年十一月遭到強制驅逐後，占領華爾街運動就被同一批權威評論者宣告死亡。但他們不懂的是，一旦人民的政治視野拓寬，改變就是永久的。成千上萬的美國人民（當然不只是美國人，還有希臘人、西班牙人和突尼西亞人）如今具有自我組織（self-organization）、集體行動（collective action）和人類團結（human solidarity）的直接經驗。這使得人們幾乎不可能回頭再去過原先的那種生活，看待事情的方式也不一樣了。在全球金融與政治精英盲目地滑向下一個二〇〇八年金融海嘯級的危機時，我們會持續暫時或永久地占領大樓、農場、法拍屋以及工作場所；籌辦集體拒付租金、座談會和債務人大會，藉此奠定真正民主文化的基礎；並且引介技術、習慣和經驗，催生全新的政治觀念。伴隨而來的，是傳統觀點早就宣告死亡的革命想像之復興。

每個參與者都體認到，創造民主的文化必定是一個長期過程。畢竟我們談的是一場徹底的道德觀轉變（moral transformation）。但我們也明白，這種事情以前也發生過。美國過去也經歷過社會運動，引發深遠的道德觀轉變——馬上聯想到的是廢止奴隸制度和女性主義——但這需要很長一段時間的醞釀。和占領運動一樣，這些運動大致也在正規政治體制之外運作，運用公民不服從（civil disobedience）與直接行動，而且絕對不會妄想在短短一年內就會達成目標。顯然另有許多人試圖促成同樣深遠的道德觀轉變，但卻以失敗收場。話雖如此，我們仍有充分的理由相信，美國社會的本質正發生根本上的改變——當初就是因為有這些改變，占領運動才能如此迅速起飛——足以提供真正的機會，讓民主計畫的長期復興能夠成功。

我將提出的社會論點相當簡單。目前被稱為「大衰退」（Great Recession）的這個情勢，只會加速這場已進行數十年之久的美國階級體系徹底轉型。請思考下列兩項數據：在我寫下這段文字的同時，每七個美國人當中，就有一個人遭到討債公司追捕；同時，根據最新的民意調查顯示，只有百分之四十五的美國人自認是「中產階級」，這個比率首度降到百分之五十以下。我們很難想像這兩個事實毫無關聯。最近關於美國中產階級萎縮的討論很多，但大部分都忽略了一個事實，就是美國的「中產階級」基本上從來不是一種經濟範疇（economic category）。它總是與穩定和安全的感覺息息相

關，那種感覺來自於能夠簡單明瞭地假定，日常機構像是警察局、教育體系、醫療診所乃至於授信機構等等，無論你對政治人物的看法如何，基本上都會站在你這邊。若是如此，我們很難想像一個眼睜睜看著自家房子遭某個違法簽名機器人（robo-signer，此處指房貸公司員工）查封的人，在親身經歷過這樣的遭遇之後，還會認為自己是個中產階級。不論他們的所得級距或教育程度為何，都是一樣。

金融化的真正意義

部分美國民眾愈來愈覺得周遭的制度性組織（institutional structures）其實並不是為了協助他們而設立的，甚至還成為具有敵意的惡勢力，這是資本主義金融化（financialization of capitalism）的直接後果。這樣的說法看來或許很奇怪，因為我們已習於認為金融與這些日常生活的顧慮相差十萬八千里遠。大多數民眾發覺，絕大多數的華爾街獲利不再是來自工業或貿易的果實，而是純粹投機以及複雜金融工具下的產物。不過，常見的批評是，這不過是投機罷了，或者也可說是精心設計的魔術詭計，只是藉由宣稱它的價值確實存在，就能迅速地將財富給變出來。

事實上，「金融化」真正的意思是政府與金融機構串通，好讓比例愈來愈高的公民在債務堆裡愈陷愈深。這發生在各個階層之中。新的學歷要求被引進製藥、看護這類工作，迫使凡是想在這類行業中謀職的人，都不得不申辦由政府擔保的學生貸款，這確保他們未來所賺的工資會有一大部分直接進入銀行的口袋。華爾街金融顧問與地方政治人物的勾結，則逼得市政機關陷入破產或瀕臨破產，於是當地警察奉命大舉對屋主加強執行草坪、垃圾和修繕等法規，如此一來，罰金源源不斷的產生，就可增加市府用來償還銀行債務的收入。在每個案例中，一部分的收益透過遊說人士和政治行動委員會（PACs）回饋給政治人物。由於地方政府的每個職務幾乎都變成金融壓榨（financial extraction）的機制，而聯邦政府已表明，把維持股價上漲和資金流入金融工具持有人手中視為其首要之務（更別提保證不會讓任一家大型金融機構倒閉，無論它們的行為如何），金融權力與國家權力之間的差別究竟是什麼，也就變得愈來愈模糊了。

我們最初決定自稱為「百分之九十九」（ninety-nine percent）時，所要批判的當然就是這件事。在這個過程中，我們做到了幾乎可說是史無前例的事。我們設法讓不僅是階級的議題，也包括階級權力的議題，重返美國政治辯論的中心。根據我的猜測，這之所以變得可能，是因為經濟體制的本質——在占領華爾街運動中，我們日益開始稱之為「黑手黨資本主義」（mafia capitalism）——正在逐漸改變，這讓我們無法想像美國政府與「人民意志」（popular will）、或甚至「人民同意」（popular consent）會有任何關聯。在這樣的時代，民主衝動一旦覺醒，就只可能演變成一股強烈的革命驅動力。

Chapter 1
序幕即將揭開

投入社會運動那麼久，你會有點忘記自己還有可能會贏。這些年來，我們一直辦遊行、群眾大會……假如只有四十五人現身，你會很沮喪。如果三百人到場，你會很高興。結果，有一天，來了五十萬人。你反而難以置信：某種程度上，你早已停止去想那有沒有可能發生了。

二〇一一年三月，加拿大雜誌《廣告剋星》（*Adbusters*）的編輯麥卡・懷特（Micah White）邀我寫一篇專欄，談談革命運動在歐洲或美國湧現的可能性。那時，我所想到可以談的，就是如果當真正的革命發生時，會讓包括發起人在內的每一個人措手不及。我剛和一位名叫黛娜・馬克蘭－艾貝德（Dina Makram-Ebeid）的埃及無政府主義者長談，當時解放廣場（Tahrir Square）上的暴動正達到最高潮，於是我就用這個事件，作為專欄的開場白。

「有趣的是，」我的埃及朋友告訴我：「投入這（社會運動）那麼久，你會有點忘記自己還有可能會贏。這些年來，我們一直辦遊行、群眾大會……假如只有四十五人現身，你會很沮喪。如果有三百人到場，你會很高興。結果有一天，來了五十萬人。你反而覺得難以置信：某種程度上，你早已停止去想那有沒有可能發生了。」

在穆巴拉克（Hosni Mubarak）統治下的埃及，是世上最受壓抑的社會之一，整個國家機器的組織、安排都圍繞著一個中心思想，就是確保絕對不讓到頭來發生的事情有可能發生。（然而，那還是發生了。）

那麼，為何不會在這裡發生呢？

坦白說，我所認識的社運人士，在奔走多年之後，大多數人的感受跟我埃及朋友習以為常的感覺很類似——我們大部分的生活安排都以某件可能會發生的事情為重心，但我們並不確定自己是否相信那件事情有朝一日真的會發生。

然而，它發生了。

當然，就我們的例子而言，它並不是獨裁軍政府的垮台，而是爆發一場以直接民主為基礎的群眾運動。這個結果，以它自己的方式而言，正是這場運動的發起人長久以來所夢想的，也正是在這個國家握有至高無上權力者長久以來所畏懼的，而結果和當時推翻穆巴拉克政權的運動一樣難以預料。

這場運動的故事，已透過不計其數的管道報導出來，從《占領華爾街日報》（*Occupy Wall Street Journal*）到正宗的《華爾街日報》，各有其不同的動機、觀點、人物和不同程度的正確性。在大多數報導中，我本人的重要性一直被過度誇大。其實，我只是在各個營地之間扮演溝通橋樑的角色。但我寫本章的最重要目的，不是為了導正歷史紀錄，甚或是撰寫歷史，而是要讓世人感受一下，置身於這樣一股歷史匯流的支撐點會是什麼樣子。我們的政治文化，甚至日常的生活方式，大體上會讓我們覺得，像這種事情是根本不可能發生的（的確有理由相信，我們的政治文化就是設計來讓人有這種感覺的）。其結果是對想像力產生潑冷水的效應。就連以這種想像力爆發的可能性為軸心，大部分的生活安排、幻想與渴望都圍繞著它轉的人，比方說黛娜或我，在這種爆發正開始發生的時刻，都還是大吃一驚。這就是為何一開始就必須強調，改造性的想像力爆發已經發生、正在發生，將來肯定還會繼續再發生。經歷過這類事件後所得到的經驗是，發現我們的視野被用力推開了；發現我們開始質疑，還有什麼事情是我們以為不可能發生、實際上卻真的有可能的。這類事件促使我們反思過去自以為了解的一切。正因如此，當權者竭盡所能地把它們封鎖起來，把這些想像力的爆發當成異常現象，而非開創性的時刻，但其實一切都肇始於那種時刻，包括他們的權力在內。所以，敘述占領運動的故事很重要，即使只是從一個參與者的觀點來看；占領運動啟發了我們對於可能性的認知，唯有先體認到這一點，我接下來所說的一切才有意義。

我為《廣告剋星》寫專欄——編輯下的標題是〈期待神奇火花〉（*Awaiting the Magic Spark*）——當時我住在倫敦，在倫敦大學金史密斯學院（Goldsmiths, University of London）教授人類學，是從美國學術圈流亡到海外的第四年。那年我相當深入地參與英國的學生運動。當時，英國各地正進行數十場大學校園占領活動，抗議保守黨政府對英國公立教育系統的猛烈抨擊，我走訪了其中許多場子，參與組織工作與街頭行動。《廣告剋星》特別委託我寫一篇文章，推測這場學生運動是否可能標幟著一波廣泛的反抗潮從此展開，並將蔓延到全歐洲，甚至是全世界。

我是《廣告剋星》的長期忠實讀者，但一直到近幾年才成為供稿人。不當社會理論學者的時候，我比較傾向當個街頭運動人士。另一方面，《廣告剋星》是一份給「文化干擾者」（culture jammers）看的雜誌：它起初是由一群反叛的廣告從業人員所創立的，他們對所屬的行業心生反感，所以決定加入相反的陣營，運用專業技巧來顛覆以往他們接受訓練為其擦脂抹粉的企業界。他們最出名的是製作「顛覆廣告」（subvertisments），是具有專業製作水準的反廣告（anti-ads）——例如，凸顯暴飲暴食的模特兒朝馬桶嘔吐的「時裝」廣告——然後試著在主流刊物或電視上露出，但這些嘗試往往無可避免地遭到拒絕。在所有的基進派雜誌中，《廣告剋星》無疑是最漂亮的，但許多無政府主義者認為他們時髦、反諷的風格顯然不夠強硬。我第一次為他們撰寫文章是在二〇〇八年，那時懷特與我聯繫，邀我寫專欄。二〇一一年夏季，他有意讓我的角色變成類似常駐英國的特派記者。

這個計畫被打亂了：我休假一年，返回美國。二〇一一年的七月，我回到土生土長的紐約，預期將暑假大部分的時間花在四處旅遊，並為剛出版的一本談債務歷史的書接受訪問。我也想與紐約社運圈重新取得聯繫，但卻有些遲疑，因為我清楚地記得，那場面已陷入一團混亂。我第一次積極參與紐約的社會行動是在二〇〇〇年至二〇〇三年期間，也就是全球正義運動的全盛時期。那場運動以一九九四年在墨西哥恰帕斯州（Chiapas）發生的查巴達起義（Zapatista revolt）揭開序幕，並隨著一九九九年西雅圖的群眾行動癱瘓世界貿易組織（WTO）會議而延伸到美國，那也是我的朋友們最近一次感受到一股全球革命運動可能正在成形的氣氛。那段日子很刺激。在西雅圖的世貿組織抗議之後，似乎每一天都有某些事在進行中：示威抗議、某種行動、收復街道聯盟（RTS；Reclaim the Streets）或是行動主義人士辦的地鐵派對，以及一千種不同的籌備會議。但九一一恐怖攻擊事件衍生的後果對我們衝擊甚大，即使其影響在多年後才完全展現出來。警察隨意便用暴力對付社運行動人士的程度不可思議地升高；舉例來說，二〇〇九年當一小群手無寸鐵的學生在一場抗議行動中占領新學院的屋頂時，紐約市警察局據說大張旗鼓地回應，出動了四組反恐小隊，其中包括配備了各種科幻小說式的新奇武器、從直昇機垂降而下的突擊隊員。*另外，在紐約舉行的反戰與反共和黨全國代表大會（Republican National Convention）示威行動規模浩大，卻很諷刺地導致抗議界的元氣大傷：以直接民主原則為基礎的無政府主義式的「水平性」團體（「horizontal」groups），大致上已被由上而下的（top-down）龐大反戰聯盟取而代之，對後者而言，政治行動大致上就只是舉牌遊行那回事罷了。與此同時，紐約的無政府主義行動界，原先曾居於全球正義運動的核心，但在無止盡的意見爭執破壞之下，幾乎已經淪為每年辦一次書展的格局了。

四六運動

早在夏季返回全職崗位前，我已開始再度投入紐約的社運界，趁四月下旬春假期間走訪這個城市。我的老友普莉亞・瑞迪（Priya Reddy），一位曾經發動樹居抗議（tree sitting）的資深環保行動人士，邀請我與埃及四月六日青年運動（Egyptian April 6 Youth Movement）的兩位創始人見面，當時他們應邀至布萊希特論壇（Brecht Forum）演講，這個論壇是個基進的教育中心，通常有免費場地可辦活動。

這是個令人振奮的消息，因為「青年四六運動」在最近的埃及革命中扮演關鍵性的角色。這兩位埃及人正在紐約為新書宣傳，行程中有幾個小時空檔，所以決定不告知宣傳人員、偷溜出來會一會社運同志們。他們打電話給瑪麗莎・霍爾姆斯（Marisa Holmes），她是無政府主義者，也是基進派電影製作人，當時正著手拍一部關於埃及革命的紀錄片。看來在紐約社運人士之中，他們也只知道她的電話號碼。接到通知後，瑪麗莎在一天之內集結人馬，辦了這場布萊希特論壇活動。結果，我們有二十個人現身布萊希特論壇的圖書館，圍著一張大圓桌坐著聽這兩位埃及人說話。其中一位是阿梅德・馬赫（Ahmed Maher），年輕、禿頭、沉默寡言——主要因為不善於說英語，他似乎是這個團體的創始人。另一位是瓦里德・拉希德（Waleed Rashed），人高馬大、臉色紅潤、能言善道，而且談吐風趣——我認定他比較像是發言人，而不是幕後策劃者。兩人一起述說他們多少次遭到逮捕、又用了哪些小計謀以智取祕密警察的故事。

「我們大量利用計程車司機，而且他們並不知情。我們埃及有個傳統：計程車司機必須不停地開口說話。他們沒辦法不說。傳說有個生意人搭長途計程車，一個半小時後，對司機嘰哩呱啦講個沒完感到厭煩，於是要求他住口。司機馬上把車停下來要他下車：『你好大膽子，這是我的車！我有權一直講話！』所以，某天，我們得知警方將要驅散我們舉行的大會，就在我們的臉書上宣布，全體人員

＊我這裡指的是第二次新學院占領活動，發生在二〇〇九年——前一次在二〇〇八年占領自助餐廳的行動導致學生們小勝，警方使用暴力情形相對輕微，但第二次占領卻遭遇立即而強大的警力。

下午三點將在解放廣場集合。當然，我們都心知肚明一舉一動受到監視。所以，那天我們每個人都特地在早上九點左右搭計程車，並且告訴司機說：『你知道嗎？聽說今天下午兩點，解放廣場上會舉行一場大會。』果然，幾小時之內，開羅市裡人人都知道這件事。在警察出現之前，數萬人已到場。

「四六」顯然絕不是一個基進的團體。舉例來說，拉希德在銀行工作。就性格而言，這場運動的兩位代表人物都是典型的自由派人士，假如他們生在美國，這樣的人可能成為總統歐巴馬（Barack Obama）的辯護者。然而，他們現在從隨扈身邊溜出來，與一群混雜著無政府主義者和馬克思主義信徒的人對話。他們發現，這群人是他們在美國的同路人。

「當他們直接朝人群投擲催淚彈時，我們注視著那些催淚彈，然後發現一件事，」拉希德對我們說：「每一枚上面都印著：『美國製造』。事後我們發現，當我們被捕時，用來折磨我們的刑具，也是美國製的。這種事你不會忘記。」

正式談話結束後，馬赫和拉希德表示想要參觀哈德遜河，就在公路對面，於是我們當中比較大膽的六、七個人直接穿越西側公路的車流，在廢棄的碼頭邊找到一個地點。我用隨身帶著的隨身碟，把拉希德想要給我們的一些影片存下來。有些影片是埃及人所製作的，有些——說來也怪，居然是塞爾維亞學運團體「抵抗！」（Otpor!）所製作的——該團體在組織群眾抗議以及各種形式的非暴力抗爭，在導致二〇〇〇年末南斯拉夫總統米洛塞維奇（Slobodan Milosevic）政權被推翻上面，或許扮演了最重要的角色。據他解釋，這個塞爾維亞團體一直是四六運動的主要啟發者之一。這個埃及團體的創始人不僅與「抵抗！」的老將通信，許多人在組織草創時期還甚至搭機飛到貝爾格勒（Belgrade）參加研討會，學習有關非暴力抗爭的技巧。「四六」甚至採用了「抵抗！」運動振臂握拳標誌的一個版本。

「你知道嗎？」我問他：「『抵抗！』組織最初是由中央情報局（CIA）所成立的？」

他聳聳肩，顯然對那個塞爾維亞團體的起源問題毫不在乎。

但「抵抗！」的起源甚至比那還要複雜。事實上，我們幾個人連忙解釋，「抵抗！」以及其他許多「五顏六色」革命（「colored」revolutions）——從昔日的蘇維埃帝國到巴爾幹半島——的先鋒團體，在中情局協助下所使用的戰術，起初是中情局從研究全球正義運動中所學來的，包括那晚在哈德遜河畔集合的部分人士所執行的戰術。

社運人士不可能真的知道另一方在想什麼。我們甚至連另一方究竟是誰都不得而知：誰在監視我們？有沒有人在監視？有的話又是誰在統籌打擊我們的國際安全行動？但你就是不由得會猜測。而且，很難不察覺，早在一九九九年前後，各地反獨裁團體串聯成一個鬆散的全球網絡，開始動員起來，運用出奇有效的手段，例如去中心化的直接民主（decentralized direct democracy）以及非暴力的公民不服從運動，設法關閉從布拉格到坎昆（Cancun）的貿易高峰會，大約在此時，美國安全機關的某些分子不僅開始研究這個現象，還試圖了解自己是否也能助長這樣的運動。這種轉變並非史無前例：一九八〇年代，中情局就做過類似的事，利用一九六〇年代與一九七〇年代反叛亂的成果，研究游擊部隊如何試著製造像尼加拉瓜反抗軍（Contras）這類的叛亂。同樣的事情似乎又再度發生了。政府資金開始注入宣揚非暴力戰術的國際基金會，而美國的訓練人員——有些是一九七〇年代反核能運動老將——正從旁協助組織「抵抗！」這類團體。這些努力的成效不應過度誇大，畢竟中情局無法憑空製造出一場運動。他們的努力在塞爾維亞和喬治亞被證明是成功的，但在委內瑞拉卻完全失敗。不過，真正的歷史反諷是，正是這些由全球正義運動首創、然後被中情局透過美國資助的團體成功散播到世界各地的技巧，如今回頭來啟發了推翻美國附庸國的運動。這顯示出直接民主行動戰術的力量，一旦被釋放到這個世界，就會變得難以控制。

美國反減支

對我來說，那天晚上與埃及人士會面最具體的結果，就是與瑪麗莎見面。五年前，她就已經是活躍的學運人士，曾經企圖重建一九六〇年代的學運團體「學生支持民主社會」（SDS；Students for a Democratic Society）聯盟，表現傑出，儘管沒有維持多久。大多數紐約社運人士至今提到那場學運的重要幹部時，仍稱之為「那些ＳＤＳ孩子們」。但此刻，當他們之中的大多數為了償還學生貸款，而埋首在每週五、六十個鐘頭的工作時，瑪麗莎依然是活躍分子。她先前在ＳＤＳ的俄亥俄州支部服務，後來搬到紐約市。凡是在紐約社運界仍在發生、值得投入的事，她幾乎都會軋上一腳。瑪麗莎是一般人幾乎肯定會低估的那種人：個子嬌小、不搶鋒頭，在公開場合傾向於把自己縮成一顆球，幾乎隱而不見。但她卻是我所遇過最有天賦的社運人士之一。我後來發覺，她有一種不可思議的能力，可以立即評估某個情況，並研判究竟發生何事、當務之急是什麼、需要採取什麼行動。

哈德遜河邊的那場小會議散會後，瑪麗莎告訴我，隔天在東村（East Village）的 EarthMatters 餐廳有一場會議，是為一個她正在參與、名為「美國反減支」（US Uncut）的新團體而籌辦的。她解釋，成立這個團體的靈感來自於「英國反減支」（UK Uncut）聯盟，這個聯盟成立於二〇一〇年，其宗旨是組織大規模的公民不服從活動，以反抗英國保守黨政府的撙節支出計畫。她連忙提醒我，他們大多數是自由派人士，無政府主義者並不多。但從某個方面來看，這正是讓這個團體如此吸引人之處：紐約分會成員的背景五花八門——「真正的平民百姓，不是社運人士類型」——例如中年的家庭主婦、郵局員工等等。「但他們都真的對從事直接行動的想法滿懷熱忱。」

這個想法具有某種吸引力。我在倫敦時，一直沒有機會與「英國反減支」共事，但我當然與他們碰過面。

「英國反減支」的戰術策略既簡單又高明。保守黨政府二〇一〇年的撙節方案之所以引起群情激憤，一大原因是他們鼓吹有必要將學費調高三倍、關閉青年中心，並且大砍領退休金度日者以及身心障礙人士的福利津貼，以彌補他們所說將要癱瘓財政的預算缺口；但他們同時卻對向提供競選獻金的部分大型企業徵收不知幾十億英鎊的欠稅興趣缺缺——這部分的稅收如果確實被徵收，那麼大多數的減支措施就會變得完全沒必要。「英國反減支」把這個議題戲劇化，方法是：好吧，如果你們要關閉我們的學校和診所，只是因為你們不想向滙豐（HSBC）等銀行或沃達豐（Vodafone）等公司追討欠稅，那麼我們就到他們的大廳去上課、看診好了。「英國反減支」最戲劇化的行動在三月二十六日登場，數週之後我就返回紐約了，在此之前超過五十萬名勞工在倫敦遊行，抗議政府削減支出，大約兩百五十名社運人士占領超級豪華的佛特南與梅森（Fortnum & Mason）百貨公司。佛特南與梅森主要以銷售全世界最昂貴的紅茶與餅乾聞名；儘管經濟不景氣，他們的生意還是蒸蒸日上，但店主卻有辦法以某種方式避繳四千萬英鎊的稅金。

當時，我正與另一個不同的團體「藝文界反減支」（Arts Against Cuts）共事，該團體主要由女性藝術家組成，在遊行當天最主要的貢獻是提供數百枚「漆彈」給身穿黑色連帽外套、戴上套頭露眼面罩、綁著大方巾的學生行動分子。以社運圈的術語來說，就是一副「黑色集團」（Black Bloc）的裝束。*在此之前，我沒有真正的看過漆彈，我記得當幾位朋友打開背包時，我對漆彈居然那麼小印象還挺深刻的。漆彈不是真的炸彈，只是裝水的小氣球，形狀和蛋一樣，只是稍微大了一點點，一半裝水，一半裝了不同顏色的水溶性塗料。好處是可以像棒球那樣砸向幾乎任何目標——一家犯了眾怒的店面、一輛經過的勞斯萊斯或藍寶堅尼、一名鎮暴警察——都會立即產生戲劇化的印象，把原色塗料濺得四處都是，但這種方式卻又絲毫不會讓我們冒著對任何人造成身體傷害的風險。

按照那天的計畫，三點鐘時，學生們與他們的盟友一小群、一小群地脫離勞工的遊行隊伍，在倫敦市中心的購物商圈呈扇形散開，把十字路口給堵起來，並且用漆彈幫明顯逃稅的店家裝飾一下門口的遮篷。大約一小時後，我們聽說「英國反減支」占領了佛特南與梅森，於是我們一個接一個朝那裡走去，去瞧瞧能幫什麼忙。我到現場時，鎮暴警察正好在封鎖各個出入口，不想冒著被捕風險的最後一批占領者，準備從百貨公司巨大的遮篷上跳下來，圍繞在旁的示威者則張開手臂等著接住他們。黑色集團已經聚集起來，釋出所剩無幾的漆彈後，我們手牽著手阻止一列鎮暴警察繼續前進，他們試圖淨空街道，以展開大規模逮捕行動。數週後，我回到紐約，雙腿還有那時脛骨被踹留下的傷痕和刮傷。（我記得當時領悟到，為什麼古代的戰士要穿上護脛甲——如果有兩排拿著盾牌的戰士面對正手，最明顯的行動就是踢對手的脛骨了。）

＊黑色集團給人的普遍印象是某種陰森森的組織，傾向於極端好戰的無政府主義意識型態與戰術。實際上，它是一種社運人士——通常是無政府主義者——使用的戰術，可用於任一種示威運動；它涉及了蒙住臉部，穿戴相當統一的黑色衣物，組成必要時既願意、也能夠加入戰鬥策略的一群人。所謂戰鬥策略，在講英語的世界可能有各種意思，從手拉手形成抵抗警力的人牆，到鎖定目標砸壞企業店面等等。這種策略並不常用：在學運成員那年四月決定試試看這種做法之前，倫敦已經多年未見到顯著的黑色集團，而且據我所知，之後也從未再出現過。

結果，「美國反減支」並沒有策劃那麼戲劇化的行動。我在前面提到的那場會議，在下城東邊著名素食熟食店 EarthMatters 的後陽台舉行，店裡賣的花茶幾乎和佛特南與梅森賣的一樣貴。而且，那群人的確既多樣化又另類，正如瑪麗莎所料。他們的計畫是發起類似於「英國反減支」在佛特南與梅森百貨公司策劃的那場行動：抗議全市各地的教室因為預算不足而遭到關閉，他們打算到沒繳分文稅金的金融巨獸美國銀行（Bank of America）的大廳講課。某人將扮演教授的角色，在大廳裡發表有關逃避公司稅的演講；瑪麗莎會把整個過程拍攝成影片，然後上傳到網路。但問題是，他們向我解釋，找不到人扮演教授。

我已訂了機票準備在那個週日飛回倫敦，所以我對可能遭到逮捕並不怎麼興奮，但這很像命中注定。猶豫片刻之後，我自告奮勇。

後來的發展是，根本沒什麼需要多慮的——「美國反減支」所構思的「占領」行動，只是在銀行的大廳開課，趁剛開始一團混亂之際展開師生討論會，然後在警察開始威脅要抓人時離去。我在我衣櫥的後面翻出一件看來依稀像是蘇格蘭粗呢外套的衣服，研究了一下美國銀行的繳稅史（我準備在活動現場分發一張「備忘小抄」，裡面加入一則花絮：「二〇〇九年，美國銀行獲利四十四億美元，沒有付任何一毛錢聯邦稅金，卻獲得十九億美元的稅額扣抵。不過，該行倒是砸了大約四百萬美元進行遊說，這筆錢直接進入政治人物的口袋，正是那些人所制定的稅法，讓這一切變成可能。」）[1]然後現身在那場行動——瑪麗莎拍下行動實況，以便立即透過網路串流播出。我們的占領行動大約持續了十五分鐘。

瑪麗莎是當我七月返回紐約時，最先打電話聯絡的人之一。她引領我回頭參與另一場在布魯克林舉行的「反減支」行動。這一回我們逃脫得更快。

比弗街十六號

那月下旬，我的朋友柯琳・艾斯伯（Colleen Asper）說服我加入七月三十一日舉行的一場活動，主辦單位是比弗十六號集團（16 Beaver Group）。

「比弗十六號」是一個藝術空間，以其坐落的地址命名，與紐約證券交易所只隔一條街。當時，我知道藝術家兼義大利自治主義（Autonomist）理論迷會去那裡舉辦座談會，討論網路時代的馬克思主義（CyberMarx）、基進的印度電影，或是瓦萊麗・索拉娜斯（Valerie Solanas）的《滅男社宣言》（*SCUM Manifesto*）持續演進中的意義。柯琳力勸我那個週日過來瞧瞧，感受一下紐約正在發生什麼事。我答應了，但後來幾乎忘記這件事，因為那天早上我跟一位英國考古學家友人經過鬧區去參加一場會議，我們兩人都聚精會神地探索市中心的漫畫書大賣場，設法尋找合適的禮物給他的孩子。十二點三十分左右，我收到一則柯琳傳來的簡訊：

柯琳：你會來「比弗十六號」活動嗎？
大衛：地點再跟我說一次好嗎？我會去。
柯琳：現在！☺一直到五點，如果你晚些到，他們還是在進行中。
大衛：我這就過去。
柯琳：酷喔！
大衛：告訴我他們到底在談什麼。
柯琳：什麼都談一點。

這場會議的目的是舉行簡報會，介紹正在世界各地——希臘、西班牙以及其他地方——風起雲湧的各種反撙節運動，並以一場開放式的討論會作結，探討如何把類似的運動引進此地。

我晚到了。抵達時已經錯過有關希臘和西班牙的討論，但我很訝異地在室內發現這麼多熟面孔。我的一位藝術家老友，名叫喬治亞・薩格里（Georgia Sagri），已經講完關於希臘的簡報，而當我走進室內時，一位認識更久的老友高祖岩三郎（Sabu Kohso）正在談日本福島核災變之後的反核動員。

我唯一趕得及從頭聽到尾的是最後一場討論，談的是紐約——這真是非常反高潮的安排。講者是道格・辛森（Doug Singsen），一位輕聲細語的布魯克林學院（Brooklyn College）藝術史學者，他講的是紐約人反對砍預算聯盟（New Yorkers Against Budget Cuts Coalition）的故事。該聯盟曾贊助一場小型的人行道紮營行動，營區以紐約市長彭博（Michael Bloomberg）的姓氏命名為「彭博村」（Bloombergville），地點就在曼哈頓下城紐約市政廳的對面。

從某些方面來看，這是個充滿挫折的故事。該聯盟創立之初是個由紐約工會與社群團體所組成的廣泛聯盟，有個明確的目的是要贊助公民不服從運動，以反抗彭博嚴苛的預算撙節措施。這本身就很不尋常：通常，工會幹部們光是提到公民不服從運動就裹足不前——至少是那種沒有把腳本完全寫好、預先安排好的公民不服從運動（例如，預先與警方安排好逮捕行動分子的時間與方式。）這一回，諸如教師聯合工會（United Federation of Teachers）等工會，在規劃營區方面扮演積極的角色，部分是受到開羅、雅典、巴塞隆納等地類似紮營抗議行動的成功所啟發，但隨後卻又膽怯畏縮，在營地幾乎要紮好的時刻撤出。儘管如此，仍有四、五十名全心全意投入的行動人士，大部分是社會主義者（socialists）和無政府主義者，從六月中旬到七月初堅持了大約四個星期。人數這麼少，又缺乏真正的媒體關注或政治盟友，要違抗法律行事是絕不可能的，因為人人都只會立刻遭到逮捕，外界也沒有人會知道。但他們利用了一條鮮為人知的紐約法規，根據該法規，睡在人行道上作為一種政治抗議手段並不算違法，只要空出一個走道讓行人通過、而且不豎立起任何一種可能被描述為「結構物」（例如單坡屋〔lean-to〕或帳篷）的東西即可。當然，不搭帳篷，或任何一種結構物，就很難把結果真正稱之為「紮營」。籌辦人員已經盡力與警方交涉，但他們並未處於一個特別強而有力的談判地位。結果是他們一再被驅趕，離市政廳愈來愈遠，最後完全解散。

辛森說明，該聯盟這麼快就瓦解的真正原因在於政治。工會以及大多數社群團體都與市議會裡的盟友合作，而那些人正忙著與市長協商折衷版的預算案。「情況不久就變得很清楚」，他說：「有兩種立場。溫和派願意接受裁減部分支出的必要性，認為這樣就會讓他們處於比較好的談判立場，進而控制損害。基進派，也就是『彭博村』陣營則完全拒絕接受有裁減任何支出的必要性。」一旦折衷協議似乎在望，他們對公民不服從運動——即使是最溫和的形式——的所有支持，便消失無蹤。

三個小時後，岩三郎、喬治亞、柯琳、兩個彭博村的學生籌辦人員與我，一行人到幾條街之外啜飲啤酒，並討論我們對這一切有什麼想法。與喬治亞再次見面讓我特別高興。上一回我們碰面，是在雅典的伊克薩齊亞區（Exarchia），那裡多的是社區中心、公園和咖啡館，讓社運人士與無政府主義者進駐，我們曾在該區街角的酒館度過漫漫長夜，喝下一杯杯的烏佐酒（ouzo），同時爭辯柏拉圖博愛（agape）理論的根本意涵，但談話總是斷斷續續地被一批又一批的鎮暴警察打斷，他們在那個地區徹夜行軍，以確定每個人都很不舒服。據柯琳解釋，這種情況在伊克薩齊亞區是稀鬆平常的事。她

告訴我們，有時候，特別是如果最近有警員與抗議人士衝突時受了傷，警方就會挑選某家咖啡館，見人就打，並且砸毀咖啡機。

話題回到紐約，焦點很快就轉向必須怎麼做，才能讓紐約社運界從死氣沉沉當中驚醒過來。我主動開腔：「關於彭博村的討論，唯一留在我腦海裡揮之不去的，是演講者說，溫和派願意接受局部減支，而基進派完全拒絕減支。當時我邊聽邊點頭，但突然間我察覺到：等一下！這傢伙現在在說什麼？我們怎麼會走到這種田地，連**基進**的立場竟然也只是設法維持現狀？」

減支抗議和那年英國二十幾名學生占領活動，都掉入同樣的圈套。他們當然戰鬥力十足：學生們搗毀保守黨的總部，還突襲皇室家族的成員。但是，他們還不算**基進**。進一步說，他們傳達出的訊息是被動的反應：**停止削減支出！**什麼，我們要重回二〇〇九年的失樂園嗎？或甚至一九五九年，還是一九七九年呢？

「而且，容我非常坦白地說，」我補充：「看著一群無政府主義者戴著面罩在 Topshop 店門外，朝著一排鎮暴警察投擲漆彈，同時高喊：『你要繳稅！』這讓人有點兒錯亂。」（當然，我自己也曾是手持漆彈的那群基進分子之一。）

廣告剋星上的社運廣告

有沒有什麼方法能掙脫這個圈套呢？喬治亞在《廣告剋星》雜誌上看到一篇社會運動廣告，稱為

「占領華爾街」，她為此興奮不已。喬治亞向我描述廣告內容時，我抱持懷疑的態度。這不是第一次有人試圖關閉紐約證券交易所。早在一九八〇年代或一九九〇年代，或許有一次真正成功了。二〇〇一年，繼那年秋季華盛頓的國際貨幣基金（ＩＭＦ）行動之後，緊接著就有人計劃在華爾街也辦一場。但後來九一一恐怖攻擊事件爆發，距離提議中的行動地點只隔了三條街，我們的計畫不得不作罷。我認為，在「歸零地」（Ground Zero）紐約世貿中心遺址附近的任何地點，在未來數十年內，無論就實際或象徵層面來說，不管做什麼事都會被禁止。而且，最重要的是，我不清楚這個「占領華爾街」的召喚，究竟希望實現什麼樣的目標。

沒人真的確定。但喬治亞也在網路上注意到另一篇廣告，目的是召集一場稱為「大會」（General Assembly）的籌備會議，以規劃如何占領華爾街，不論最後演變成什麼樣的結果。

她解釋，希臘的運動就是那樣開始的：藉由占領憲法廣場（Syntagma Square），一個靠近國會大廈的公共露天廣場，並且成立一個真正由普通人民組成的大會，一個新的市民廣場（agora），根據的是直接民主的原則。*她還說，《廣告剋星》鼓吹的正是某種象徵性的行動。他們希望成千上萬的民眾走上華爾街，搭起帳篷，拒絕離開，直到政府同意一項重大的訴求為止。如果要舉行一場大會，事前就必須先決定好，那項訴求究竟是什麼：是要求歐巴馬成立一個委員會，恢復葛拉斯－史迪格法案（Glass-Steagall Act，大蕭條時代的法律，早期時藉此法防止商業銀行從事市場投機）；還是要求擬定憲法修正案，廢除企業人格（corporate personhood），或者是其他的訴求。

柯琳指出，《廣告剋星》基本上是由行銷人員所創辦的，而他們的策略從行銷觀點來看絕對合理的：想出一個響亮易記的口號，確定它精準傳達出你想要表達的意思，然後不斷強力灌輸這個想法。然而，她質疑，那種簡單明瞭對於社會運動來說，一定就是優點嗎？通常，藝術品的力量，正是來自你不太確定它試圖要表達些什麼。讓另一方持續猜測有什麼不好呢？特別是維持一個開放、未定的訴求，能讓你提供一個公共論壇，讓人人都能談談自己所感受到、卻尚未找到管道抒發的不滿。

喬治亞也同意。何不讓大會本身就是要傳達的訊息，作為一個開放的論壇，供民眾討論問題，並提出跳脫現有制度框架的解決辦法。或者，討論如何創立一個全新的制度。這場大會可以建立一個模式，向各地推廣，直到紐約每個區、每條街、每個工作場所都設有大會為止。

這也是全球正義運動時期所懷抱的終極夢想。那時候，我們稱之為「感染主義」（contaminationism）。我們要發起的是一場革命性的運動，而不僅僅是展現支持海外革命運動的團結運動，所以就這一點而言，我們的整個願景都基於一種信念：民主是具有感染力的，至少是那種無領導者的直接民主，那是我們已經投入大量心血與努力去灌溉的。當民眾置身其中，親眼目睹一群人

＊針對那個特定的詞，馬克思主義派與無政府主義派之間明顯起了重大的爭論：馬克思主義信徒希望口號是「真民主」（real democracy）；無政府主義者則依循西班牙的「憤怒者」（Indignados）運動，堅持稱作「直接民主」。他們舉行投票，結果無政府主義派贏了。

真正互相傾聽，並且集體做出某種明智的決定，而不是被強迫接受已經做好的決定——更別提親眼目睹一千個人，在我們於重大行動之前舉行的「發言人會議」（Spokescouncils）上，一起這麼做——這往往會使他們對於政治可能促成的事，產生不一樣的看法。那種影響確實在我身上起了作用。

我們的預期是，民主的實踐會擴散開來，而且，無可避免地，將依照當地組織的需求進行自我調整：我們從來沒想過，比方說，紐約一個波多黎各的民族主義組織，和舊金山一個素食者的自行車共用組織，能夠以相同的方式來進行直接民主。但大致上來說，事情就是這麼發生了。我們在改造社運文化本身方面，獲致巨大的成功。在全球正義運動之後，昔日指導委員會（steering Committee）那一類的做法，基本上已成為過去式。社運界差不多每個人都變得接受「預兆式政治」（prefigurative politics）的概念：這個概念就是，社運團體採取的組織形式，必須具體呈現出我們所希望創造的那一種社會。問題是，要如何讓這些觀念突破社運圈的藩籬、呈現在更廣大的民眾之前？這些民眾都不曾參與過某種草根性的政治運動。媒體根本幫不上忙：你可能接收了一整年的媒體報導，卻仍舊不知這場運動與傳播直接民主有關。所以，要讓感染主義變得可行，我們必須實際把民眾請來會議室。事後證明那是非常困難的。

也許，我們斷定，這一次會不一樣。畢竟，這一次不是第三世界（the Third World）遭到金融危機和毀滅性的撙節計畫衝擊。這一次，危機降臨在我們的國家。

我們一致允諾在大會上見。

八月二日

保齡格林（Bowling Green）是一座小公園，坐落於曼哈頓正南端，與證交所隔了兩條街。十七世紀時，荷蘭殖民者利用這個地方玩九柱滾球遊戲（nine-pins），公園名稱就是這樣來的。現在，它是一片用柵欄圍起來的綠地，北邊有一塊相當寬敞、用鵝卵石鋪的空地，那裡的正北方有個半島狀的安全島，上面有尊青銅打造的大型公牛雕像跺地鎮守著，這個形象散發出一股幾乎難以抑制、而且可能很要命的狂熱氣息，以至於華爾街人士似乎把它當作是一種象徵，它代表驅動資本主義體系的「動物本能」（animal spirits，套用凱因斯〔John Maynard Keynes〕所創的詞）。平常時，這座公園很安靜，零星的外國觀光客穿梭其中，街道旁有小販在賣六吋大的公牛複製品。

大會舉行當天，我大約在四點三十分左右到場，四點鐘有一場會議，我已經遲到了一些些，但這次是故意的。我繞遠路直接朝華爾街走去，為的是了解一下警察的布署狀態。情況比我想像的糟。到處都是警察：兩組穿制服的警員四處閒逛找事做，兩組騎警隊在重要通路上站崗，另有警察騎著機車在九一一過後為了防止自殺炸彈客而設置的一排鐵圍欄旁來回奔馳。而這是個平常的週二下午！

到達保齡格林公園時，我發現更令人沮喪的事。剛開始，我懷疑自己是不是根本就走錯會場了。一場群眾集會早已開始進行。兩台電視攝影機對準一個臨時搭起的舞台，旁邊有巨型的橫幅標語、擴音器以及一大堆預先印好的標語牌。一名紮著長辮的高個兒男子正在慷慨激昂地發表演說，大談反對削減預算，為數大約八十人的群眾呈半圓形圍繞在他四周。我察覺，大多數人似乎有點厭煩與焦躁，包括電視新聞工作人員在內，因為我巡視一下，發現攝影記者顯然把他們的攝影機留在那裡沒去看顧。我瞥見喬治亞在場外站著，皺緊眉頭，望著台上聚集的那些人。＊

「等等，」我問道：「那些傢伙是ＷＷＰ嗎？」

「是啊，他們是ＷＷＰ。」

我已離城幾年，所以費了一番工夫才認出他們。對大多數的無政府主義者而言，工人世界黨（ＷＷＰ；Workers World Party）是我們從事社運時最大的死對頭。他們顯然是由一小撮白人黨內核心領袖所領導，但在公眾活動場合，這群中堅分子卻總是謹慎地退居二線，改由一群非洲裔美國人和拉丁裔掛名負責。眾所周知的是，他們依循的是一種直接沿襲自一九三〇年代的政治策略：建立一個龐大的「人民陣線」聯盟，例如「國際行動中心」（ＩＡＣ；International Action Center），或是「立刻行動停止戰爭與終止種族歧視」（ＡＮＳＷＥＲ；Act Now to Stop War and End Racism），各由數十個團體組成，這些團體出動數以千計的人，高舉著預先印好的標語四處遊行。這些聯盟團體的普通成員，多半是受好戰的言辭以及顯然源源不絕的現金所吸引，但仍然幸福地不知道中央委員會在世界議題上的立場究竟是什麼。這些立場幾乎就是未隨時勢調整的馬克思－列寧主義（Marxism-Leninism）的諷刺搞笑版，離譜到我們許多人時常在猜測，這整件事情會不會是某種由聯邦調查局（ＦＢＩ）出資、精心設計出來的笑話。舉例來說，ＷＷＰ至今仍支持一九六八年蘇聯入侵捷克斯洛伐克

（Czechoslovakia）以及中國鎮壓天安門廣場上的民主抗議活動。他們甚至還採取嚴格的「反帝國主義」路線，不僅反對美國在海外進行任何的干預行動，也積極支持從北韓政府到盧安達胡圖族（Hutu）民兵、凡是美國政府宣稱所不認可的任何人。無政府主義者通常稱呼他們是「史達林主義者」（Stalinists）。試圖與他們合作是絕不可能的，他們沒有興趣與自己尚未完全掌控的任何聯盟合作。

這是場災難。

怎麼會變成由WWP控制這場集會呢？喬治亞也不清楚。但我們都明白，只要是他們在控制一切，真正的大會就不可能發生。的確，當我詢問幾個旁觀者發生何事時，他們證實計畫的確是先進行示威大會，接下來是短暫的開放麥克風時間，然後就沿著華爾街遊行，領袖們將在華爾街上提出一長串預先確定好的訴求。

對致力於建立直接民主政治的社運人士——我們喜歡自稱為「水平性的」（horizontals）——而言，對這種事情的反應通常是絕望的。這確實是我的第一個反應。走進這種示威大會場合，感覺就像

＊柯琳也有到場，但當時她正陪著她母親。她母親當時正路過市中心。我後來得知，她母親在那種史達林式的場合中感到很不舒服，所以柯琳不得不帶她離開，轉往一間藝廊。

是走進一個陷阱一樣。議程已經設定好了，是誰定的卻不得而知。事實上，往往連議程是什麼都難以察知，一直要到活動開始的前一刻，某人才會透過擴音器宣布。瞄見那舞台和成堆印好的標語，又聽見「遊行」的字眼，勾起了我的回憶，記得以前有一千個散漫的下午就是耗在遊行之上，一排排的人像某支有氣無力的軍隊，沿著預先安排好的路線走著，而抗議活動的指揮官卻與警方聯繫，要把我們像牛群似地全部趕進鋼製屏障的「抗議圍欄」（protest pens）中。在這類的活動中，沒有自發性、創意與見機行事的空間，事實上，一切用意似乎都讓自我組織或真正意見的表達變得不可能。就連民眾喊的口號，都是由上面的人所提供的。

我瞥見一群看似WWP領導核心分子的人聚集在一塊，你可以分辨得出來，因為他們通常是中年白人，而且總是在舞台稍後方徘徊（那些實際在台上露面的一成不變是有色人種）。

其中有個出奇壯碩的大個子，三不五時就會穿越台下的觀眾。「嘿！」我對著正要從身旁經過的他喊著：「你知道的，如果你們不是真的想舉辦一場大會，或許當初就不該作這樣的宣傳。」

我的說法也許比較不客氣。他低頭瞪著我瞧。「喔，你這叫團結嗎？侮辱工作人員？聽著，如果你不喜歡，你幹嘛不走人呢？」

我們不悅地互瞪了一會兒，然後他離開。

我也想走了，但我注意到其他人對正在發生的事似乎也意興闌珊。套句社運人士的用語，這不是真正的垂直性（verticals）群眾——真的喜歡聽命於某些人組成的中央委員會的發言人、並舉著預先分發的標語牌四處遊行的那種人。大多數人似乎都是水平性：這種人比較贊同無政府主義式的組織原則，也就是非階級制（nonhierarchical）形式的直接民主。我從人群中至少認出一個「沃布利」（Wobbly），也就是世界產業工人聯合會（IWW；Industrial Workers of the World）的會員，這名年輕男子戴著墨鏡，身穿黑色IWW的T恤；另有幾個大學生攜帶印有「查巴達」字樣的隨身用具，其他一些人看起來也明顯是無政府主義者的那一型。我還注意到幾個老朋友也到場，包括高祖岩三郎，陪同的是另一位日本籍社運人士，我二〇〇一年就在魁北克市（Quebec City）的街頭行動中認識他了。最後，喬治亞和我互看一眼，兩人都意會到彼此想的是同一件事：「我們為什麼這麼自以為是？為什麼每次見到這樣的事情發生，我們只是抱怨幾聲就回家了？」不過，回想起來，當時我們的表達方式其實比較像是：「你知道嗎？去他的這什麼鬼。他們宣傳要開一場大會。那就讓我們來辦一場吧。」

所以我挺身走向一個看來挺討人喜歡的陌生人，一個煩躁地望著舞台的韓裔年輕美國男子，我事後得知他叫克里斯（Chris），是個無政府主義者，正在「要食物不要炸彈」（Food Not Bombs）那裡幫忙，但那時我還不認識他，我只知道他一臉不爽。

「我想知道，」我問他：「假如說，我們當中有人決定停止這一切，開始舉行一場真正的大會，你會不會有興趣？」

「有嗎？有人在討論那麼做嗎？」

「嗯，我們現在就在討論啊。」

「好啊，去他的。告訴我什麼時候。」

「坦白說，」站在他旁邊的男子主動開口了：「我本來準備要離開了。但聽你這麼說，也許值得留下來。」我事後得知，他名叫麥特・普瑞斯托（Matt Presto），和克里斯一樣，後來成為占領華爾街運動的重要幹部。

於是在克里斯和麥特的協助下，喬治亞與我集合了一群比較明顯的水平性人士，在公園尾端離麥克風儘可能遠的地方，組成一群大約二十幾人的小圈子。幾乎在同時，示威大會的代表們似乎在召喚我們回去。

那些代表不是 WWP 的人馬——WWP 那票人通常對這種事漠不關心——而是身穿有領扣襯衫、臉色充滿朝氣的年輕學生。

「這下可好了，」我對喬治亞咕噥說：「那是 ISO。」

ISO 的全名是國際社會主義組織（International Socialist Organization）。在社會運動人士的光譜中，WWP 或許位於與無政府主義者相反的極端，而 ISO 位在討人厭的中間：很接近水平性團體，但實際上仍然不是。他們是托洛斯基派（Trotskyist），原則上支持直接行動、直接民主以及各種由上而下的組織，然而，他們在任何會議中扮演的角色，似乎主要都是在阻止更基進的分子去真正實踐這些事情。ISO 令人氣餒的地方是，就個人而言，他們通常顯然是好人。大多數是討人喜歡的孩子，以學生為主，非常和善熱心；而且與WWP不同的是，他們的高層（儘管理論上支持直接民主，該組織本身具有組織得十分緊密的、由上而下的指揮架構）的確允許他們投入不是由自己所掌控的廣泛聯盟——只不過要留意有沒有可能把它接管過來。他們是明顯會介入並且設法居間調停的人。

「我認為這全是某種誤解，」其中一名年輕男子對我們這個自由行動的小圈子說，「這個活動不是由任一個團體所組織的。這是一個由草根性團體與個人所組成的廣泛聯盟，致力於反抗彭博的撙節方案。我們與籌辦人員談過了，他們說，演講者講完之後，絕對會有一場大會。」他們一共有三位，都是外表整潔清秀的年輕人，我還注意到，每個人在不同的時間點，都使用同一套說詞：「一個由草根性團體與個人所組成的廣泛聯盟。」

我們能做的不多。如果籌辦人員承諾舉行一場大會，我們至少必須給他們一次機會。所以我們勉強答應，並且返回會場。不用說，最後大會並沒有開成。籌辦人員所謂「大會」的概念，似乎只是一段開放麥克風時間，讓任何一個在場觀眾都有幾分鐘的時間表達自己大致的政治立場，或是對某些特定議題的想法，然後再出發進行一趟預先安排好的遊行。

就這樣過了二十分鐘後，輪到喬治亞開口講話。我必須在此說明，喬治亞的專業是個表演藝術者。因此，她一向很重視培養某種精心塑造的公共人格（public persona）——基本上就是個「瘋女」。這種公共人格總是根據某人真正人格特質裡的部分元素，以喬治亞的例子來說，她的密友常常在猜，在她這種公共形象裡，偽裝的成分究竟占了多少。當然，她是我所見過比較衝動的人物之一。

但她具備一種天賦，能夠在某些時候、某些場合，說出正中要害的話，通常是藉由把種種有關實際該怎麼做的假設全攪和在一起來達到目的。輪到喬治亞講三分鐘時，她一開始就宣告：「這不是一場大會（General Assembly）！這是某個政黨搬上台的示威大會（rally）！與全球性的大會運動（global General Assembly movement）毫不相干。」她的演說中頻頻提到希臘與西班牙的大會，以及他們系統性地排除政治團體組織派來的代表。坦白說，我沒有全程聽她講完，因為當時我正試圖找出其他可能裹足不前的人士、說服他們在我們一旦再度決定另起爐灶時，加入我們。不過，和當天在場的每個人一樣，我也記得最高潮的那一段。當喬治亞的時間到了，她與一個非洲裔美國女子你來我往展開一波激烈的言辭交鋒。那女子是之前曾上台的WWP演講者之一，她開始隨機應變。

「嗯，我發現前一位講者的干擾極不尊重別人。這不只是蓄意擾亂這場會議進行的企圖……」

「這不是會議！這是示威大會！」

「嗯哼，我發現前一位講者的干擾極不尊重別人。只要你喜歡，你可以不同意某人，但至少可期待我們以兩種精神彼此對待：尊重與團結。而前一位講者的所做所為……」

「等等，難道綁架一場會議，就沒有違背尊重與團結了嗎？」

就在這個時刻，另一名WWP講者打岔，以憤怒和假裝吃驚的語調說：「我不敢相信，妳剛才竟然**打斷**一個黑人的談話！」

「為什麼不能？」喬治亞說：「我也是黑人啊。」

我必須先說，喬治亞是個金髮女郎。

四周的反應或許可用一片「啊？？？」的錯愕聲來形容。

「妳說妳也是什麼？」

「我說了啊，我是黑人。妳以為妳是在場唯一的黑人嗎？」*

這讓全場陷入一團迷惑中，也讓她爭取到足夠的時間宣布一件事：我們將重新召集真正的大會（GA），十五分鐘後在公園大門口旁再度會合。說到這裡，她就被噓下台了。

場內充斥侮辱和謾罵之聲。大約半小時的鬧劇過後，我們在保齡格林公園的另一邊再度形成一個圈子，而這一回，仍留下來的人幾乎都放棄示威遊行，走來我們這邊了。我們察覺，我們召集的這群民眾幾乎全部是水平性：不只是「沃布利」和「查巴達」團結工會的人們，還有幾位曾經活躍於馬德里「憤怒者」運動的西班牙人，兩位曾經參與數年前柏克萊（Berkeley）占領行動的煽動叛亂派無政府主義者（insurrectionist anarchists），寥寥四、五個剛剛過來想看遊行卻滿臉困惑的旁觀者，以及同樣大概四、五個心不甘情不願地過來監視我們活動的 WWP 成員（不包括中央委員會的任何人）。

＊不用說，接下來的幾週，喬治亞的聲明成為她朋友熱烈評論的話題。眾人臆測紛紛。喬治亞來自希臘，在世上眾多國家之中，那裡是金髮碧眼的人其實可能遭到歧視的少數國家之一，因為希臘人通常會以為，他們可能是貧窮的阿爾巴尼亞移民。事後被人問到此事時，喬治亞只是堅稱沒什麼好討論的。「是的，我是黑人。」她說，好像此事不辯自明似的。

一位名叫威利・歐斯特維爾（Willie Osterwail）的年輕男子，他曾經在巴塞隆納花了一些時日擔任占屋者（squatter），自告奮勇擔任引導者（facilitate）。

我們很快就確定，我們不知道究竟要做什麼。

一個問題是，《廣告剋星》已經登廣告公布行動日期：九月十七日。基於兩個理由，這會成為問題。第一個理由是，距離那一天只剩六個星期。癱瘓一九九九年十一月西雅圖世貿組織會議的那場封鎖與直接行動，總共耗費一年多的時間去籌備。《廣告剋星》似乎認為我們可以想出某種辦法，聚集兩萬人到華爾街街道中央搭帳篷紮營，但就算假設警察會坐視那種事情發生（他們鐵定不會的），任何有實際組織經驗的人都知道，你不可能在短短幾週內就聚集那麼多的人。想要聚集那麼龐大的群眾，通常必須從全國各地招募人們前來，那需要遍布不同城市的支援團體幫忙，尤其需要巴士來載運，進而需要籌辦各式各樣的募款活動，畢竟就我們所知，我們沒有財源。（或者，我們有？《廣告剋星》據說資金充沛。但我們當中沒有人確定《廣告剋星》是不是直接參與此事。他們並沒有派任何代表前來開會。）另外，還有第二個理由沒辦法在九月十七日關閉華爾街：那一天是星期日。如果要做某種能直接衝擊到華爾街主管——或甚至只是引起他們注意——的事情，我們就必須想出一個辦法，能夠一直待到週一早上九點左右。而我們甚至不確定證券交易所是否就是理想的目標。同樣合邏輯、具象徵意義，甚至我們成功機率可能更大的目標，也許是聯邦準備理事會（Federal Reserve），或是標準普爾公司（Standard & Poor）的辦公室，它們都分別只在幾條街之外而已。

我們決定暫時擱置那個問題。我們也決定擱置整個有關訴求的問題，先進行分組討論。這是標準的水平性執行方式：每個人大聲提出成立工作小組（working groups）的點子，直到我們擬出一張清單（就這個例子而言只有四項：推廣、通訊／網路、行動，以及程序／引導），然後工作小組再分成幾個小圈子進行腦力激盪，並且同意，比方說在一小時後重新集合，然後每一組派一個發言人作簡報，複述組內討論的內容以及集體做出的任何決定。我加入程序工作小組，可以預料的是，組員主要是無政府主義者，決心要確保本組成為模範。我們很快就決定，本組將採用共識決（consensus）的運作模式，但也預留一個選項，以備萬一陷入僵局，就回頭採用三分之二多數決。我們也決定，至少設立兩個引導者（facilitator），一男一女，一人負責維持會議順利進行，另一人則負責安排「講者名單」（stack，要求發表談話者的名單）的先後順序。我們討論了手勢訊號以及不具約束力的「假投票」（straw polls），亦即非正式民調，以「測水溫」。*

等到我們重新會合時已經天黑了。大多數的工作小組只做出臨時性的決定。行動工作小組拋出預

＊關於這些形成共識的工具如何運作的細節，將會在第四章探討。

料可能發生的一些情況，但他們的主要決定是當週稍後再碰面一次，實地走訪那個區域。通訊工作小組同意設立郵件列表伺服站（listserv），並且再開會討論建置一個網頁——他們的當務之急是設法了解哪些東西已經存在了，舉例來說，是誰建立了名為 #OccupyWallStreet 的推特網站，因為建立者似乎並未出席那場集會；此外，《廣告剋星》究竟與這場活動有什麼關聯，如果有關的話，他們又做了哪些事。推廣工作小組已決定週四碰面商量設計傳單，並設法討論出我們應該如何自我描述，特別是如何與現有的反減支聯盟有所區別。推廣小組的幾個成員，包括我的朋友賈斯汀（Justin）以及我在魁北克市認識的那位，那時都在擔任勞工組織者（labor organizers），所以相當有把握能吸引工會人士的興趣。我們全體決定將於那個週二晚間七點三十分，在附近的愛爾蘭飢荒紀念碑（Irish Hunger Memorial）舉行另一場大會，希望規模會更加盛大。

儘管我們所有的決定都屬於臨時性質——因為沒有人很確定我們究竟是在既有基礎上繼續努力，還是在創造全新的東西——全體的情緒卻十足地興高采烈。我們覺得自己剛剛見證了民主力量真正的勝利，明確地把老梗用盡的組織模式給拋在一邊。在紐約，這樣的勝利幾乎前所未見。沒有人能確定這會導致什麼結果，但至少在那一刻，我們幾乎都滿心歡喜地期待探索結果。

等到我們全部打道回府時，已經十一點左右了。我做的第一件事就是打電話給瑪麗莎。「妳不會相信剛才發生了什麼事，」我告訴她：「妳**一定**要來共襄盛舉。」

百分之九十九

寄件者：大衛・格雷伯 <david@anarchisms.org>
主旨：哈囉！快速問個問題
日期：二〇一一年八月三日 12：46：29 AM CDT
收件者：麥卡・懷特 <micah@adbusters.org>

哈囉，麥卡：

我剛度過很奇特的一天。大約八十個人四點三十分到保齡格林附近靠近大公牛塑像的地方集會，因為我們聽說會在那裡舉行一場「大會」，規劃九月十七日的行動，召集那場行動的人是……嗯，你們。我們現身後，發現實際上根本就沒有大會，只有工人世界黨準備了擴音器、麥克風和標語，舉行一場示威大會，然後他們打算留一小段開放麥克風時間，之後再去遊行。通常我們面對這種情況的反應是冷嘲熱諷和無奈走人，但這一次，我們幾個人決定豁出去了，集合了一群水平性人士，結果百分之八十五的到場群眾都靠過來了，我們舉行了一場大會，建立了架構、程序和工作小組，推動一個實際的組織。這有點像是個小小的奇蹟，當我們離開時，心情全都變了，覺得超開心的。

不過，這裡有個問題，就是：《廣告剋星》與這些到底有什麼關聯？他們有提供任何資源嗎？或者，只是把人召集起來而已？我有說我會了解一下的……

大衛

那晚我把信寄出去就上床睡覺了。隔天一早我收到以下的回信。

嗨，大衛：

謝謝你的實況報導，我很高興有你在那兒扭轉乾坤。

情況是這樣的……

在《廣告剋星》，我們醞釀占領華爾街活動的構想已有兩個月之久。六月七日，我們發了一封電子郵件給訂閱我們電子報的九萬名文化干擾者，附上一則簡短的通知，提出這個想法。反應一面倒地很正面，所以我們決定繼續推動。我們雜誌最新的一期，也就是書報攤剛上架的這期（《廣告剋星》第九十七期——後無政府主義時代的政治），內含一張跨頁的海報，號召民眾在九月十七日占領華爾街。美國版雜誌的封面也放了一張 #OCCUPYWALLSTREET 的迷你圖片。這作用就有如緩慢的導火線，在未來一個月或更長的時間內，把有關占領活動的訊息釋出到說英語的世界……

就此刻而言，我們決定，基於資源與人力有限，我們《廣告剋星》只能勝任把這個文化基因（meme）給散播出去的角色，並且希望當地的社運人士能自我賦權，讓這場活動成真。依循與西班牙相同的模式，由民眾而不是政黨和組織來決定一切。

你參加的那場「大會」，是由一個無黨無派的獨立組織所召集的，與「紐約市反減支」（No Cuts NYC）以及「彭博村」（一個反削減支出抗議營，持續了大約兩個星期）的幕後團體是同一個。我的聯絡人是「紐約市反減支」的道格・辛森。我對道格一無所悉，也不清楚那場大會為什麼會被工人世界黨給綁架，或是否打從一開始就蓄意如此……

麥卡

《廣告剋星》只是拋出一個構想。他們過去也曾多次這麼做，但以往不曾真的產生什麼結果；但這一次，形形色色不同的、顯然毫無關聯的團體，似乎都試圖掌控這個活動。不過最後，是我們真正實地執行組織的工作。第二天，我們這個小群組的郵件列表伺服站架設起來了，而所有參加原先那場集會的人開始設法弄清楚我們的定位、該如何自我稱呼、我們實際想做些什麼。再一次，一切的起點又回到單一訴求的問題。起初大夥兒丟出幾個想法——註銷債務？廢除必須事前許可的法條，讓集會自由合法化？廢除企業人格？普瑞斯托，就是與克里斯一起在保齡格林公園率先加入我們的那位，幾乎擺平了這個問題。他指出，我們其實有兩種不同的訴求。一些是實際上可以達成的，如同《廣告剋星》在最初的文宣中所建議的，要求設立一個委員會，研議恢復葛拉斯－史迪格法案。這或許是個好主意，只是，真的有人會冒著遭到粗暴對待和逮捕的危險，只求某人任命一個委員會嗎？任命委員會通常是政治人物在他們**不想**採取任何實際行動時所用的手段。另一種我們會提出來的訴求，是因為明白即使絕大多數美國民眾認為那是個好主意，但在現行的政治體制下，可能永遠不會發生——比方說，廢除企業遊說（corporate lobbying）。但是，提出一個創建新政治體制的願景，或協助開闢一條路，讓人人都可以這麼做，這難道又是我們的職責了嗎？我們是何許人也，竟然要提出創建新政治體制的願景？到目前為止，我們基本上只是一群到場參加集會的人罷了。如果我們全都受到成立大會的想法吸引，那是因為我們把大會視為一個論壇，能夠容許被排除在政治辯論之外的絕大多數美國人藉此發展出自己的觀點和見解。

如何為「我們」定位

對我們大多數人來說，這麼說似乎解決了問題。不過，這也導致了另一個問題：我們要如何確切地描述那些「被排除在政治辯論之外的絕大多數美國人」呢？我們正在召喚誰來加入我們？受壓迫者？被排除者？還是人民？這些舊詞似乎顯得既老梗又不適當。要如何表達，才能不言而喻地讓人理解，要求收回發聲權最顯而易見的方法，就是占領華爾街？

那年夏天，我幾乎一直不斷地上節目接受訪問談論債務問題，因為當時我剛剛寫了一本有關債務的書，不時會受邀到美國有線電視新聞網（CNN）、《華爾街日報》、甚至《紐約日報》（*New York Daily News*）等場所參與評論（或至少是登上他們的部落格——我很少實際在電視節目或印刷版媒體上露面）。所以我一直試著跟上美國經濟辯論的腳步。至少從五月開始，那時經濟學家史提格里茲（Joseph Stiglitz）剛在《浮華世界》（*Vanity Fair*）發表了一篇專欄文章，標題是〈百分之一擁有、百分之一治理、百分之一享受〉（*Of the 1%, By the 1%, and For the 1%*），報紙專欄和經濟學部落格紛紛熱烈討論這個話題，也就是全國比率日益增加的財富，竟然掌握在只占人口百分之一或二的人手中，而其他人的所得不是停滯不前，就是實質萎縮。

史提格里茲的論點當中，令我印象特別深刻的是財富與權力的關聯性：正是那百分之一的人，立下了政治體系如何運作的規則，並且把它轉變成一個奠基於合法化賄賂的體系：

財富產生權力，權力又產生更多的財富。一九八〇年代的儲蓄和貸款醜聞（savings-and-loan scandal），以今日的標準來看，其規模簡直是小得異常——國會調查委員會問銀行家查理・基廷（Charles Keating），他分發給一些重量級民選官員的一百五十萬美元，是否真的能買到影響力。「我當然希望是如此。」他回答……今天，個人財富與政治權力完美地合作。幾乎所有的美國參議員，以及大多數的眾議員，上任時已經是頂層百分之一的成員，靠著頂層百分之一的獻金留任，也明白自己若能好好服侍這頂層的百分之一，卸任時就會獲得這頂層百分之一的犒賞。[2]

這百分之一的人持有絕大多數的證券與其他金融工具；他們也提供絕大多數的競選獻金。換句話說，他們正好是那一小部分的人口，能夠把財富轉化為政治權力，然後再用獲得的政治權力去斂聚更多的財富。這也使我突然想到，既然那百分之一事實上就是我們泛指為「華爾街」的那群人，這真是解決我們問題的絕佳辦法：誰是被排擠出政治體系、被排斥的聲音，而我們又為什麼召喚他們前來曼哈頓的金融區，而不是——舉例來說——華盛頓首府呢？？如果華爾街代表著那百分之一，那麼我們就代表其餘的每個人。

寄件者：大衛・格雷伯 <david@anarchisms.org>
主旨：Re：【九月十七日討論】Re：【九月十七日】

Re：占領的單一訴求？
日期：二〇一一年八月四日4：25：38 PM CDT
收件者：september17@googlegroups.com

稱為「百分之九十九運動」（99% movement），你覺得如何？

兩個黨都代表百分之一的美國人來治國，這百分之一接收了幾乎所有的經濟成長利益，是唯一完全從二〇〇八年衰退中復甦的一群人，他們控制了政治體系，他們控制了幾乎所有的金融財富。

所以，如果兩黨代表的是百分之一，那麼我們代表的就是那些基本上生活遭到忽略的那百分之九十九。

大衛

隔天，八月五日星期五，是我們預定舉行推廣工作小組會議的日子，地點在劇作家協會（Writers Guild）位於市中心的辦公室，我的老朋友賈斯汀・莫里諾（Justin Molino）就在那裡工作。每個人似乎都喜歡百分之九十九的點子。但也有一些不甚確定的顧慮：有人注意到，某人之前已經嘗試推動一場「其餘百分之九十八」的運動。顯然這個點子不完全是原創的。或許會有一些不同的人，大約在相同的時間，依循相同的思路而想到某事。但結果是，我們恰好在對的時間和地點，把它串連起來。沒過多久，喬治亞與路易斯（Luis）和碧格尼亞（Begonia）這兩位西班牙「憤怒者」，已經開始準備我們第一份傳單，為週二的大會宣傳，我們已經開始把大會簡稱為「GA」。*

會議持續進行

下一場GA瑪麗莎來了，在分組討論時我們興起成立訓練工作小組的想法。我們這組主要是由年輕社運人士所組成，剛剛在「彭博村」初試啼聲。他們對於共識型程序與直接行動興致勃勃，但有實際經驗的人很少。剛開始，程序可說是一團混亂。許多參與者似乎不了解「封殺」（也就是，「否決」——通常是只在迫不得已時才訴諸的最後手段）與投「反對」票不同。就連照道理應該維持會議順利進行的引導者，也傾向在開始逐一討論每個提案時，直接以「好，提案是這樣，有人要封殺嗎？」作為開場白，而不是詢問有沒有人有問題或顧慮需要提出來釐清的。除了民主程序（democratic Process）的訓練，也缺乏基本的街頭技巧：我們需要找人來提供法律訓練，別的不說，最重要的是讓人人都知道倘若遭到逮捕該怎麼做，因為我們之中肯定有一些人會遇到這種情況，不論我們是否決定要做任何違法的事。我們還需要更多：醫療訓練，倘若身旁某人受傷時，知道該怎麼做；以及公民不服從訓練，指導何時、如何手挽著手癱坐下來，並且服從或不服從命令。接下來數週，我花了許多時間聯絡以前在「直接行動網絡」認識的老朋友，他們不是藏匿起來、退休、筋疲力盡、放棄、找到工作，就是前往某個有機農場過日子。我想說服他們相信，這次是來真的，不是又一次的雷聲大雨點小，並且力勸他們來加入我們，分享他們的經驗。這花了一番工夫，但逐漸地，許多人真的回來了。

在愛爾蘭飢荒紀念碑舉行的首場 GA，我們決定，接下來的 GA 全都會在東村的湯普金斯廣場公園（Tompkins Square Park）舉行。換言之，地點不是在相對而言人煙稀少的華爾街一帶，而是選在實際紐約社區的心臟地帶，我們希望在這樣的地方，能看到當地居民的集會終於出現。瑪麗莎和我同意擔任八月十三日第一場會議的引導者，因為瑪麗莎在共識形成過程方面的經驗豐富。事實上，她實在是太棒了——而起初其他人又太沒把握了——以至於最後她不得不協助引導接下來的四場會議。她成為統合一切的女指揮：在幾乎每一場工作小組會議居間協調，孕育各種計畫。若不是她，我懷疑這一切根本不可能會發生。

＊「我們是百分之九十九」這句口號的起源為何，眾說紛紜。為了進行歷史記錄起見，答案是——它是集體的創造。這麼說很貼切。我貢獻了「百分之九十九」的部分，碧格尼亞和路易斯加上「我們」，最後動詞再由「要食物不要炸彈」的克里斯補上，他一個月後製作了「我們是百分之九十九」的 tumblr 微型網誌頁面。

接下來的幾個星期，一項計畫開始有了輪廓。我們決定，我們真的想要達成的目標，就是像先前在雅典、巴塞隆納和馬德里已經完成的那般，也就是數以千計的普通公民——其中大多數都未接觸過任何一種政治動員——願意占領公共廣場，藉此行動對各自所屬國家的整個階級表示抗議。我們的想法是占領某個類似的公共空間，以建立一個紐約大會（New York General Assembly），如同歐洲的姐妹城市大會一般，作為真正直接民主的一個榜樣，與美國政府向我們展示的腐敗、虛有其表的「民主」相抗衡。這場華爾街行動將是一個踏腳石，目標是成立一個由這種大會串連而成的網絡。

我們的目標是如此，但不可能預料到十七號會真的發生什麼事。《廣告剋星》向我們保證，在他們的網頁上已有九萬人跟隨我們。他們也呼籲兩萬人走上街頭。這顯然不會發生。但真正現身的究竟會有多少人？再者，如果人潮真的湧現，我們該如何處理？我們都十分明白將要面對的挑戰是什麼。紐約市警察局的警力接近四萬人——市長彭博喜歡宣稱，假如紐約市是個獨立國家的話，那麼紐約的警力就是全球第七大的軍隊。*因此，華爾街或許是地球上警力布署最多的一處公共空間了。在紐約證交所旁邊，有可能進行任何種類的行動嗎？可想而知，把它關閉，就算只是關上片刻，不論在任何情況下，幾乎都可說是絕對不可能的，在九一一過後安全戒備加強的新環境下更是如此，更何況我們只有六週的準備時間。

各種瘋狂的點子在工作小組會議上和討論群組裡紛紛被拋了出來。我們的人數可能遠不及警察人數。或許可以用某種方式，利用在場強大的警力讓他們自己人打自己人，或者讓他們看起來很滑稽？有個點子是宣布圍成一道古柯鹼封鎖線：我們可以繞著證券交易所區域圍成一堵人牆，然後宣告除非華爾街同意我們的訴求，否則我們不放古柯鹼進入（「然後在三天之後，也不放任何妓女進入！」）另一個實際比較可行的點子，是要求已經在跟希臘、西班牙、德國、中東等地廣場的占領者進行協調的工作小組，成立某種網路大串連，想辦法把他們的影像投射到紐約證交所的牆上，讓各地占領運動的演講者都能直接表達他們對於華爾街金融業者的意見。我們覺得，這樣做有助於建立起長期的運動：而且還能在第一天就達到某種成果，使它成為某種小型歷史性的事件——即使不會再有第二次。這種的小小勝利向來關係重大；你總是希望回家後可以自豪地說，自己做了某件從來沒有人做過的事情。但就技術面而言，礙於我們的時間和經費有限，後來這點子被證明不可能。+

坦白說，對我們許多身經百戰的老手而言，在那幾週手忙腳亂的準備期間，最大的顧慮只是如何能確定第一場活動不會演變成一場大挫敗。我們希望能夠確定的是，所有初次參加大型行動的熱血青

---

*不過，值得在此指出，這個數字不屬實。實際的數字大概是第三十七名：紐約市的排名在突尼西亞之前，葡萄牙之後。

+後來，各式各樣的占領行動真的取得了技術工具，能夠把巨大的影像以光束投射在建築物的表面，但紐約市警局一直堅稱，未經允許而這麼做是違法行為，並且禁止這種舉動。

年，到最後不會馬上被揍、遭到逮捕或受到心理的創傷，畢竟媒體看的往往是相反的一面。在行動展開之前，有些內部的衝突必須先努力去化解。

比較乖僻的紐約強硬派無政府主義者大都拒絕加入，事實上，他們還在場外嘲笑我們是「改革主義者」。比較開明、小寫a的無政府主義者如我本人，花了大半的時間，設法確定留下來的「垂直性」人士不會發起任何可能會演變成某種正式領導結構的事情，因為根據我們以前的經驗，那肯定會導致失敗。WWP很早就退出組織過程，但一小撮ISO學生們以及他們的支持者，通常總數約有十二人，仍繼續鼓吹要更中央集權化。

最激烈的爭論之一，是要不要設立與警方聯絡人以及指揮官的問題。垂直性——從「彭博村」汲取經驗——所採取的立場是，設立兩、三個受過訓練的談判代表與警方接觸，並且設立指揮官向占領者傳達資訊，有其實際上的必要性。水平性則堅稱，任何的安排會立刻轉變成一種傳達命令的領導結構，因為警方總是試圖辨認出領導者，若是找不到任何人，就會自己建立一個領導結構，方式就是直接與談判代表做一些安排，然後堅持要談判代表（以及指揮官）落實這些安排。這個問題最後交付表決——或者，更精確地說，交付意向性投票決定，引導者要求大家比出手指朝上（表示贊成）、朝下（表示不贊成）或平舉（表示棄權或不確定）的手勢，只是大致了解每個人的感覺如何，看看有沒有必要試著繼續推動。就這個個案來說，結論是沒有必要。超過三分之二的人強烈反對設立聯絡人或指揮官。致力於水平性決策模式在那一刻被明確的確立。

另外有些爭論涉及外圍團體的參與，這些外圍團體林林總總，從林登・拉羅奇（Lyndon LaRouche）的追隨者，到出身自一個自稱「美國憤怒日」的不明團體（可能根本不存在）的女子。這名女子有系統地攔阻任何想要往外與工會組織接觸的企圖，因為她覺得我們應該能夠吸引持不同意見的茶黨（Tea Party）人士。曾有一度，ＧＡ上的辯論是如此激烈火爆，以至於我們最後更改了手勢訊號。我們原本採用一種訊號作為「直接回應」方式，也就兩手上下揮舞，兩手的指頭分別往外指，使用時機是當某人有重要資訊要提供（「不，不是在週二行動，是在週三！」），要求引導者打斷進行中的講者名單排序，以便向眾人說明。不久後，大夥兒開始用這個訊號來表示「全組必須知道我是多麼不同意剛才那段聲明」，於是那景象淪落成一群死硬派坐在地上揮舞著手，在你來我往的爭執中不斷以食指互相指指點點，直到其他人一起強迫他們閉嘴為止。最後我建議完全取消「直接回應」手勢，改用舉起一根手指頭來表示要「提問」（point of information）——我很確定這不是我發明的，我一定是在哪裡見過——說也奇怪，一採納這個手勢，立刻就終止反覆纏鬥的情況，改善了我們的辯論品質。

占領當日

我不確定策略工作小組是何時、又如何達成決定的，但很早共識就形成了，就是我們將占領某座公園。那其實也是唯一可行的選項。

在美國如同在埃及，我們都明白，我們在公共集會中所說的每一句話，或在公共電子報裡寫的每一個字，警方勢必都一清二楚。所以，在行動日來臨的幾週前，策略工作小組挑選了一處公共場所——大通廣場（Chase Plaza），位於大通曼哈頓銀行（Chase Manhattan Bank）大樓前方一片寬敞的空地，上面有一座美麗的畢卡索雕塑，理論上在任何時間都對一般民眾開放——並且在我們的推廣文宣中宣布，我們九月十七日將在那裡舉行大會。他們認為市府當局有可能會把那個地方關閉起來。十六號晚上，我一整晚幾乎都待在布魯克林的一場公民不服從訓練課裡，這堂課是由麗莎・費希安（Lisa Fithian）主持的，她也是另一位全球正義運動的老手和老練的籌辦人員，現在則專注在對勞工團體傳授更有創意的策略。那晚半夜時分，我們幾個人——我、瑪麗莎、麗莎和麥克・麥奎爾（Mike McGuire），一位剛從巴爾的摩趕回來，外表不修邊幅、蓄著落腮鬍的無政府主義派社運老將——走到華爾街停下來勘察現場，發現那片廣場果然已經被柵欄封鎖起來了，將對民眾關閉不知多久，而且沒給任何理由。

「沒關係，」瑪麗莎說：「我確信策略小組有一系列的備用計畫。」她不知道備用計畫是什麼——當時她主要是在訓練小組與影音現場串流小組幫忙——只知道確實有備用計畫。我們又閒逛了一下，揣測各種開放空間的可行性，最後搭地下鐵返家。

第二天的計畫是全體大約中午在保齡格林公牛銅像旁邊集合，但我們四人提早一、兩個小時會合，我花了一些時間四處徘徊，用我的 iPhone 拍下警察在證券交易所四周架起圍欄的照片，然後把影像透過推特傳送出去。這產生了意料之外的效果。正式的 #OccupyWallStreet 推特帳戶（後來發現是由一小群來自蒙特婁的跨性別者團體所創立和維護的）立刻釋出訊息說我人在現場，而且似乎對正在發生何事略知一二。兩個鐘頭內，我的推特帳戶就增加了大約兩千個追隨著。大約一小時後，我注意到，每當我發出一則更新訊息，隔了十分鐘，在巴塞隆納的某個人就會把它翻成西班牙文再發布出去。我開始察覺，全球各地對於那天即將發生的事情有多麼關注。

然而，最大的謎團是究竟會有多少人真的現身。由於我們沒有時間真正認真去安排人員輸運，大家真的只能憑空猜測。再者，我們十分明白，假如大量人群真的湧現，我們恐怕別無選擇，只能在某個地方紮營，即使那不是原先的計畫，因為我們並未安排住宿，也根本沒有任何場所能夠安置他們。

但剛開始，這看來不會構成什麼大問題，因為人數似乎少得令人失望。而且，許多到場的人看起來絕對是非傳統人士——我記得有一群「抗議牧師團」（Protest Chaplains），約有十二人，他們身穿白袍，唱著基進的聖詩，與相隔大概十二碼遠的另一組唱詩班互別苗頭。唱詩班則表演複雜的古典和聲，同樣也由大約十二個歌者組成，是林登・拉羅奇（Lyndon LaRouche）的擁護者。三三兩兩聚集在街上遊蕩無家可歸的孩子，或許只有外表粗率暴躁的社運分子也不時出現，輪流繞著圍欄遊行幾遍。公牛雕像的四周有警方架設的圍欄護著，不論何時都有一組穿制服的警察孜孜不倦地保衛著它。

我察覺人數逐漸開始愈積愈多。等到比利牧師（Reverend Billy）——一位有名的基進派表演藝術者——在保齡格林公園南端、美國印地安國家博物館（Museum of the American Indian）的台階上開始布道時，人數看來至少有一千人。某人在某時塞了一張地圖到我手裡，上面標明了五個號碼，每個號碼都對應著一座步行可到的公園，或許可以充當舉行GA的合適場所。兩點三十分左右，訊息傳出，我們全體將前往第五號地點。

那就是祖科提公園。

抵達祖科提公園時，我們的人數顯然已經非常多了——最起碼也有兩千人——以至於我們不太確定要怎麼做才可能辦成一場大會。某個人——有人說是外地來的學生幹部——站在布置於公園四周的其中一張大石凳上，宣布我們將花一小時進行分組，每三十人一組，然後開始一起腦力激盪、集思廣益想出形成真正民主社會的點子，或是參與者認為最重要的其他政治議題。事後證明這是非常棒的主意。不久，整個公園變成由一個個小圈圈所組成的迷宮，這也讓倉卒成軍的程序工作小組有機會迅速拼湊出一個計畫。

很明顯地，這將是本世紀最艱鉅的會議引導（facilitation）任務。所幸這回我們已找來許多位經驗老到的志工——瑪麗娜・思特琳（Marina Sitrin），另一位我原先請來協助法律訓練的「直接行動網路」人士、瑪麗莎、一位名叫阿敏・候賽因（Amin Husain）的年輕幹練律師、麥特，以及麗莎・費希安。我們迅速敲定兩位主要的會議引導者、兩位後補的引導者（我是其中一個）、兩位講者名單安排者、一位寫下會議決定的記錄人員，以及一位氣氛觀察員（vibes watcher），他必須穿梭在群眾之中，觀察是否人人都聽得見，或是否有明顯跡象顯示民眾不滿、沮喪或厭煩，而必須採取行動處理。我們也決定要圍成一個巨大的圓圈。誠如一名專程飛來協助我們的年輕西班牙女子向我們解釋的，這是個極為愚蠢的錯誤，喬治亞後來也證實了這一點。一群引導者站在那麼大一圈人群的中央，即使用盡肺活量高聲呼喊，也實在沒有辦法讓逾半數聚集的群眾同時聽見他們的聲音。適當的做法應該是形成一個半圓形，中間空出幾條通道，好讓講者能走到前方對群眾演說。等到我們想通的時候為時已晚。

所以，當我們重新聚集民眾形成一個圓圈時，頭幾分鐘都花在試著想出一個辦法來同時向每個人傳達訊息。我們設法張羅了幾個不同的圓筒擴音器，一度還把三個綁在一起，形成一台應急的裝置，朝三個不同的方向擺放。但實在是行不通。最後，我們明白必須回頭倚賴「人民麥克風」（People's Microphone）——另一種我們大多數人從全球正義運動時期就熟悉的技巧。

沒有人十分確定「人民麥克風」起源自何處。早在一九九九年十一月西雅圖世貿組織行動之前，這就已經是許多加州社運人士所熟悉的一種工具了。從某方面來看，令人覺得有點奇怪的是，這種工具竟然沒有更早就獲得驗證——它是絕佳的解決辦法，可解決數千年來人們在大型集會中想必一再遭遇的一個明顯的問題。也許在人類歷史較早的時期就已經廣泛使用了，未曾被評論過或許只是因為它被視為太理所當然。這個技巧非常簡單。一人高聲講話，每說大約十幾二十個字就停頓一下，讓聽得見的人們複述剛才他們聽到的話，如此一來，所說的話就可傳播到兩倍遠的距離。這不僅非常實用，而且據我們發現，這還會產生某種奇特的、極具民主精神的效果。首先，這種方式強烈阻止了高談闊論。若你知道有一千個人都在等著複述你說的每個字，那麼幾乎每個人都應該懂得避免不必要的漫談。其次，由於人人都可以開口講話，而人人都必須複述，參與者不得不真正仔細傾聽別人所說的話。

不過在那個時候，我們滿腦子所想的倒不是這些哲學上的意義，而是立刻面臨到的實際顧慮。我們在公園裡有兩千人，被至少一千名員警團團圍住。偵察員已證實，騎著馬和機車的警察，以及囚車和鎮暴裝備，都已經大張旗鼓地在附近集結妥當了。白衣警察——亦即警察指揮官——見到他們認為模樣像領導者的，逢人就問我們的計畫究竟是什麼。好在那時即使有人傾向要當聯絡人，警察也沒有辦法辨認出他們。

那場會議一直進行到非常晚。我們刻意宣布會後並沒有特定的行動計畫——一部分是因為我們不想替別人做決定，一部分是要確定不會陷入抽象的理論性爭辯，GA的首要之務是非常實際的問題，也就是決定我們所有人下一步想做什麼。在設定基調方面，我們進行得十分順利。各種可能的方案都被提出來討論、評估，而大多數都被放棄。警察持續放話，揚言準備驅逐我們——起初說他們將在晚上十點清空公園，然後延到十點半，再延到十一點。民眾努力設法不理睬他們，或告訴他們我們還在開會。不久後，情勢變得明朗，顯然有兩派想法：人數較多的一群，他們想要占據公園，把它當作常駐的作業基地，類似於埃及的解放廣場、雅典的憲法廣場，或是巴塞隆納的加泰隆尼亞廣場（Plaça de Catalunya）；人數較少但同樣意志堅決的一群，則覺得我們必須直接遊行到華爾街，而且如果可能的話，占領在證券交易所正對面的街道。有些人主張，就技術面而言，我們去那裡紮營甚至不違法。如同「彭博村」曾經建立過的，睡在人行道上作為一種政治表達形式並不算違法，只要預留一個走道讓路人通行即可。幾個大無畏人士在數週前甚至設法先去試水溫，就在證交所對面放下睡袋。他們立刻遭到逮捕，但在堅持被帶到法官面前之後，取得了該名法官的一份明確聲明：他們的行動是合法的，而逮捕他們的行動卻不合法。有些人堅稱，有了這樣的一個先例，警方應該不敢因為在相同地點做出相同行為而二度逮捕我們。其他人則指出，光是勞師動眾請警員加班投入這種行動，市府當局就可能已經花了將近一百萬美元的加班費，他們不可能為了多付個兩、三萬美元進行假逮捕和解而煩惱。無論如何，他們肯定都會逮捕我們的。

當一個團體靠共識決運作時，他們不進行投票，而是謀求一個人人都可以接受的妥協方案，或更棒的是，某種創意合成（creative synthesis）。在此地也是如此。關鍵時刻是當麥克——那位從巴爾的摩來的無政府主義社運老將——提出以下建議時。

「看來似乎有兩種立場」，他說。

「看來似乎有兩種立場」，群眾回應。

「我們不是留在公園裡，就是上華爾街遊行。」

「我們不是留在公園裡，就是上華爾街遊行。」

「我們不知道他們會不會讓我們留在此地過夜。」

「我們不知道他們會不會讓我們留在此地過夜。」

「顯然警方最不樂見我們上華爾街遊行。」

「顯然警方最不樂見我們上華爾街遊行。」

「所以我的建議如下……」

「所以我的建議如下……」

「我們表明將要占領這個廣場……」

「我們表明將要占領這個廣場……」

「如果警方試圖驅離我們，那麼我們就立即上華爾街遊行。」

「如果警方試圖驅離我們，那麼我們就立即上華爾街遊行。」

經過大約半小時鬧哄哄的討論、闡述和建議，我們呼籲針對一項以麥克的建議為基礎的提案凝聚共識，於是全體決定就那麼辦。

接下來發生的事——短短數週之內，占領運動擴散到八百個不同的城市，遠至中國的基進反對團體紛紛聲援——真正的大功臣主要是那群年輕人，他們是如此堅定不移地站穩腳跟，拒絕離開，即使警方發動無止盡的（某些情況下顯然也是違法的）鎮壓行動，用意在威嚇他們，要讓他們覺得在公園裡度日如年、痛苦難熬——例如，在暴風雨來襲時拒絕讓社運人士用防水布遮蓋電腦——希望如此一來占領者就會變得士氣低落，然後放棄這項計畫。最後，他們還算計恐怖主義行動，動用到警棍和胡椒噴霧器。但頑強不屈的社運人士以前在這類情況下也曾英勇地支撐下去，從一九九〇年代的森林防衛營到最近的彭博村莫不是如此，但世界完全漠視他們。

我不由得想問自己，這也是我埃及朋友黛娜在穆巴拉克政府被推翻後思索的問題：這一次為什麼沒有發生呢？我們終於做對了什麼呢？

Chapter 2
占領運動為什麼可行？

反叛亂專家長久以來都明白，革命在任何國家醞釀發酵的最明確前兆，就是失業人口增加和大學畢業生窮困潦倒：換句話說，就是精力充沛的年輕人，空閒時間很多，有各種理由憤怒不平，並且接觸到一整部的基進思想史。

我們沒有人對接下來發生的事做好心理準備。令人訝異的是，警方並沒有立即驅離占領者。我們原本預料最可能發生的情況是，那天晚上會有數百名鎮暴警察，在騎兵與直昇機助陣之下對我們發動攻擊。這的確符合紐約市警局的作風，他們慣用的策略就是仗著強大武力擊潰抗議者。然而，就這個案例而言，有某個人做出按兵不動的決定。

一個原因是法律情況不明：雖然公共公園在晚上十二點前關閉，但祖科提公園是公共與私有的混合體，歸屬於一家名叫布魯克菲爾德物業（Brookfield Office Properties）的投資公司所有。嚴格來說，這種「私人擁有的公共地產」，一天二十四小時都可以讓民眾進入。然而，根據經驗，倘若當局決定無論如何都要驅離我們，縱使有這樣的法律存在也無關緊要，不過是幌子罷了。但他們何必要做幌子呢？

起初，警察的策略是不斷地進行瑣碎的騷擾，規定一些惱人的條件，好讓我們知難而退。「不准搭帳篷」變成「不准用遮雨布」；電力被切斷；發電機遭到竊占；任何形式的擴張都被宣告違法，但各種動用到手提鑿岩機的神祕工程開始在我們四周進行。儘管沒人因為睡在公園裡被捕，抗議者卻被警告，他們可能因為其他幾乎任何理由而被逮捕：頭一天，一小群人遊行到附近美國銀行的分行，並在門外喊口號，其中兩人因為脖子上圍著大方巾而被捕——根據的是一條鮮為人知的十八世紀蒙面法，當初立法的目的是為了控制殖民時代紐約攔路搶劫的愛爾蘭強盜。至於抗議者其實沒有人用大方巾遮住臉部，以及逮捕行為顯然違法，則顯得一點也不重要——或者，那是唯一的重點，全憑你怎麼看。第二天，警方變本加厲，逮捕兩名占領者，理由是他們用粉筆在人行道上寫標語。當旁觀者指出，用粉筆在紐約人行道上寫字並不違法時，正在逮人的警員表示：「是啊，我知道。」

在白天，公園裡持續湧進數千人，夜晚則仍有數百人留下來。一個社區開始形成，設有圖書館區、廚房區、免費醫療看診區、現場串流影音團隊、藝術與娛樂委員會、環境衛生小組……。不久後，變成一共有三十二個不同的工作小組，從替代貨幣小組到西班牙語幹部會議都有。大會在每天下午三點鐘舉行。更值得注意的，是別的占領行動紛紛開始在全美各地冒了出來。他們也成立了大會，並且嘗試使用手勢訊號，以及其他藉由共識決直接民主運作的工具。一、兩週之內至少就有一百個，一個月之內號稱多達六百個不同的占領行動出現：占領波特蘭、占領塔斯卡盧薩（Occupy Tuscaloosa）、占領鳳凰城、占領辛辛那提、占領蒙特婁。*

占領者不僅努力與暴力劃清界線，最初他們的策略除了紮營以及步行遊街之外，就所剩無幾了——不過他們開始擴大到非暴力的公民不服從活動，一個有名的例子就是十月二日的封鎖布魯克林橋。這正是紐約市警局發動其傳統殘暴攻勢的時候。這並不令人意外：和大多數美國城市的情形一樣，紐約的非暴力抗議者，即使在合法但未經事前許可的活動中，也經常會遭受肢體攻擊。例如，任

* 難以確認六百這個數字的可信度有多高——我認為技術上是正確的，但許多小型「占領」行動可能只由區區一、兩人組成。）

何人若是偏離人行道，就可能遭到逮捕，更常見的是，被抓去猛撞距離最近的車輛，或是頭被按著反覆去撞擊水泥地。警棍被毫不受拘束地用來毆打沒有反抗的遊行者。凡此種種，都是家常便飯，我們大多數抗議者都見多了，沒有什麼值得一提的。但就這個案例而言，前所未見的是，部分主流媒體，起初只有MSNBC這類的有線電視媒體，沒多久連各大電視新聞網也開始關注，把這當成重要議題來評論。一部分原因是用手機拍下的一些警察施暴影片，在網路上像病毒般散布開來；被拍到任意使用噴霧器對兩名陷在圍欄後方的年輕女孩噴射胡椒、然後若無其事從容離開的警員湯尼．波隆納（Tony Bologna），不久幾乎就成為家喻戶曉的名字。但在之前，就算是這樣廣為流傳的影片，也絕不可能會登上晚間新聞。

因此，我們的人數暴增。而且，工會突然表態支持，*示威活動的聲勢也愈來愈浩大——白天時到祖科提公園來參加集會或示威遊行的不只幾千人，這些群眾的人數暴增至數萬人。美國各地數以千計的民眾開始想辦法把捐贈物資送過來，並打電話叫來不可思議的一波免費披薩。占領者分布的社會層面也擴大了：群眾從頭幾天幾乎清一色是白人，很快就變得多元化，在短短幾週之內，我們就看到非洲裔美國退休人士和拉丁裔退伍老兵，與紮著辮子的青少年一起遊街並且幫忙供應食物。有一場透過衛星舉行的大會，全程以西班牙語進行。此外，一般紐約居民終於前來拜訪，而且來了數千人，就算只是出於好奇心，這股支持的力量也令人驚喜。根據一項民意調查，絕大多數的受訪者都認同抗議者，百分之八十六的人還支持抗議者有權持續紮營。在美國的每一個城市，令人不可思議的、形形色色的公民開始搭起帳篷，中年上班族專心聆聽龐克搖滾歌手或女性異教神職人員演講，解說形成共識與會議引導的細節事項，或是辯論公民不服從與直接行動之間的技術性差異，抑或環境衛生真正的水平式組織方式。

換句話說，就我們大多數人這輩子記憶所及，這是美國第一次出現為了爭取經濟正義揭竿而起的一場真正草根性運動。而且，令人驚訝地，民主傳播的「感染主義」夢想，竟然開始成真了。為什麼呢？

足夠的時間過去了，我想，我們現在可以開始拼湊出一些答案了。

問題一

為什麼美國媒體對占領華爾街運動的報導方式，比起他們報導一九六〇年代以來幾乎所有的左翼抗議運動，差別會這麼大？

關於為何全國性媒體對占領運動，與對昔日抗議運動——從一九六〇年代以來的幾乎任何一

＊工會支持一部分只是因為媒體關注罷了。整個夏季，我們一直尋求與一個由更基進的工會活躍分子所組成的新聯盟合作，但那個工會的領導階層已決定在九月十七日當天袖手旁觀。

場——處理方式如此不同，已有許多討論。大部分注意力一直都放在社群媒體，或是覺得有必要平衡一下近幾年來對於人數相對較少的茶黨過分關注的情況。這些肯定都是可能的因素，但話說回來，媒體起初對占領抗議運動的描述，就跟一九九九年對他們所謂「反全球化運動」的描述一樣的草率、輕蔑：一群困惑的小毛頭對於自己要抗爭什麼欠缺清楚的概念。《紐約時報》，一份自稱在記錄歷史的報紙，頭五天對於占領運動隻字不提，第六天才在大都會版登出一篇偽裝成新聞報導的評論，標題為〈獵取華爾街，懷著有缺陷的目的〉（*Gunning for Wall Street, with Faulty Aim*）❶，執筆的記者是吉妮雅・貝拉芳提（Ginia Bellafante），她嘲諷這個運動只是一場呈現進步論（progressivism）的默劇，看不出來有什麼目的。

媒體決定認真看待

不過，具有關鍵性影響的，是媒體最後決定認真看待這場抗議運動。占領華爾街的興起，標幟著可說是一九五〇年代民權運動以來，甘地式策略首次在美國成功達陣，因為這種模式有賴於媒體給予一定程度的同情。甘地式非暴力抗爭的用意，是創造一種鮮明的道德對比：赤裸裸地揭露政治秩序中潛在的暴力，方式是顯示出「秩序的力量」為了捍衛現狀，會毫不猶豫地訴諸純粹的肢體暴力，即使面對的是一群非暴力的理想主義者也一樣。顯然，唯有讓真正發生何事的消息傳出去，才可能做出這種對比，這正是造成以往甘地式策略在美國幾乎完全無效的原因。一九六〇年代以來，美國主流媒體在報導**任何**抗議行動時，從來不暗示美國警方，在奉命行動之下，可能從事「暴力」行為，不論他們做了什麼。*

一個惡名昭彰的例子，是一九九〇年代樹居抗議者及其盟友在太平洋西北地區（Pacific Northwest）保護原生森林時所遭受的對待。那群抗議人士試著發動一場典型的甘地式非暴力反抗運動，只是坐在樹上，看看開發商敢不敢把樹砍下來，並且「上鎖」——意思是，他們把自己用鐵鍊鎖在一起，或是鎖在推土機或其他裝備上，這讓他們極難被移開，除非冒著造成手腳殘廢的可能。當一名樹居者因此喪命、而警方拒絕下令調查那起謀殺事件時，抗議人士集體以人肉鎖鏈把現場封鎖起來，防止罪證被湮滅。警方的反應是拿棉花棒沾濃縮辣椒精（或稱胡椒噴霧器），直接對準他們的眼球，劑量算準了能夠造成肉體上最大的疼痛。然而，這些和平主義者遭遇的折磨與殺害，顯然仍不足以說服大部分的美國媒體相信警察的行為**必定**是不當的，當地的法院還宣告使用胡椒噴霧噴眼球是可以接受的一種策略。缺乏媒體報導、法律上又求助無門，原本想運用甘地式策略公然攤開來的矛盾現象，根本就無從被展現。抗議人士遭到折磨與殺害，卻沒能以任何有意義的方式，來推進甘地「喚醒民眾良知」的目標。那麼，以甘地的觀點來看，這些抗爭失敗了。次年，其他抗議人士計畫發動一場

*的確，如同我在別處提過的，他們幾乎不可能那麼做，因為美國的新聞記者把「暴力」一詞定義為「未經授權使用武力」。甘地之所以成功，容我補充說明，一部分原因是他有個老同學後來成為有名的英國新聞記者。

運動，用人肉鎖鏈圍堵世貿組織在西雅圖集會的會場，當時，資深的森林捍衛運動人士警告他們，警方會毫不留情地攻擊、折磨形成人肉鎖鏈的那些人，而媒體則會以贊同的眼光袖手旁觀。事後證明，他們的警告是正確的，實際發生的經過正是如此。許多森林捍衛人士於是主導成立著名的黑色集團，在預期中的警方攻擊行動展開後，發動一波事前評估過的反擊行動，砸碎企業的玻璃窗——媒體當時拿這波行動當作理由，來合理化警察前一日就開始以警棍、催淚瓦斯、塑膠子彈和胡椒噴霧攻擊非暴力抗議人士的行為。但正如黑色集團參與者很快就指出的：不管用什麼理由，他們總是會賦予其正當性。打破一些窗戶不會對任何人造成傷害，卻能凸顯出問題的重要性。

在九一一之前，我們就經歷這樣的情況了；九一一過後，警察對非暴力抗議人士的攻擊更頻繁而猛烈，從新學院占領活動的案例和其他事件可見一斑。儘管如此，我們在規劃占領華爾街的大會時，仍決定採取甘地式的做法。這一次總算是成功了。

常見的說法是，社群媒體的興起讓這次有所不同：雖然抗議人士在西雅圖也已經大量運用網路為主的游擊式報導，但到了二〇一一年，手機相機、推特、臉書和YouTube已變得無所不在，讓這些影像能立即向數百萬人散布。警員湯尼•波隆納若無其事地用化學武器對付圍欄後方兩個年輕女子的影片，幾乎立即躍上全國各地的螢幕（在網路上找得到、人氣最旺的一支手機上傳影片，瀏覽次數已遠遠超過一百萬次）。我很難否認社群媒體的重要性，但這然無法解釋，為什麼主流媒體這次並沒有像往常國際脈絡的影響，只呈現正式的警方觀點。

我認為，國際性的脈絡在這裡形成關鍵的因素。網路的另一個效果，是從媒體的觀點來看，美國幾乎不再像從前那樣是一座孤島。打從一開始，國際媒體對抗議活動的報導方式，就與美國的報導方式大相徑庭。在國際新聞界，沒人企圖漠視、駁斥或妖魔化抗議人士。在英語世界裡，舉例來說，英國的《衛報》，幾乎從頭一天起，就對占領華爾街參與人士的背景與抱負做了詳盡的報導。總部設在卡達（Qatar）的半島電視台（Al Jazeera），就是藉著播放基層抗議人士透過社群媒體提供的影片及其他形式的國家暴力證據，而在阿拉伯之春（Arab Spring）民主革命浪潮中扮演推波助瀾角色的衛星電視新聞網，迅速地在占領現場進行報導，要在紐約扮演起如同先前在開羅和大馬士革一樣的角色。這導致除美國以外幾乎全世界的報紙，都登出相關的外電報導。這些報導後來不僅協助啟發了一波遠至巴西巴伊亞（Bahia）和南非瓜祖魯那他省（KwaZulu Natal）的類似占領行動，也在一些意想不到的地方激起相同理念的抗議活動，例如中國的左翼人民團體就組織了一場占領活動，抗議中國共產黨在國內擁抱親華爾街的政策，他們是在網路上監看外國新聞服務時，得知這些活動的。

在十月二日封鎖布魯克林橋的同一天，占領華爾街收到一封由五十個中國知識分子與社運人士聯名簽署的訊息：

全世界金融帝國的心臟地區爆發「華爾街革命」，顯示全球人民有百分之九十九仍遭到剝削與壓迫，不論他們是來自於先進國家還是開發中國家。世界各地的民眾眼睜睜看著他們的財富被劫掠、權利被剝奪。經濟兩極化如今是我們所有人共同面臨的威脅。所有的國家也出現人民統治與菁英統治之間的衝突。然而，現在人民爭民主的革命遭到打壓，壓力不僅來自於所屬國家的統治階級，也來自於透過全球化所形成的世界菁英。「華爾街革命」遭遇美國警方的鎮壓，同時也遭到中國菁英安排的一波媒體封鎖⋯⋯

反抗餘燼的火星在我們之間散播，一待微風吹來，就會燃燒遍野。偉大的人民民主時代已再度來臨，就要改變歷史！[2]

這種熱忱的唯一合理解釋是，中國的知識分子和世上大多數人一樣，也把祖科提公園裡發生的事，視為這波席捲全球抗議潮的一部分。很明顯地，全球金融體系自從二〇〇七年瀕臨崩潰以來，連同支撐它的整個權力體系，都在搖搖欲墜。大家都等著看人民的強烈反彈。突尼西亞與埃及的民眾揭竿而起，這是一股趨勢的開端？或只是局限於某個地方或區域的事件？緊接著，抗爭事件開始蔓延。當這股浪潮衝擊到「全世界金融帝國的心臟地區」時，沒人能否認某種劃時代的事件正在發生。*

這股社群媒體與國際騷動的匯流，可以解釋為什麼有可能引起美國媒體喧騰一時，但卻不足以解釋為什麼真的引爆了媒體報導熱潮：例如，為什麼ＣＮＮ終於開始把占領華爾街當成重大新聞來處理。畢竟美國媒體過往有個惡名昭彰的紀錄：斷定美國觀眾對世上幾乎每個地方都視為重要的北美現象並不感到興趣，對左派人物來說尤其是如此。穆米亞・阿布・賈邁爾（Mumia Abu-Jamal）在法國是個家喻戶曉的名字，但在美國卻沒沒無聞。更令人詫異的是，諾姆・杭士基（Noam Chomsky）的政治著作在世界上幾乎每個國家，都會引起主流報章雜誌的評論，唯獨在美國是個例外。

二十年前，我們會懷疑，事情正如媒體已經拍板斷定的那樣——美國沒有人會在乎。我想，未來世人在敘述占領華爾街的這段歷史時，會把它吸引媒體注目的一大部分原因，歸因於先前媒體給予茶黨右翼民粹主義分子幾乎前所未有的關注。媒體對茶黨的大篇幅報導或許營造了一種感覺，就是至少也應該擺個姿態，稍微作些平衡報導。媒體紛紛報導的另一個因素，是存在一小撮真正中間偏左的媒體，例如MSNBC，它們願意關注占領華爾街，只要認定這場運動有可能依循左翼茶黨的路線，也演變成一種接受獻金、推派候選人競選、並推動某種立法議程的政治團體。這至少能部分說明為什麼一旦情況明白顯示這場運動不會依照那條路線發展，媒體的注意力就幾乎戛然而止，就像剛開始的情況一樣。

然而，這還是無法解釋，為什麼早在主流媒體開始報導前，這場運動就在美國境內迅速擴散開來——甚至蔓延到連半島電視台也接收不到的地方。

＊我記得大約在二〇〇〇年，一位台灣女子回想起前一年她目睹西雅圖世貿組織抗議事件時的反應：「我總以為，美國想必會有一些正義之士，設法反抗他們的國家對世界其他國家的所做所為。我知道這些人必定存在，只是在此之前我從未親眼見過。」

問題二

為什麼這場運動在美國各地蔓延得如此迅速？

占領運動初期，除了協助後勤以及安排會議引導訓練之外，瑪麗莎・霍爾姆斯大部分時間都花在錄製與紮營夥伴們一對一訪談的影片。她一再聽到同樣的故事：「我做了一切該做的事！努力工作，用功讀書，念了大學。現在我卻沒人雇用，看不到未來，負債兩萬到五萬美元。」其中一些紮營者來自於健全的中產階級家庭。更多人似乎是較貧寒家庭出身的子女，靠著自己的才能與決心力爭上游，一路讀到大學，如今卻發現他們的生活已經典當給搞垮世界經濟的金融業者，而自己則進入一個幾乎完全找不到工作的就業市場。這類故事觸動了我的心，因為那個夏天我巡迴發表有關債務史的演講。我一直設法把自己身為作家與社運人士的生活分開來，但我發現這兩個部分愈來愈難切割，因為每次在顯然可以見到許多年輕人來聽我演講的場合，至少都會有一、兩個人在演講結束後，前來徵詢我的意見，評論針對學生貸款議題發起一場運動的展望。拙著《債的歷史》的主題之一，是債務的力量在於它喚起強烈的道德感，這種道德感批判的是放款者，以及，更中肯地說，負債者他們自己：那種形同被告知自己在一場沒人強迫你玩的遊戲中成為失敗者，所引發的羞恥、丟臉和暴怒的感覺。當然，任何人只要不想下半輩子都只能幹洗碗工或售貨員——亦即受困於一種什麼福利都沒得領、萬一意外生病此生就被毀了的工作——都會被告誡去相信一種說法，就是在美國除了完成高等教育，別無選擇，這意味實際上每個人人生剛起步時，就已經負債了。以債務人身分展開的人生，注定被當成輸家對待。

認真生活的人們，被迫放棄未來

在我巡迴演講期間，我聽說一些非常特別的故事。我尤其記得，在一家基進型書店的朗讀會結束後，有位端莊的年輕女子走上前來告訴我，雖然出身寒微，但她憑藉著努力讀到博士，拿到某家常春藤聯盟大學文藝復興時代文學博士的學位。結果呢？她負債八萬美元，眼下除了助手型差事之外，沒有別的工作機會，但那種工作連付她的房租都不夠，更別提按月償付的貸款利息了。「所以，你知道我後來淪落到做什麼嗎？」她問我。「我是個伴遊女郎！那可是唯一能讓我賺到足夠的錢、有希望脫離這種困境的方式。別誤解我的意思，我一點也不後悔花了那些年讀研究所，只是你必須承認，這實在是有點諷刺。」

「確實，」我說：「更別提可觀的人力資源浪費了。」

這個畫面一直烙印在我腦海裡，或許是因為我自己的過去──我常認為，我代表著美國最後一代真正有機會只憑勤奮努力與學識成就，而加入學術界菁英行列的勞工階級（即便就我的例子而言，到頭來也證明這為時短暫）。一部分也是因為，那名女子的故事讓我深刻體認到，債務不僅帶來苦難，還會導致墮落。畢竟，我們都知道，在紐約市裡是哪一種人能經常僱用索費高昂的伴遊女郎。二〇〇八年過後，曾有一陣子，華爾街花在古柯鹼與性服務方面的支出好像收斂了一些；可是在紓困後，這類支出和豪華車與珠寶首飾的花費一樣，似乎又迅速地竄升。這名女子基本上已淪落到一種處境：唯一能讓她償還貸款的方式，就是盡力去滿足某些人的性幻想，而這些人正是貸款給她的人，但他們任職的銀行最近卻靠她及其家人繳納的稅金拯救脫困。再者，她的情況只是一個極端戲劇化的例子，反映的是一種全國性的趨勢。對債務纏身的女大學生來說（別忘了，今天在美國尋求接受高等教育的人絕大多數是女性，而且人數愈來愈多），出賣自己的肉體已變成一種愈來愈常——儘管是走投無路時——使用的權宜之計，她們想不出別的辦法來完成學位。有個網站專門撮合糖衣爹地與找人協助繳學貸或學費的援交妹，據網站管理人估計，已經有二十八萬名大學生上他的網站登記。其中極少數人是有抱負的教授，大多數人所渴望的不過是在醫療保健、教育或社會服務領域找一份普通的工作。[3]

心裡想著這類的故事，我為《衛報》寫了一篇文章，闡述占領運動蔓延得如此迅速的原因。這篇文章的用意一部分是記敘過往，一部分也是在前瞻未來：

我們正目睹美國新世代開始反抗現狀、自我主張。這一代年輕人面臨學業完成後沒有工作、沒有未來，卻仍將背負著無法寬免的巨額債務。我發現，這些孩子們大多數出身勞工階級，或是普通的背景，他們遵從囑咐念書、上大學，如今卻因為做了這些該做的事而受到懲罰，甚至還遭到羞辱——面臨被人視為欠債不還、道德墮落者的人。他們想和偷走他們未來的金融大亨們談一談，這真的值得大驚小怪嗎？

如同歐洲的情況，美國也見到了巨大的社會失敗的結果。占領者是一群充滿創意點子的人，若是在健全的社會，正好能借助這些人的活力來改善大眾的生活；然而，他們現在卻用它來想辦法推翻這整個體制。❹

占領運動人士已經多元化，遠不只是學生以及剛畢業者。但我認為，對許多參與者來說，債務顧慮和失竊的未來，仍然是促使他們投入這項運動的核心驅動力。從這點來看，把占領運動和經常被相提並論的茶黨做個對比，就更能分辨兩者的差別了。就人口結構而言，茶黨骨子裡是中年人和社會地位穩固者的運動。根據二〇一〇年的一項意見調查，百分之七十八的茶黨人士年齡在三十五歲以上，而那些人當中約有一半超過五十五歲。❺這有助於解釋為什麼，一般而言茶黨人士與占領運動人士對債務的觀點南轅北轍。的確，這兩群人原則上都反對政府為大型銀行紓困。但茶黨的反對大致上是嘴巴說說罷了。茶黨的真正起源要回溯至一支像病毒般散布的影片，內容是CNBC記者瑞克・桑特利（Rick Santelli）二〇〇九年二月十九日在芝加哥商品交易所交易廳的評論，他譴責外傳政府可能不久就會對負債累累的屋主伸出援手的謠傳：「難道我們真的要補貼那些失敗者的抵押房屋貸款嗎？」桑特利接著說：「這是美國！你們有多少人願意幫你鄰居付房貸？他連帳單都繳不出來，卻買配備額外浴室的房子。」換句話說，茶黨源自於那群至少把自己想像成是債主的一群人。

對照之下，占領華爾街基本上一直是前瞻性的青年運動──一群往前看、但前面的路被擋住無法前進的民眾。他們依照規則行事，卻眼睜睜看著金融資產階級完全不按規則來玩，透過詐欺性的投機行為搞砸了世界經濟，竟獲得政府既迅速又大手筆的出手搭救，因此得以運用比以往更大的影響力、受到更尊崇的待遇，而他們自己卻被打入看來永無止盡的屈辱生活。因此，他們願意擁抱比美國前幾個世代所見更基進的一些立場：毫不避諱地訴諸階級政治，徹底改造現有的政治體系，呼籲（至少對許多人來說）不但要改革資本主義，而且還要開始把它完全廢除。

在這種情況下興起一股革命性的運動，是屢見不鮮的事。幾世紀以來，革命聯盟的形成，往往都是由否定父母價值觀的專業階級子女，與傑出的、自己贏得中產階級教育的大眾階級的子女結盟，但卻發現取得中產階級教育，並不表示就能成為中產階級的一員。這種模式在一個又一個的國家、一再反覆地發生：不論是周恩來遇見毛澤東，還是切．格瓦拉（Che Guevara）遇見卡斯楚（Fidel Castro）。美國的反叛亂專家長久以來都明白，革命在任何國家醞釀發酵最明確的前兆，就是失業人口增加和大學畢業生窮困潦倒：換句話說，就是精力充沛的年輕人，空閒時間很多，有各種理由憤怒不平，並且接觸到一整部的基進思想史。在美國，還可以在這些騷動元素中再加入一項，亦即學生貸款制度的劫掠行為。現行的學貸制度讓這些含苞待放的革命者確認銀行是他們最主要的敵人，也明白聯邦政府——學貸計畫的提供者，確保這些貸款永遠讓他們抬不起頭來，即使宣告破產也一樣——在維持銀行體系對他們未來生活各面向的最終控制中所扮演的角色。常寫文章評論美國世代政治的《n+1》（n+1's）雜誌作家麥爾坎・哈里斯（Malcolm Harris），他的看法如下：

> 今天，學貸負債是懲罰（punishing）特別嚴重的一種債務，不僅宣告破產也無法免除，而且學生貸款沒有到期日，收款人可以扣押薪水、社會安全福利津貼、甚至於失業救濟金。當某個借款人債務違約，擔保機構向聯邦政府收錢時，從那一刻起該機構只要能收回任何款項，就能從中抽取一部分（即使他們的損失已經獲得補償），這提供了一種財務誘因，鼓勵這些機構追著已經畢業的學生討債，直到他們進入墳墓。[6]

同樣不令人訝異的是，當這波讓我們受苦至今的大衰退在二〇〇八年來襲時，年輕人是最大的受害者。事實上，從歷史角度來看，這個世代的前景早在經濟崩垮前就已經黯淡無比了。這個世代的美國人在一九七〇年代末期出生，是美國史上第一個面臨生活水準比父母輩低落的世代。到二〇〇六年，這個世代的日子過得比父母同年齡時來得差，幾乎從每個方面來看都是如此：他們領到較低的薪水與社會福利金，負債較多，而且更可能失業、不然就是入獄。高中讀完、進入職場時，可想而知的是，他們能找到的工作起薪比父母當年低，而且更不可能提供健康保險（在一九八九年，將近百分之六十三・四的高中畢業生找到提供健保的工作；二十年過後的今天，此數字降到百分之三十三・七）。讀完大專或大學後踏入職場的人找到比較好的工作（在之前還有工作可找的時候），但因為高等教育學費調漲的速度比美國歷史上其他任一種商品漲得還要兇，這個世代有愈來愈高比率的人在畢業時背負了沉重的債務。一九九三年，大專畢業時背債的比率不到五成。如今，這個比率已超過三分之二；基本上，只有少數財務方面得天獨厚的菁英分子能置身其外。

這種情況的立即影響，是把就讀大學本身最寶貴的經驗摧毀掉一大半，那曾經是美國人一生中享有真正自由的唯一四年：這段時間不僅用來追求真理、美麗與理解本身的價值，也用來試驗不同的生活與生存的可能性。現在，在市場邏輯凌駕之下，這一切都被冷酷無情地視為次要。以前，大學自詡能體現一種古老的理想，即財富真正的目的，是為了讓人們有財力與空閒去追求知識，並理解這個世界；現在，追求知識的唯一正當理由，卻被認為是促進對於財富的追求能力。那些堅持不把念大學只當成是一項精打細算投資的人——例如我在基進型書店遇到的那位朋友，竟然敢在就業市場瀰漫不確定性之際，依然希望增進我們對英國文藝復興時代詩歌之美的理解——可能因為擇善固執而付出慘重的個人代價。

所以，這場運動之所以蔓延的初步解釋夠簡單明瞭的了：有許多時間的年輕人口，有各種理由憤怒不平——而其中最有創意、理想和精力者，往往也是最有理由憤怒不平的人。然而，這只是起初的核心分子。要演變成一股運動，還必須吸引更大一群的人口。這也很快地開始發生了。

就這方面而言，我們也目睹了一些特殊的現象。除了學生以外，最快聚集起來的支持者是勞工階級。這乍看下也許不令人意外，畢竟占領運動本身著重的就是經濟上的不平等；但事實上，這的確出人意料。回顧歷史，在美國曾經訴諸階級民粹主義而且成功的例子，主要都是從右派這邊發動的，而且瞄準的焦點多半是教授而不是財閥。在占領運動開始的數週前，部落格上已充斥著以輕蔑口吻駁斥懇求減免就學貸款債務的文章，批評這些呼籲是嬌生慣養的菁英在哭鬧。[7] 確實，以往大專畢業生負債困境這種議題，很少會直接觸動人心，例如打動紐約市運輸勞工工會（TWU；Transit Workers Union）的成員。但這次顯然不是如此。TWU的領袖不但躋身占領運動最早期、也最熱情的支持者行列，而且在一般民眾的熱烈支持下，他們最後還實際控告紐約市警局強制徵收他們的巴士，用來大規模逮捕封鎖布魯克林橋的占領華爾街人士。* 這導致了第三個關鍵問題。

* 在這裡我必須指出，另有其他因素也起了作用。TWU傳統上是非洲裔美國人組成的工會，而反智民粹主義在美國幾乎清一色是白種人特有的現象，有色人種或代表他們的組織並沒有參與。不過，許多成員以白人為主的工會也支持占領華爾街運動。

問題三

為什麼由受教育但負債的年輕人發起的一場抗議行動，竟能深深觸動全美國勞工階級的心弦，而所引起的這種共鳴幾乎確定不會發生在一九六七年、甚至一九九〇年？

部分原因也許在於，學生與勞工之間的界線已經有些模糊了。大多數學生在大學求學期間，至少都曾在某個時間點投入支薪工作。再者，雖然過去二十年來就讀大學的美國人數目大幅成長，畢業生的人數卻大致維持不變；因此，貧窮的勞工階層如今日益充斥著輟學生，他們沒有錢讀完學位，仍在償還就學那幾年所花的錢，通常還懷抱著有朝一日重返學校的夢想。或者，有些人仍然竭盡所能半工半讀繼續撐下去。[8]

我在《衛報》寫了那篇文章後，討論區一如往常充滿著不以為然的評語：這不過是一群嬌生慣養的孩子，花別人的錢過日子。讓其中一名評論者念念不忘的是，新聞照片裡有幾個女性抗議者染了粉紅色的頭髮。這被拿來作為證據，證明她們生活在充滿特權的環境裡，有別於「真實的」美國民眾。這些評論者有一點很明顯，就是他們從未在紐約長期待過。正如同一九六〇年代流行品味所認同的嬉皮風格——長髮、吸大麻用的煙斗、有裂縫的T恤——到一九八〇年代變成美國許多小鎮勞工階級年輕人打零工時穿的制服，一九八〇年代龐克運動（punk movement）的許多特色，包括粉紅色頭髮、刺青和身體部位穿洞，如今也在生活不安定、工作不穩的美國大都會勞工階級之間，扮演著同樣的角色。只要瞧瞧身邊幫忙煮咖啡、送包裹或搬傢俱的人便可以知道。一九六〇年代「嬉皮與建築工人」之間存在已久的彼此厭惡，如今已經化解並且轉化成難得一見的聯盟，一部分原因是文化障礙已被跨越，另一部分原因是勞工階級本身的組成分子也逐漸在改變，其中較年輕的成員更可能陷入愈來愈具剝削性而且運作不良的高等教育體系。但我猜測，還有另一個更重要的因素，就是資本主義本身的性質也起了變化。

近年來有關資本主義金融化的討論很多，有些版本甚至稱之為「日常生活的金融化」。在美國以及歐洲的大部分地區，這往往伴隨著去工業化；美國經濟的驅動力不再是出口，而是消費——購買主要在海外製造的產品，用各種形式的金融操作來付帳。這通常會從所謂「FIRE部門」——金融、保險、房地產（Finance, Insurance, Real Estate）——支配經濟的角度來談。舉例來說，美國企業獲利中，單是融資業務所產生的收益占企業總獲利的比率，自一九六〇年代以來就已翻了三倍（請見本頁下方表格）。

就連這個表格也大幅低估了實際的數字，因為這只有把名義上的金融公司算進去。近幾十年來，幾乎所有的製造業者都已經跨足金融業，而這部分業務也占他們獲利很大的部分。例如，汽車工業在二〇〇八年金融海嘯期間之所以崩潰，原因就是在

1965	1970	1975	1980	1985	1990	1995	2000	2005
13%	15%	18%	17%	16%	26%	28%	30%	38%

那之前，諸如福特（Ford）、通用汽車（GM）等公司，已經有許多年的獲利幾乎全是靠著提供汽車貸款融資，而不是靠製造汽車本身賺來的。就連奇異公司（GE）的獲利，也有約一半是靠旗下的金融部門。所以，雖然二〇〇五年企業總獲利的百分之三十八來自於金融公司，但若把表面上非金融公司的融資相關業務獲利也納入計算，那麼實際的數字可能達到百分之五十。同時，全部的企業獲利中，來自工業的部分只貢獻了大約百分之七或八。*

凡對通用有利的，就對美國有利

一九五三年時，通用汽車董事長查爾斯・威爾森（Charles Erwin Wilson）說出了如下名言：「凡是對通用汽車有利的，就對美國有利。」當時各界認為這是企業界大老狂妄自大的終極宣言。如今回頭檢視這句話，反而比較容易理解他真正的意思。那時，汽車工業獲利甚鉅；流入通用汽車公司與其主管的錢，大部分都以稅金形式直接繳給國庫（在艾森豪〔Dwight Eisenhower〕總統任內，一般企業稅率是百分之五十二，個人所得稅最高稅率——以適用於企業主管為例——是百分之九十一）。當時，政府歲入的絕大部分是來自於企業稅。高企業稅鼓勵企業主管付給員工更高的薪水（何不把獲利分配給自家員工？至少能獲得員工感恩與效忠的競爭優勢，要不然這些錢也會被政府課走）；政府運用稅收興建橋樑、隧道與公路。這些營建工程到頭來不僅嘉惠了汽車工業，創造了更多的工作機會，而且也讓政府工程的承包商賺得豐厚利潤，有機會分發高額的賄款與回扣，肥了政客的荷包。這種結果或許造成了生態上的浩劫，尤其就長期而言，不過當時企業成功、繳稅與工資之間形成良性的關係，似乎是確定能帶動永久繁榮與成長的引擎。

半個世紀過後，我們顯然置身在截然不同的經濟大環境裡。工業產生的獲利已經萎縮。工資與福利津貼已停滯不前或下滑；基礎設施殘破不堪。然而，一九八〇年代，國會廢除高利貸法時（開啟了通往另一個世界的道路，使得美國的法院與警察擔任起討債人員，但這些貸款的年利率可能高達百分之三百，這在以往只有可能與組織犯罪集團之間訂下），他們也允許幾乎任何企業投入融資業務。前句話中的「允許」看起來可能很奇怪，但重要的是，我們必須明白，通常用來描述這段時期的用語，其實很容易誤導人。例如，我們通常提到修改金融相關法律時，常稱之為「解除管制」（deregulation），意指政府不再干預，放手讓企業隨心所欲在市場上交易。沒有什麼比這更背離事實了的。政府一旦允許任何企業在金融服務業插一腳，就等於授權他們去**創造貨幣**（*create money*）。這是因為銀行和其他放款者一樣，一般來說，並不是把他們已經擁有的錢借出去，而是藉由放款來創造貨幣。（這正是亨利・福特〔Henry Ford〕發表他那著名評論時所指出的現象，他當時說，假如美國民眾哪天搞懂了銀行實際上是如何運作的，「明早前就會爆發革命」。聯準會創造貨幣並且把它貸給

---

* 嚴格說來，此數是百分之十二・五，但此數把製造業公司旗下的金融部門也算成是「製造業」獲利，而不是金融業獲利。

銀行，銀行則獲准每保有一塊錢的準備金、就可以借出十塊錢；因此，這實質上等於允許他們創造貨幣。）沒錯，汽車公司金融部門創造的貨幣只限於用來購買他們所製造的汽車，因而會流回汽車公司，但這種安排允許他們從利息、費用和罰金獲取豐厚的利潤，以至於後來這些與融資業務相關的獲利，反而讓汽車本業的獲利相形見絀。*與此同時，通用汽車、奇異以及其他企業，和大型銀行一樣，許多都根本沒有繳納任何聯邦稅金。就繳給政府的企業獲利而言，這些錢以賄賂的形式——賄賂已經更名為「企業遊說」（corporate lobbying）——直接贈予政治人物，為的是說服他們制定更多法案，通常是由企業自己撰寫，以便進一步從陷入債務堆的公民身上榨取更多的錢。而且，既然美國國稅局（IRS）無法再從企業稅徵收到相當數量的稅收，政府於是也日益投入榨取金錢的業務，方法是直接從公民的個人所得中搜刮。或者，以如今財務捉襟見肘的地方政府為例，藉巧立名目收取各種費用與罰金，進行極為類似的活動。[9]

假如一九五〇年代企業與政府之間的關係，與神話般的、據信是美國建國基礎的「自由市場資本主義」一點也不相似，那麼以目前的安排來看，就更難理解為什麼我們至今還在使用「資本主義」一詞了。

當年我念大學的時候，我學到的資本主義，是一種讓民間企業聘人來生產和銷售物品、從而賺取利潤的制度；另一方面，讓大人物純粹用武力威脅，直接榨取他人財富的制度，被稱為「封建主義」（feudalism）+。根據這種定義，我們所謂的「華爾街」，已經變得愈來愈像票據交換所，只是用來交易、處理封建地租，或講得更白一點，詐欺與勒索，而真正一九五〇年代式的工業資本主義者愈來愈局限於印度、巴西、或是實施共產主義的中國等地。當然，美國確實持續保有製造業的基地，尤其是在軍備武器、醫療科技與農業設備方面。但是，除了軍事生產之外，這些製造事業在企業獲利的貢獻上，扮演的角色愈來愈無足輕重。

二〇〇八年危機來襲時，美國政府表明，不但願意授權讓「大到不能倒的」機構印鈔票，而且自己也創造了幾乎無限量的貨幣來為他們紓困，即使他們是因為發放敗壞的或愚蠢的貸款，而讓自己陷入困境。這讓美國銀行這類機構得以把新得手的現金分配給當初投票支持為他們紓困的同一批政客，也因此掌握了權利，由他們的遊說人士來撰寫立意在「規範他們」的法案。縱容到這種地步，儘管他們在不久前差點毀了全球經濟。為什麼這種公司此刻不應該被視為聯邦政府的**一部分**，原因並不完全清楚，只知道他們的盈餘仍舊自己保留下來。

結果是，普通民眾的收入有極大比例，透過隱藏的費用以及罰款，流入並餵養這個掠奪的體系。

＊除非有人樂意把這些費用視為潛在通貨膨脹的一種形式，而這又是政府政策所許可的。

＋同樣地，社會學家韋伯（Max Weber）主張，比方說古羅馬時代的「軍事冒險家……包稅人、投機客、貨幣交易員等等」所展現的「非理性的政治資本主義」，在歷史上已經走到死胡同，因為它終究是寄生於國家裡，而且和現代工業資本主義那種理性的生產投資毫無共同點。依韋伯的邏輯來看，當代的全球資本主義，由投機客、外匯交易員與政府工程承包商取得支配地位，早就已經退化成死路一條的非理性變種。

我記得，有一次梅西百貨公司的售貨員說服我辦了一張梅西簽帳卡，為的是買一副一百二十美元的雷朋太陽眼鏡。我寄了一張支票付這筆帳款，然後就出國進行一趟長期旅行，但顯然我在計算稅金時少算了大約二・七五美元；當我數月後返國，我發現自己累積了一筆約五百美元的滯納金。我們沒有計算這種數字的習慣，因為這些費用甚至比欠債還被看成是罪惡的報應：你會付錢，只是因為做了某件錯事（以我為例就是把算數總和算錯了，以及一時疏忽，沒有把帳單轉往我國外的住址）。事實上，這整個體制現在的運作都朝向確定我們會犯這種錯誤，因為整個企業的獲利體系都是靠它們了。

一般美國民眾的終身所得當中，有多少是以利息繳款、罰金、規費、服務費、保險附加費（insurance overhead）、不動產仲介手續費等等的形式，移轉到金融服務業的？當然，為金融業辯護的人士會堅稱，其中有一些是合法收取的服務費，例如不動產仲介業者幫客戶找房子的費用，但在許多個案中，即使租的公寓是自己找到的，仍然會被強制徵收仲介費。不動產業已強制實施若干法規，讓人幾乎不可能不繳這種費用而仍能取得一間公寓。別的不提，近幾十年來這類費用顯然已大幅增加，但所提供的服務卻未見到任何顯著的增加或改善。

一般美國家庭的收入當中，有多少比例最後流入金融服務業？相關數字根本無法取得。（這本身就透露出一些玄機，因為幾乎其他行業的相關數字都找得到。）儘管如此，我們仍然可以得到一個概念。美國聯準會公布的「金融債務比率」（FOR，financial obligations ratio）顯示，過去十年期間，美國家庭平均用大約百分之十八的收入來支付貸款以及類似的債務——從許多方面來看，這個數字內容不夠充分（它包括本金還款和房地產稅，但不包括罰款和費用），但提供了一個概略的估計數字。

這已經顯示，大多數美國人每賺進五美元，其中幾乎就有一美元以某種形式直接交給華爾街——此處採取常用定義，把「華爾街」當作整體金融業的代稱。但當然，「一般美國人」並不真的存在。金融業掠奪的財富分配得很不平均。首先，雖然這些錢大部分都落入金融公司高階主管的口袋（這些銀行家領到的各種獎金等等），有些以股利的形式被重新分配。不過，不是人人都有份。在金融海嘯發生前，有種感覺是人人雨露均霑；資本主義已成為一種受歡迎的企業，讓所有的美國人，透過個人的投資和退休金帳戶，分得屬於自己的一塊餅。這總是被過分誇大，等到金融海嘯發生後，401（k）計畫受到重創，而投資大戶卻迅速恢復元氣，你就不再常常聽到那種說法了。沒人能真正否認，這種獲利體系至今仍維持一如往昔的樣貌：把錢重新分配給已經位於金融食物鏈頂層者的一種方式。富裕的美國人，即使他們自己並不受雇於金融業，但到頭來仍舊是最後的贏家。其他所有人的收入，幾乎都有一定的比例被抽走了。

底層的人付得更多

另一方面，在金融食物鏈最底層的人——不論是以種族、性別、年齡、職業等任何方式來衡量都適用——到頭來總是不成比例地付出更多。例如，在二〇〇四年，十八歲到二十四歲年齡層的人，落得把百分之二十二的收入拿來償還債務（這包括本金在內，但不包括服務費、規費和罰金）——其中大約有五分之一的人，償債支出占收入比率甚至超過百分之四〇。至於二十五歲到三十四歲的人，也就是受學生貸款衝擊最大的族群，情況甚至更糟：他們平均有四分之一的收入用來償債。而這些數據也適用於描述年輕美國人的整體情況，無論他們的教育程度如何。更別提約百分之二十二美國家庭的命運，他們窮困到根本無法取得傳統的信用貸款，不得不求助於當舖、汽車所有權狀抵押貸款，或索取年利率高達百分之八百利息的發薪日貸款公司。

而這一切在金融崩潰前都是事實！

二〇〇八年金融海嘯來襲後，美國每個有辦法減少債務的人立刻採取行動，不論是發狂似地還清信用卡債，或是從市值已低於房貸餘額的「溺水屋」房貸抽身。因此，他們的收入被華爾街吸走的數量隨之降低。從下面的圖表或許可以一窺變化有多麼戲劇化。

然而，與此同時，某些類型的貸款已經預先把條

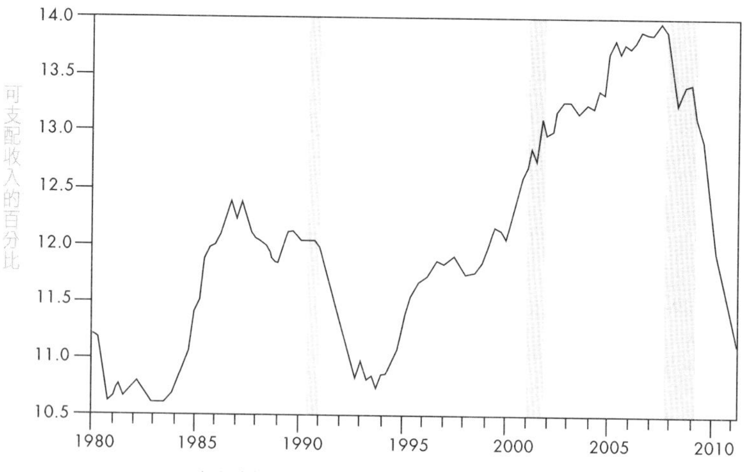

家庭償債支出占可支配所得的比率（單位：%）

件設定成不可能讓這種情況真的發生。例如，抵押房貸要重新議定還款條件，雖然不容易，但還是有可能，*學生貸款就無法這麼做；事實上，如果你多次逾期未繳款，數千美元的罰金可能被併入本金。學生貸款債務持續急速膨脹，結果導致欠款總金額早已超越了信用卡債務總額以及其他形式的債務（見本頁下方表格）。

除學生之外，另一群困在債務陷阱裡的是貧窮的勞工，特別是必須工作的婦女以及有色人種，他們持續眼睜睜地看著自己停滯不前的收入直接被金融服務業奪走大部分。他們通常被稱為「次級房貸戶」（subprimers），因為他們是最有可能申辦（或被騙簽署）次級房貸的一群人。這些次級房貸戶成為可調整型利率暴增下的受害者，現在面臨遭討債者騷擾、汽車被債權人收回，以及後果最為嚴重的，必須求助於發薪日貸款，才能支付各種緊急開銷，例如醫療保險相關的費用，因為這些美國人最不可能享有像樣的健保給付。那些發薪日貸款的年利率高達百分之三百左右。

* 事實上，實際重新議定條件的抵押房貸，所占的百分比出奇的低，儘管政府宣稱實施的計畫能促進貸款重議。

總貸款餘額與其組成成分

抵押房貸	房屋淨值循環貸款	汽車貸款	信用卡	學貸	其他
72%	5%	6%	6%	8%	3%

*2011 年第 3 季 總額：11.656 兆美元

這兩群互有重疊的美國人，不論是勞工階級，還是就業率偏低且背負沉重學貸的畢業生，其個人收入拿來付給華爾街的部分，比繳給政府的稅金還多。

早在九月，占領運動甚至還沒開始時，克里斯——八月間在保齡格林公園協助我們組成第一個民主圓圈的「要食物不要炸彈」社運人士——在 tumblr 上設立了一個稱為「我們是百分之九十九」的網頁，讓支持者可以張貼自己的照片，並放上他們生活現況的簡短敘述。截至我寫下這段文字時，已經有超過一百二十五頁的簡介，作者在種族、年齡、性別以及其他各方面都大不相同。

這些證詞所揭示的「百分之九十九的意識形態」，最近在網際網路上引起一番討論。這一切要從部落格的 Rortybomb 作者邁克・康佐（Mike Konczal）進行的一項統計分析說起。這項分析是為了確定網路上的 HTML 文件中，前二十五個最常用的詞是什麼，結果發現，最常見的是「工作」，其次是「債務」，但其餘用詞幾乎全都是生活必需品、家庭、食物、健保、教育、子女（僅次於「工作」和「債務」的熱門用詞是：職業、大專、薪水、學生、貸款、買得起、學校和保險）。這裡面很明顯沒有見到提及消費品的任何字眼。在嘗試解讀這其中隱含的意義時，康佐引用了我寫的那本關於債務的書：

人類學家大衛・格雷伯援引歷史學家摩西・芬利（Moses Finley）的說法，他指出：「古代不斷重現的革命程序，亦即勾銷債務和土地重新分配，是屬於農民階級的口號，而非勞工階級」。再思索這些案例。這些聲明絕大多數是可以付諸行動的要求，展現的形式包括：一、把我們從這些債務的桎梏中解放出來，以及二、給我們最低限度的生存條件，才能過像樣的生活（或者，用工業時代之前的用語，給我們一些土地）。套句芬利的話，這些是農民階級的要求，而不是勞工階級的要求。[10]

康佐認為這是眼界的大幅縮小：我們不再聽見要求職場民主、勞工尊嚴、或甚至經濟正義的聲音。在這種新近封建制度化的資本主義形式下，受壓迫的民眾淪落到中世紀農民的處境，除了要求維持生活所需的工具外，別無所求。但正如其他人很快就指出的，此處出現了某種矛盾，因為最終的影響不是要縮小眼界，而是要擴展眼界。資本主義的捍衛者總是辯稱：雖然資本主義的經濟制度的確產生了許多不公平，但它的整體效果是讓人人都朝著更安全、更繁榮的大方向邁進，包括最卑微的人在內。我們已經走到這個地步，即使是在世界上最富有的資本主義國家，這種體制仍無法對比率日益升高的那部分人口，提供最起碼的生活保障，甚至是基本的生活所需。很難避免做出以下的結論：我們要重拾有基本尊嚴的生活，唯一途徑就是提出一套完全不同的制度。[11]

就我自己的看法而言，這整個討論可以作為一項有關統計分析有其局限的個案研究。不是說這類分析本身沒有啟發性，而是這一切要看你在一開始時把什麼東西統計進去。當我第一次閱畢tumblr上的簡介時，真正讓我吃驚的是女性的聲音占了大多數，而且她們強調的重點不只是要獲得維持有尊嚴生活的工具，還要取得能夠照顧他人的工具。後者其實從兩個不同的方面來看，就顯而易見了。第一，選擇訴說自己遭遇的人士，許多是從事、或渴望從事與照顧他人相關的工作，例如醫療保健、教育、社區工作、提供社會服務等等。這些敘述當中，有太多悲慘的辛酸故事，大部分都圍繞著一種未曾言明的諷刺：在今天的美國，要找個讓自己能照顧別人的職業，通常意味著自己最後會陷入經濟拮据的困境，以至於連自己的家人都無法妥善照顧。當然，這就是第二個層面了。對於那些把自己的生活建立在與他人關係之上的人而言，貧窮和債務具有非常不一樣的意義：它更可能意味著無法買生日禮物給自己的女兒，或眼睜睜看著她出現糖尿病症狀卻不能帶她去看醫生，或看著自己的母親逐漸老死，卻沒能在她有生之年帶她去度假一、兩個星期，連一次也沒有。

以前，有政治自覺的典型美國勞工階級，曾經是在汽車工廠或鋼鐵廠工作賺錢養家的男性，但現在更可能是一個擔任教職或護士的單親媽媽。與男性相比，女性更可能進入大學，更可能完成大學學業，**而且**更有可能是窮人，這三種元素往往會導致更大的政治覺醒。在工會參與度方面仍小幅落後：只有百分之四十五的工會成員是女性，但如果目前的趨勢延續下去，八年之後女性就會占大多數。勞動經濟學家約翰・施密特（John Schmitt）指出：「過去四分之一世紀以來，我們目睹加入工會的女性大增，尤其是在服務業工會化的趨勢擴大之際。」他說：「認為工會對五十幾歲的白人男性才最適合，是錯誤的觀念。[12]」

此外，這種聚合正開始改變我們對工作的觀念。在這裡，我認為康佐搞錯了。不是百分之九十九的人都沒有思考勞動的尊嚴。恰好相反。他們正在擴展我們對有於意義工作的概念，把我們不是為自己而做的一切也納入其中。

問題四

為什麼這場運動拒絕向現有的政治體制提出訴求，也拒絕其介入？又為什麼此種拒絕反而提高、而非降低了這場運動的吸引力？

可以想像在那種絕望狀態中的人們，會希望有某種立即可行的、務實的辦法來解決他們的困境。但他們卻受到拒絕直接訴諸現有政治體制的運動所吸引，這使得這一切更加令人訝異。

這對企業媒體的成員來說當然是一大意外，以至於大多數都拒絕承認正在他們眼前發生的事。從起初吉妮雅・貝拉芳提在《紐約時報》上寫的那篇惡劣的文章開始，形形色色的媒體不斷出現對這場運動缺乏嚴肅性的指責，並指出這是因為拒絕提出一套具體訴求的緣故。幾乎每次主流媒體記者訪問我談論有關占領華爾街運動時，我就會聽到內容大同小異的訓話：

> 如果你拒絕建立某種領導結構或開出一份務實的訴求清單，你要如何達到任何目標？還有，這種無政府主義的荒誕行為是在幹什麼——那些形成共識的比手畫腳？難道你不明白這一切基進的語言會疏遠民眾嗎？你用這一套東西，絕不能接觸到普通的、主流的美國民眾！

質疑為什麼占領華爾街運動拒絕建立領導結構，與質疑我們為什麼不提出具體的政策聲明，當然只是以兩種方式來質問同樣的問題：為什麼我們不與現有的政治結構交涉，最終成為它的一部分？

如果有人用剪貼簿收集歷來最糟糕的建議，那麼這樣的說法或可榮獲一席之地。自從二〇〇八年的金融危機以來，就不斷有人嘗試掀起一股抗議美國金融菁英掠奪的全國性運動，他們採取的正是媒體記者所建議的這種做法。所有的嘗試都失敗了，而且大多數都敗得相當悽慘。*唯有在明白表示堅決不肯走傳統路線、拒絕與潛在腐敗的現有政治體制交涉、並且呼籲徹底改造美國的民主，這場占領運動才立刻開始在全國遍地開花。顯然，這場運動的成功並沒有受到無政府主義元素的妨礙，反而是因為它才成功的。

自由是會傳染的

對於像我這樣的「小寫a」無政府主義者——也就是說，只要是依循水平性的原則運作，就願意投入廣泛聯盟的無政府主義人士——這正是我們一直夢寐以求的。幾十年來，無政府主義運動已經把許多創意上的精力，投注於發展實際可行的平等政治程序形式，可以在任何外於國家的自治社區內實際運作的直接民主形式。這整個計畫奠基於一種信念，亦即自由是會傳染的。我們都知道，幾乎不可能說服一般美國人相信，一個真正民主的社會是可能透過言語來實現的。但是，展現給他們看卻有可能辦得到。親眼目睹由一、兩千人組成的群體，在沒有領導結構、只在原則和團結的驅使下，集體做出決定，這種經驗可以改變一個人對政治或人類生活可以是什麼模樣所抱持的最根本的假設。

在全球正義運動風起雲湧的時期，我們就認為，如果我們能讓世界各地夠多的人接觸到這些新的直接民主形式，以及直接行動的傳統，那麼一個新的、全球性的、民主的文化就會開始興起。但如同之前所提到的，我們從來沒有真正突破社運人士的藩籬；大多數的美國人甚至從來不知道直接民主對我們的身分認同是如此重要，他們的注意力轉向媒體畫面，只見戴著套頭露眼面罩的年輕男子砸破玻璃窗，以及記者不斷地堅稱整個爭論是關於他們所謂「自由貿易」的利弊得失。+

到二〇〇三年動員了成千上萬人的反戰運動以後，美國的社會運動已走回舊式的垂直性政治老路，包括由上而下的聯盟、有群眾魅力的領袖，以及舉著標語牌四處遊行。我們之中的許多頑固派仍保持信心。畢竟，我們已為一個原則奉獻了一生，亦即相信像這樣的事情終有一天會發生。但不知不

＊一個惡名昭彰的例子是，在更早之前，有個稱為帝國反叛（Empire State Rebellion）的團體呼籲在二〇一一年六月十四日當天占領祖科提公園，要求美國聯準會主席柏南克（Ben Bernanke）辭職。結果只有四個人現身。

＋「自由貿易」一詞，和「自由市場」與「自由企業」一樣，是明顯的宣傳用語。事實上，這場運動真正反對的，是創立世上第一個名副其實的全球性行政官僚體系——從國際貨幣基金、世界銀行、世界貿易組織以及類似的機構，到歐盟或北美自由貿易協定這類國際協定所創立的組織——表面上是為了規範和促進全球的貿易。但事實上，講得更明確一點，這些組織實際上是人民無法追究其責任的，而且為金融帝國主義和全球掠奪行為提供掩護。我自己對這項運動的看法，請參見《直接行動：一個民族誌》（*Direct Action:An Ethnography*）。

覺地，我們也或多或少停止相信我們真的有可能勝利。

就在此時，它發生了。還沒被驅離前，我最後一次去祖科提公園，看著一大片形形色色的人群，從中年建築工到年輕藝術家，運用著我們熟悉的那些手勢訊號進行群眾大會。我的老友普莉亞，樹居抗議者暨生態無政府主義者（eco-anarchist），那時駐守在公園拍攝紀錄片，她向我坦承：「每隔幾小時，我就不得不捏自己一把，確定這不完全是一場夢。」

所以，最終的問題是：不只要問為什麼反華爾街運動終於起飛——坦白說，二〇〇八年金融崩潰後的幾年，許多人百思不解，為什麼沒有發生得更早——也要問為什麼這場運動採取的是這種形式？再一次，答案很明顯。有件事使幾乎每一個不屬於政治階級的美國人，無論左派或右派，立場都團結一致，那就是對於政客的反感。「華盛頓」尤其被認為是權力和影響力過度膨脹的異類，已經徹底的腐化。自二〇〇八年以來，華府的存在只是為了讓華爾街的目的得逞的事實，已經變得幾乎不可能被忽視。然而，這並沒有解釋，為什麼有這麼多人被吸引來投入一場全方位拒絕現有政治體制的運動。

我認為答案再一次與世代有關。當回提到他們的財務、教育和職場生活，最早期的祖科提公園占

領者總是一再表示：「我按照規則行事。大家告訴我該怎麼做，我都一五一十地照辦了。瞧瞧我得到的下場！」同樣的說法也可用來描述這些年輕人的政治體驗。

對大多數二十歲出頭的美國人來說，他們參與政治的初體驗是得自於二〇〇六年與二〇〇八年的選舉，當時年輕人的投票率大約是往年的兩倍，而且以壓倒性的票數投給民主黨。身為候選人，歐巴馬打了一場為吸引進步青年而精心設計的選戰，結果很壯觀。很難忘記，歐巴馬不僅以標榜「改變」的候選人自居，而且使用的競選語言還大剌剌地借用了基進社會運動的口號，例如「是的，我們能！」就是改編自凱薩・查維斯（César Chávez）的聯合農場工人（United Farm Workers）運動，而「改變，從你自己做起！」這句話通常被認為是甘地說的。他曾擔任社區組織者，也曾是左翼的新黨（New Party）黨員，可說是記憶所及近年來少數從社會運動背景中崛起的候選人之一，不像其他人那般出身自通常菸霧瀰漫的會議室。更重要的是，他以推動社會運動的方式來組織他的草根競選活動；鼓勵年輕義工們不僅要打電話和挨家挨戶拜票，也要成立持久性的組織，在選舉過後仍持續地為促進進步的理念努力——支持罷工、建立食物銀行、組織在地的環保運動。這一切再加上歐巴馬將成為第一位非洲裔美國總統的事實，讓年輕人感受到，自己正在參與美國政治真正變革的時刻。

毫無疑問，為歐巴馬選戰效命或支持他的大多數年輕人，當時並不確定這一切會產生多大的變革。但大多數人已經準備迎接美國民主制度結構上真正徹底的改變。別忘了，這一切都發生在一個可被接受的政治論述——政治人物或媒體評論家可以講、而不會被看作是瘋狂極端分子的話——受到很大約束的國家，極大部分美國民眾的觀點根本從來沒有發聲管道可以表達。

要了解一般可接受觀點與美國選民實際感受之間的脫節有多徹底，可以參考兩項由拉斯穆森（Rasmussen）進行的民意調查：第一次是在二〇〇八年十二月，歐巴馬甫當選就進行的民調；第二次是在二〇一一年四月。在這項廣泛的抽樣調查中，美國人被問到他們比較喜歡哪一種經濟制度：資本主義還是社會主義？在二〇〇八年時，百分之十五的人覺得美國採取社會主義制度會過得更好；三年後，這個數字已升高到五分之一。更令人吃驚的是按年齡的分組調查：受訪者愈年輕，愈可能反對在資本主義制度下度過餘生的想法。十五至二十五歲的美國人當中，以比較喜歡資本主義的居多，占了百分之三十七，相較於支持社會主義的百分之三十三。（其餘的百分之三十還不確定）。但想想這意味著什麼？這意味著，近三分之二的美國年輕人，都願意至少考慮完全拋棄資本主義制度的想法！這在我國來說是非比尋常的，因為大多數人從來沒見過一個政治人物、電視評論家、或常在媒體露面的意見領袖，願意在原則上否定資本主義，或是不把「社會主義」一詞當成屈尊和濫用的術語來用。當然，也正因為這個原因，很難確定，表示比較喜歡「社會主義」的年輕人在實際上認為他們準備擁抱的究竟是什麼。我們可以假定，那不會是一個以北韓為範本的經濟體系。那麼，又會是什麼呢？瑞典？還是加拿大？這很難說。但在某種程度上，這也無關宏旨。大多數美國人可能不確定社會主義應該是什麼模樣，但他們對資本主義卻知之甚詳，如果說「社會主義」對他們有什麼意義的話，那可能意指「其他的東西」，或甚至更好的「**某種東西**，幾乎任何東西都行，只要不是資本主義就好了！」

再來大致了解情況變得有多麼極端：另一項民意調查要求美國人在資本主義和共產主義之間做選擇，結果十個美國人中就有一人真的表示，他們寧可選擇蘇聯式的體制，而不是當今現有的經濟體系。

期待改革，領導者卻只想維持現狀

二〇〇八年，年輕美國人選擇了歐巴馬，而不是約翰．麥肯（John McCain），支持率是百分之六十八對百分之三十——再一次，大約是二比一之差。

似乎起碼可以合理地假設，那些把票投給歐巴馬的美國年輕人，大多都懷著比他們實際得到的要高一點點的期待。他們覺得自己是投票支持一個有改革能力的人物。許多人顯然確實期待現行體制進行一些根本上的改革，即使他們不確定要怎麼改革。那麼，當這些年輕的美國選民發現，他們其實是選出了一個溫和的保守派時，我們能期待他們有什麼感想？

以主流政治論述的標準來看，這看來似乎像是一句極端的聲明，但我所謂的「保守派」真的就只是指這個詞的字面意義。那個字面意義現在很少人用了。如今，至少在美國，「保守派」已經變成主要用來指「右翼基進派」，但其長久以來的字面意思是「主要政治要務為保存現有機構、保護現狀的人士」。這正是如今歐巴馬已變成的模樣。他在政治上盡最大努力去做的事，幾乎都是為了保存一些受到威脅的體制結構：銀行體系、汽車工業，甚至是健康保險業。歐巴馬呼籲進行健康保險制度改革的主要論點，是現行制度由於是建築在以營利為目的的民間保險公司的基礎上，從長遠來看並不是經濟上可行之道，未來勢必要進行某種改革。那他的解決方案是什麼呢？他不但沒有推動真正徹底的——或甚至是自由派的——制度結構改革，邁向公平性和永續性，反而恢復了共和黨人首次在一九九〇年代提出、用來替代柯林頓全民健保計畫的保守模式。那種模式的細節，是在傳統基金會（Heritage Foundation）這類右翼智庫裡敲定的，最初由麻塞諸塞州的共和黨籍州長付諸實施。它的訴求基本上很保守：它並沒有解決如何創造一個公平、合理的健保制度的問題；它所解決的是如何讓現有的不公平、難以為繼的營利體系以某種形式保存下來，讓它至少再撐個一世代。

考量到歐巴馬二〇〇八年接掌政權時美國經濟正陷入危機狀態，是需要拿出堅毅不拔的英雄式努力，去因應一場歷史性的災難，讓一切或多或少維持現狀。然而，歐巴馬的確耗盡了那種英勇的努力，結果卻是從每個層面來看，現狀確實都保持完好如初。現行體制沒有任何部分受到震撼。沒有銀行國有化，沒有拆解「大到不能倒」的機構，沒有大幅翻修金融法，沒有調整汽車工業或任何其他行業的結構，沒有修改勞動法、毒品法、監聽法、貨幣政策、教育政策、交通政策、能源政策、軍事政策，或者——其中最重要的、也是他在競選時所承諾的——金錢在政治體系中扮演的角色。從金融業、製造業到醫療健保業，各行各業只被要求稍微改變他們的做法，就換得我國財政部大量的資金挹注，把他們從瀕臨破產之中拯救出來。

錯失了的改革時機

在美國，「進步的社群」是由左傾的選民和社運人士定義，他們相信，透過民主黨來運作，是達成美國政治改革的最佳方式。我發現，要大概了解他們當前的態度，最好的方法就是閱讀自由派部落格每日科斯（Daily Kos）上的討論。到歐巴馬第一任的第三年，該部落格上針對這位總統宣洩而出的憤怒——甚至是怨恨——簡直到了不尋常的程度。*他經常被指控是偽君子、騙子以及祕密臥底的共和黨人，以「兩黨妥協」的名義，故意搞砸每一個交到他手上、大可促進漸進式改變的機會。在這許多辯論中流露出的強烈怨恨，乍看之下可能令人驚訝，但若考量這些人熱情地實踐透過選舉途徑讓進步政策在美國頒布實施的理念，就顯得合情合理了。

歐巴馬沒能這麼做，似乎讓人別無選擇，只能斷定任何這樣的計畫都不可能實現。畢竟，還有什麼時候比二〇〇八年更能提供天時地利人和的政治契機呢？那年見到一波浪潮選舉（wave election，譯注：即有大量現任議員在選舉中遭到淘汰），讓民主黨同時掌控了參眾兩院，而當選的民主黨籍總統靠著「改變」的平台掌權，上台時刻正好碰上美國深陷經濟危機，以至於採取一些基進的措施在所

＊當總統大選開始加速進行時，情況開始改變，這是因為缺乏特定的立法議題和擔心共和黨勝選的疑慮，但我懷疑這也是因為許多前進分子已經完全不再過問選舉政治。

難免，而且當時共和黨的經濟政策信譽完全掃地，金融菁英們引起的民怨怒火如此強烈，凡是對他們不利的政策幾乎都會獲得多數美國人的支持。當時的民調顯示，美國人一面倒地支持救助抵押房貸的債務人，但不支持救助「大到不能倒」的銀行，無論會對經濟產生什麼負面影響。然而，歐巴馬的立場不但恰好相反，而且在實際上比小布希還要保守：在民主黨眾議員巴尼・法蘭克（Barney Frank）的壓力下，即將卸任的布希政府同意把打消房貸納入問題資產紓困計畫（TARP；Troubled Asset Relief Program）之中，但前提是必須經過歐巴馬批准。他選擇不這樣做。記住這一點很重要，因為後來傳出一種神話，說歐巴馬自作自受，引來批評他是個基進的社會主義者，因為他做得太過分了；事實上，共和黨只是一個力氣耗盡、受到羞辱的部隊，之所以能夠重振旗鼓，只是因為歐巴馬政府拒絕提供一種可取代的思想，反而採納了共和黨大部分的經濟立場。

然而，沒有任何根本的改革通過立法；華爾街對政治過程取得了更大的掌控，「進步」的形象因為變成認同潛在保守的、對企業友好的立場，而在大多數選民心目中已遭玷汙，而既然共和黨證明是唯一願意接受任一種基進立場的政黨，政治中心於是進一步擺向右方。顯然，漸進式的改革如果在二〇〇八年不可能透過選舉的途徑促成，那麼它根本就不可能會發生。而這正是為數龐大的年輕美國人似乎已經做出的結論。

數字會說話。二〇〇八年的年輕人投票率是四年前的三倍，但歐巴馬當選兩年後，已經下降百分之六十。這倒不是說年輕選民轉向另一邊陣營——現身投票的年輕人仍然把票投給民主黨，支持率與前次大致相同——而是他們完全放棄了這個過程，*讓主要是中年人的茶黨人士主導那場選舉，歐巴馬政府在被迫回應之下，順從地更進一步擺向右邊。

因此，不論是在公民事務或在經濟事務方面，這一代的年輕人有充分的理由覺得，他們已一五一十地按照既定規則，做了一切應該做的事情，但得到的結果卻比什麼都沒有更糟糕。歐巴馬從他們身上奪走的，正是眾所周知他承諾要給予的東西：希望——希望透過體制內的手段，在他們此生當中促成任何有意義的改革。如果他們想看到他們實際的問題獲得解決，如果他們想看到美國發生任何形式的民主轉型，勢必得透過其他途徑來達成。

問題五

為什麼表明占領華爾街是一場革命性的運動？

接下來是最具挑戰性的問題。占領華爾街運動成功的主要原因之一，顯然是它的基進主義。事實上，它最引人注目的一點，就是它不只是一場民眾運動，甚至不僅僅是一場基進的運動，而是一場革

---

*舉一個典型的例子，在伊利諾伊州，二〇一〇年三十歲以上的選民投票率有百分之五十四，但三十歲以下的投票率只有百分之二十三。

命性的運動。發起運動的是無政府主義者與革命社會主義者——在最早期的會議上，正要敲定這場運動的基本主題和原則時，革命社會主義者其實是比較保守的一派。主流的盟友經常試圖緩和這種背景；右翼評論家常猛烈抨擊說，「要是」一般美國人明白占領華爾街運動的發起者是誰，他們就會心生反感、一哄而散。事實上，我們有充分的理由相信，對於徹底的解決辦法，不論是在政治光譜的哪一端，美國民眾願意接受的程度，不但遠遠超出媒體以及權威意見領袖所願意承認的情況，而且占領華爾街運動的核心吸引力，正是它最具革命性的層面——拒絕承認現行政治體制的正當性，願意挑戰我們經濟體制的基本前提。

顯然，這引發了誰是「真正的主流意見製造者」以及主流媒體是為什麼而存在的深奧問題。在美國，會被看作是備受尊重的意見而提出來的，往往是出自於新聞記者（尤其是電視新聞記者）、報紙專欄作家，以及為《大西洋月刊》（*The Atlantic*）或《野獸日報》（*The Daily Beast*）等大型平台撰稿的高人氣部落客，他們通常以業餘社會學家自居，不時針對美國公眾的態度和感受發表評論。這些言論往往詭異得偏離事實，不禁令人納悶到底是怎麼回事。

有個例子一直在我腦海揮之不去：二〇〇〇年小布希與高爾（Al Gore）總統大選爭議鬧上法庭後，權威評論者之間立即且一面倒地形成共識，認為「美國人民」並不希望看到一個延宕很久的漫長過程，而是希望此事能盡快獲得解決，不論是用何種方式。但不久之後出爐的民調顯示，事實上，美國人民想要的恰好相反：具壓倒性的絕大多數，相當明智地表示希望知道究竟是誰真正贏得了選舉，無論要花多長的時間才能確定。這個結果對於那群專家幾乎毫無影響，他們只是改口說，儘管他們先前宣稱的或許眼前還無法證明是真的，但很快就會得到驗證（當然，特別是假如像他們這樣的意見領袖一直不斷推銷這種看法的話）。

媒體對於真相的錯讀與誤導

正是同一群傳統智慧的傳播者，他們扭曲自己，去錯誤解讀二〇〇八年和二〇一〇年的選舉。二〇〇八年，深陷經濟危機之際，我們首先看到了共和黨的基礎因希望幻滅而崩垮，接著湧現了一波年輕選民，期待從左翼推動徹底的改革。當這樣的改革並未實現，而金融危機還在持續延燒，年輕人和前進分子的選票陡降，然後一場由憤怒中年選民參與的右翼運動興起了，要求更基進的改革。傳統智慧想出一套說詞，解釋在面臨明顯的危機之際，這一連串要求基進改革的呼聲，證明美國人是搖擺不定的中間派選民。事情變得愈來愈明顯，其實，媒體的角色不再是告訴美國人他們應該如何思考，而是說服愈來愈憤怒和疏遠的民眾相信，他們的鄰居並沒有做出跟他們一樣的結論。這種邏輯就好像昔日用來力勸選民別考慮投給第三黨的那一套：即使第三方挑戰者說出了絕大多數美國人都認同的意見，美國人還是不斷被告誡不要「浪費自己的一票」投給實際上反映他們觀點的候選人，因為沒有其他人會投票支持那個候選人。*很難再想出一個更明顯的例子，來凸顯預言的自我實現性了。這產生的結果是一種主流的意識形態——一種保守的中間主義，它假設凡是重要的事，總是溫和的中庸之道與維持現狀——但幾乎沒有人實際上真的維持這種狀態（當然，權威評論家除外），但每個人卻懷疑其他所有人都是那樣。

這麼問似乎很合理：我們怎麼會走到這步田地？怎麼會有如此巨大的鴻溝，存在於這麼多美國人對世界局勢的實際看法——包括年輕的人口，其中大多數都準備考慮完全拋棄資本主義制度——與可以公開在公共論壇上表達的意見之間？為什麼在「我們是百分之九十九」tumblr 網頁上揭露的真人真事，似乎從來就沒能登上電視，即使是在（或尤其是在）「實境」電視節目之中？在一個自稱為民主的國家，我們怎麼會淪落到這種處境——也就是如同占領者所強調的——對於美國人實際上關切的議題以及抱持的立場，政治階級似乎連談都不願意談？

要回答這個問題，我們需要從一個更寬廣的歷史觀點來看。

讓我們退後一步，重新檢視前面討論過的金融化問題。傳統的說法是，我們已經從原本以製造業為主的經濟，轉向一個以提供金融服務為重力核心的經濟。正如我之前所說，其中大部分幾乎不算是「服務」。前聯準會主席（卡特和雷根總統任內的）保羅・伏克爾（Paul Volcker）很簡潔地一語道破這件事情的真相，他說，過去二十五年來，唯一確實嘉惠民眾的「金融創新」是自動櫃員機。我們正在談論的，不過是一種精密複雜的金錢榨取系統，最終的後盾是法院、監獄和警察的權力，以及政府授權企業創造貨幣的意願。

一個金融化的經濟，要如何在國際的層級上運作？傳統的故事是這麼說的，美國經濟在一九五〇年代、一九六〇年代和一九七〇年代是以製造業為主，當時我國出口汽車、牛仔褲、電視機等消費品到世界其他地區，如今美國已轉型為消費品淨進口國以及金融服務淨出口國。但是，如果這些「服務」根本不是真的「服務」，而是由政府資助的信貸安排，靠法院和警察的權力去執行——那麼，不在美國法律管轄範圍內的人，為什麼會有人同意配合呢？

答案是，從許多方面來看，他們也在美國法律的管轄範圍之內。那正是我國勢力進入的領域，而這實際上是在公眾討論中說不得的禁忌。最簡單的解說方式，或許是注意下列事實：

- 美國的軍事支出，比地球上所有其他國家的總和還要多。美國在海外有七百三十七個軍事基地，從巴拉圭到塔吉克（Tajikistan），合計在這些基地至少維持了兩百五十萬軍力。而且，不同於史上任何其他的軍事強權，美國保有把致命武力直接調往地球上任何地方的權力。

＊我聽說他們用這一招不斷地對付拉爾夫·納德（Ralph Nader）：選戰期間，幾乎不見有關他立場的任何討論，甚至是描述，只是警告說，投票給納德，就等於投給共和黨的候選人。後來，他的立場被視為只代表百分之二·七美國民眾的意見（那個百分比是他在二〇〇〇年參選時獲得的普選票比率）。

- 美元是全球貿易貨幣，自從一九七〇年代以來就已經取代黃金，成為全球銀行體系的準備貨幣。
- 也是從一九七〇年代以來，美國的貿易赤字不斷增加，從海外進口到美國的產品價值，遠遠超過美國出口的產品價值。

把這些事實單獨挑出來看，很難想像其間毫無關聯。的確，如果從歷史的角度來看此事，就會發現，幾個世紀以來，世界貿易貨幣向來都是具支配地位的軍事強權所用的貨幣，而這樣的軍事強權總是海外流入的財富多於流出的財富。*儘管如此，當我們開始揣測美國的軍事力量、銀行體系、以及全球貿易之間的實際關聯性時，可能被人嗤之以鼻——至少在社會地位受尊敬的圈子裡是如此——看成是有偏執狂的瘋子。

全球金融架構由美軍支撐

上述所指的是在美國。就我自己的經驗而言，一旦踏出美國（或也許是英國的某些圈子），即使是在美國堅定的盟邦如德國，全球金融架構是由美國軍事力量所創建並支撐的事實，根本就被認為是理所當然的事。這一部分是因為美國以外的人對於相關的歷史有一些了解：例如，他們通常了解，當前世界金融的架構，是由美國公債扮演主要準備貨幣的角色，這並不是市場自然運作下產生的結果，而是一九四四年在布列頓森林會議（Bretton Woods conference）中同盟國強權之間談判時設計出來的。最後，美國的計畫占了上風，儘管由凱因斯領軍的英國代表團強烈反對。+一如同場會議所創立出來支持這套體系的「布列頓森林機構」（IMF、世界銀行），這些都是政治上的決定，靠軍事力量設立，創造了一套制度框架，而我們所謂的「全球市場」就是在這個框架中成形。

它是怎樣運作的呢？

這個體系不斷地變得更複雜，也隨著時間推移而改變。例如，冷戰時期大部分的時間裡，它的效果（除了讓美國的盟邦為五角大廈的支出買單之外）是持續讓廉價的原物料源源不斷地流入美國，以維持美國的製造業基地。但誠如經濟學家喬萬尼・阿瑞吉（Giovanni Arrighi）以及之前偉大的法國歷史學家布勞岱爾（Fernand Braudel）所指出的，這正是過去大約五百年來帝國的大致作為：他們剛開始時是個工業強權，但逐漸轉變成「金融」強權，經濟的活力集中在銀行業。[13] 實際上的意思就是，帝

* 我在此處簡化了。所謂帝國，像是大英帝國或美國戰後的體制，往往會隨著時間的推移而轉變，從工業強國變成金融強國。我在這裡所說的，尤其適用於後面那個階段。我會在下面討論這點。

+ 凱因斯提議的國際貨幣模型稱為「班可」（bancor），假如當年獲得採用，可能已經導致截然不同的體制，國際貨幣體系將不會把戰爭債務貨幣化，而是以貿易順差的再循環為基礎。偶爾會有人建議重拾這個構想，最近一次大約是在二〇〇八至二〇〇九年前後，由IMF總裁多米尼克・史特勞斯・卡恩（Dominique Strauss-Kahn）所提出。

國的基礎愈來愈建築在純粹的敲詐勒索之上——也就是說，除非你真的願意相信（而許多主流經濟學家似乎也希望我們相信），世界各國把財富送到美國來，如同他們在一八九〇年代對大不列顛（Great Britain）所做的一般，是因為對它巧妙的金融工具目眩神迷。其實，儘管出口工業走下坡，美國之所以能持續使廉價消費品流入國內，靠的是經濟學家慣稱的「鑄幣稅」（seigniorage）——這個經濟術語的意思是「身為錢的定義者所累積的經濟優勢」。

大多數經濟學家在談論這類問題時，喜歡罩上一層大多數人看不懂的術語，我認為這是有原因的。這個體系實際運作的方式，與通常展示給民眾看的方式，幾乎完全相反。大部分關於赤字的公共論述，都把金錢當成如某種已經存在、數量有限的物質：例如石油。假設它只有這麼多，政府必須透過徵稅或向他人借款才能取得。實際上，政府——透過聯準會的媒介——**藉由**借貸的方式來創造貨幣。美國的赤字——大致上是由美國的戰爭債務所組成——實際上是這個體系的驅動力，絕不是美國經濟的拖累。這就是為什麼（除了一八二〇年代安德魯・傑克遜任內一段短短幾年、最終釀成災難的時期以外）美國一直都在負債。美元本質上就是流通在外的政府債務，更明確地說，是戰爭債務。再一次，這一直是中央銀行制度存在的現象，至少可回溯至一六九四年英格蘭銀行（Bank of England）創立之時。美國最初的國債是獨立戰爭留下的債務，起初曾經針對是否讓它貨幣化，也就是透過增加貨幣供應量來消除債務，有過一番激烈的辯論。我的結論是，美國的赤字幾乎清一色是因為軍費支出造成的，這是依據實際軍費開銷大約占一半的聯邦支出所推算出來的（除了五角大廈的支出，也必須計入戰爭開銷、核武庫、軍人津貼、情報等費用，以及衍生自軍事舉債部分的償債支出），這當然是有爭論空間的。*

布列頓森林會議的決定是，基本上，要讓這個體系國際化：使美國公債（基本上仍然是美國的戰爭債務）成為國際金融體系的基礎。冷戰期間，美國軍方的保護地，例如西德，會買下巨額的這類美國公債，即使虧錢也長期持有；實質上提供資金給設在德國境內的美軍基地（例如，經濟學家麥可・哈德森〔Michael Hudson〕指出，在一九六〇年代末期，美國實際上揚言，如果西德央行試圖拋售美國公債、把賣得的錢拿來買黃金，就會從西德撤軍）[14]。類似的安排迄今似乎依然存在於日本、南韓和波斯灣國家。在這類例子裡，我們談的是非常類似帝國時代進貢制度的情況——正是如此，只不過既然美國希望不要被稱為「帝國」，所以這種進貢安排就被包裝成「債」。在美軍控制範圍以外的地方，這種安排就更微妙：舉例來說，在美國與中國的關係中，中國自一九九〇年代以來大規模購買美國公債，似乎已成為雙方默契的一部分，而根據這種心照不宣的協議，中國低價消費品大量淹沒美國市場，但他們明白美國永遠不會償還這些錢，而美國這方面，則同意對中國系統性漠視智慧財產權法睜一隻眼、閉一隻眼。

＊關於此事，我在《債的歷史：從文明的初始到全球負債時代》一書中，有更詳細的敘述。我在書中提到，軍事支出的成長曲線消費，和海外債務的成長曲線，幾乎完全相符。

顯然，中美之間的關係是比較複雜的，而且，如同我在別的著作中所指出的，這可能借用了一種非常古老的中國政治傳統，就是以大量的財富賞賜給武力強得危險的外邦，作為建立一種從屬關係的方式。但為什麼中國願意接受現有的安排？據我猜測，最簡單的解釋是，中國的領導階層受到的是馬克思主義的訓練，換言之，他們是唯物史觀者，把物質上的下層結構（infrastructure）的現實，視為比上層結構（superstructure）優先。對他們來說，細微的金融工具顯然是上層結構。也就是說，據他們觀察，不論可能發生什麼別的事情，他們正在獲得愈來愈多的高速公路、高速列車系統以及高科技工廠，而美國則得到愈來愈少的這些東西，甚至失去了原先所擁有的。很難否認中國可能察覺到一些什麼事情。

我必須強調，不是說美國不再擁有製造業基地：美國在農業機械、醫療與資訊科技，以及最重要的高科技武器的生產方面，仍然表現傑出。我指的是，這些製造業已不再產生多大的獲利；相反地，百分之一的那群人，其財富與權勢已變得愈來愈依賴金融體系，而金融體系最終又依賴美國在海外部署的軍力，一如在國內它最終依賴的是法院的權力（以及，依此類推，資產取回經紀公司、郡治安官和警察的權力）。在占領運動人士之間，我們已經開始直接稱之為「黑手黨資本主義」：取其強調賭場賭博（其中遊戲是被操縱的）、放高利貸、勒索和政治階級系統性貪腐之意。

這種體系能夠長久維持下去嗎？當然不能。沒有任何帝國持續到永遠，而美帝近來已承受相當大的壓力，甚至連為它辯護的人士最近都承認確實是如此。

美國人沒有別人可怪了

一個明顯的跡象，是「第三世界債務危機」的結束。有大約四分之一個世紀，美國及其歐洲盟邦，透過諸如國際貨幣基金等國際機構，趁亞洲、非洲和拉丁美洲的貧窮國家不斷遭遇金融危機之際，強迫它們接受一種市場基本教義派的正統信仰——這一貫不變地意味著削減社會服務、把大部分的財富再分配給那百分之一的人口，以及對「金融服務」業開放經濟。那些日子已經過去了。第三世界展開反擊：全球各地民眾揭竿而起（媒體稱之為「反全球化運動」），把這樣的政策當成重大議題來看待，以至於到二〇〇二年或二〇〇三年前後，國際貨幣基金實質上已被踢出東亞和拉丁美洲，到二〇〇五年，國際貨幣基金本身瀕臨破產。當美軍仍在伊拉克和阿富汗陷入窘境時，二〇〇七年和二〇〇八年的金融危機來襲，導致國際間首度認真討論美元是否應該繼續作為國際準備貨幣。與此同時，主要強權昔日在第三世界套用的公式——宣告金融危機爆發、派任據信是中立的經濟學家組成委員會，進而削減社會服務、把甚至更多的財富再分配給那最富有的百分之一，並且進一步開放經濟供金融服務業以進行更多的掠奪——如今搬回家來自己用，從愛爾蘭、希臘到美國的威斯康辛州和巴爾的摩皆然。風水輪流轉，輪到本國爆發危機後，掀起的反應是一波波民主抗爭浪潮，源起於位於中東的美國附庸國，然後迅速越過地中海朝北蔓延，並且撲向北美洲。

引人注目的是，抗爭浪潮愈是蔓延到接近權力的中心，也就是我中國朋友所謂「全世界金融帝國的心臟地區」，抗爭者的主張就愈是基進。阿拉伯抗爭運動的參與者包括各式各樣的民眾，從信奉馬克思主義的工會會員到保守的神學家都有，但這股運動的核心是自由主義的典型訴求，亦即要求一個長久的、實行憲政的共和國，允許自由選舉並且尊重人權。在希臘、西班牙和以色列的占領者，通常都努力地反意識形態，儘管有些人比其他人更基進（舉例來說，無政府主義者就在雅典扮演著非常關鍵的角色）。他們堅稱，只聚焦於貪汙腐敗和政府責任這些非常具體的議題，因而訴諸跨越整個政治光譜的各種觀點。但是在美國，我們看到了一場由革命分子發起的運動，一開始就對現行經濟體制的本質構成直接挑戰。

這部分原因純粹是美國人實在沒有別人可以責怪了。埃及人、突尼西亞人、西班牙人或希臘人，都可以把他們目前身陷其中的政治與經濟安排——無論是美國支持的獨裁政權，還是完全臣服於金融資本與自由市場正統信仰的政府——看成是被外力加諸其身的事物，因此應該是可以把它擺脫掉的，而用不著徹底地改造社會本身。美國人則沒有這種餘裕，我們是自作自受。

換個角度來看，如果這不是我們自作自受，那麼就有必要重新思考「我們」是誰的大哉問。「百分之九十九」的概念，就是朝著這樣做邁出第一步。

質疑觀念比建立形式更困難

革命運動的目的並不僅僅是為了重新安排政治和經濟關係。一場真正的革命，必須總是在一般常理的基礎上進行。在美國，是不可能以任何其他方式進行的。此處讓我進一步解釋。

我在前文指出，美國媒體愈來愈少費力去說服美國人接受現有政治制度的條件，而是變成說服他們相信人人都是如此。這是事實，但只局限於某種層面。在更深的層面上，存在一些非常根本的假設，是關於政治是什麼、或可能是什麼模樣，社會是什麼，人民基本上像什麼，以及人民想從這個世界得到什麼。就這方面而言，從來沒有絕對的共識。大多數人對這些問題懷著各種互相牴觸的想法，卻仍照常度日。儘管如此，肯定是有一個重心。有很多的假設埋得很深。

在世上大部分的地區，事實上，人們談論美國是某種政治生活哲學的發源地，而這種哲學涉及一些觀念，其中包括我們基本上是經濟動物：民主即市場，自由是參與市場的權利，而創造一個不斷成長的消費者富庶的世界，是衡量一個國家是否成功的唯一標準。在世界上大部分的地區，這已經成為世人所知的「新自由主義」（neoliberalism），它被視為眾多哲學當中的一種，其優點為何是公開辯論的問題。在美國，我們從來沒有真正使用這個詞。我們談論這方面的問題時，只能透過一些宣傳用語來談：「自由」、「自由市場」、「自由貿易」、「自由企業」、「美國的生活方式」。這類想法可能會被嘲笑，事實上，美國人也常這麼做；但要挑戰其根深柢固的基礎，需要徹底重新思考身為一個美國人的意義究竟是什麼。這必然是一項革命性的大工程，而且非常困難。治理這個國家的金融與政治菁英，已經把他們所有的籌碼都押在這場意識形態遊戲上了；他們已花了大量的時間和精力創造出一個世界，在那裡質疑資本主義的觀念，比起建立某種實際可行的資本主義形式，幾乎是更不可能的事。結果是，隨著我們的帝國和經濟體系窒礙難行，踉蹌跌倒，而且我們身邊的種種跡象都顯示就要崩潰了，我們之中的大多數人都只能目瞪口呆，無法想像還有什麼別的體系是可能的。

說到這裡，可能會有人反對：占領華爾街運動一開始時，難道不是挑戰金錢在政治中扮演的角色，因為誠如第一份傳單上說的，「兩黨都代表百分之一的人口在治國」，而這實質上已經買下了現行的政治系統？這或許可以解釋拒絕從現有政治結構內部運作的原因，但人們也可能質疑：在世上大部分的地區，挑戰金錢在政治中扮演的角色，本質上屬於改良主義（reformism），只是訴諸於良善治理（good governance）的原則，其他方面則一切維持原狀。然而，在美國情況並不是這樣。而箇中的原因，我認為，完整地說明了這個國家是什麼，以及它已經變成什麼樣子。

問題六

為什麼在美國，挑戰金錢在政治中扮演的角色，就其本質而言是一種革命性的舉動？

花錢買影響力背後的原則是金錢就是權力，而權力基本上就是一切。這種觀念已滲透到我國文化的每個層面。套句哲學家可能的說法，賄賂已成為一種本體論的原則（ontological principle）：它定義了我們最基本的真實感（sense of reality）。因此，挑戰它，就是挑戰一切。

我用「賄賂」這個字眼時，是相當自覺的——這再次凸顯我們的用字遣詞極為重要。如同歐威爾（George Orwell）早就提醒我們，當腐敗政治體制的捍衛者無法用適當名稱來稱呼事情時，你就知道自己置身在這樣的體制之中。以這些標準來衡量，當代的美國異常腐敗。我們維持一個帝國，卻不許被稱為帝國；榨取貢品，卻不許被稱為貢品；用一種經濟意識形態（新自由主義）的術語來予以合理化，卻連提都不能提起。委婉語和暗語充斥著公共辯論的每個層面。不但右派是如此，例如軍事術語「附帶損害」（軍方是一個龐大的官僚體制，所以他們用令人費解的術語在我們預料中），但連左派也一樣。想想「侵犯人權」這個詞。表面上，這似乎不像在掩飾很多的事情：畢竟，凡是頭腦清楚的人，有誰會贊成侵犯人權？顯然沒有人會；但這裡有不同程度的異議，而且就這個例子來說，一旦我們開始深思，英語裡有什麼其他用詞，可能拿來描述通常藉這個術語來指涉的同一現象，情況就變得很明顯了。

比較下面兩個句子：

- 「我認為，有時需要與人權紀錄欠佳的政權打交道，或甚至於提供支持，為的是進一步推動我們重要的策略性要務。」

- 「我認為，有時需要與犯下強姦、酷刑和謀殺行為的政權打交道，或甚至於提供支持，為的是進一步推動我們重要的策略性要務。」

當然，第二個句子比較難自圓其說。任何人聽到這句話更可能會問：「難道這些策略性要務真有**那麼**重要？」甚至可能問：「究竟什麼是『策略性要務』？」再者，「權利」（right）一詞甚至稍微有點像是發牢騷的味道，聽起來幾乎接近「法定權利」（entitlements）——彷彿那些惱人酷刑的受害者抱怨自己遭受的對待時，是在索求某種東西似的。

「強姦，酷刑和謀殺」測試

就我個人而言，我發現我稱為「強姦、酷刑和謀殺」的測試很管用。這種測試相當簡單。面對某個政治實體，無論是政府、社會運動、游擊隊或任何其他有組織的團體，試圖判斷他們是否值得譴責或支持時，先問這句：「他們是否犯下或唆使別人犯下強姦、酷刑或謀殺行為？」這似乎是不言自明的問題，但再一次令人訝異的是，很少人會使用，或更貼切地說，只是選擇性使用。也許看來令人驚訝，可是一旦我們開始套用這種測試方法，就會發現許多對世界政治議題的傳統看法立刻被推翻了。舉例來說，二〇〇六年，墨西哥教師工會發動示威活動，抗議南部瓦哈卡州（Oaxaca）貪腐惡名昭彰的州長，後來釀成民眾暴動，政府於是派遣聯邦軍隊平息動亂，大多數人在美國都讀到這則新聞。美國媒體一致把此事說成好事一樁，恢復社會秩序；畢竟，這些造反者是「暴民」，朝全副武裝的鎮暴警察丟擲石塊和自製汽油彈（但即使他們真的丟了，也是丟向全副武裝的鎮暴警察，並沒有造成嚴重傷害）。據我所知，沒有人曾經暗示這些抗爭者強姦、折磨或謀殺了任何人；也沒有任何知道這件事的人曾經嚴肅地質疑，效忠墨西哥政府的軍隊在鎮壓抗爭期間，確實曾經強姦、折磨和謀殺許多人的事實。然而，不知何故，這種行為和抗爭者扔石塊不同，根本不能被描述成是「暴力」，更別說是強姦、酷刑或謀殺，不是完全沒有被報導，就只是以「被指控侵犯人權」，或用其他同類冷血無情的法條用語帶過。*

不過，在美國，最大的禁忌是談論腐敗本身。曾有一段時期，給政治人物金錢以影響他們立場的行為，被稱為是「賄賂」，而且是違法的。這種事就算很常見，也會祕密進行，提著用袋子裝的錢，請求給予特定的好處：例如變更都市區域劃分法、授予營建合約、撤銷某刑事案件的指控等等。如今，索賄已經換上新的標籤，稱為「募款」，行賄本身則改稱為「遊說」。倘若政治人物根據銀行贊助他們競選的資金流量，已經允許代替銀行遊說的人士塑造、甚至撰寫用意在於「規範」銀行的法案，銀行幾乎不需要再請求特定的好處。到這個地步，賄賂已經變成我們政府體制的基礎。有各種用

* 一個更令人吃驚的例子是：多年來，直到最近，索馬利亞海盜也從來沒有強姦、折磨或謀殺任何人，這令人注目，尤其是因為他們之所以能夠當海盜為生，全靠說服潛在受害者相信他們可能會這麼做。

來避免談論這個事實的修辭技巧——其中最重要的是讓一些有限度的舉措（實際交出滿袋的錢來換取變更都市區劃法）仍舊是非法的，好讓他們能夠堅稱，真正的「賄賂」總是某種拿錢換取政治好處的**其他**形式。我必須指出，政治學家常用的一套說詞，是這些款項不是「賄賂」，除非有人能證明，它們促使某政治人物對法案的某項特定元素改變立場。按照這種邏輯，如果某個政治人物傾向投票支持一項法案，收了錢，然後改變初衷，投票反對，這就是賄賂；然而，如果他一開始就刻意塑造他對該法案的觀點，只著眼於誰會因此給他錢，或甚至允許捐錢者的說客代替他撰寫法案，就不構成賄賂。不用說，這種區分沒有意義。但事實就擺在眼前，在華盛頓，參議員或眾議員從上任時起，如果他們希望連任，平均每星期需要募集大約一萬美元——這筆錢幾乎完全是向富有的百分之一募得的。*結果是，民選公職人員估計花了三成的時間在索取賄賂。

凡此種種都已經引起注意和討論——即使用適當名稱來談論其中任一項仍然是禁忌。較少被人注意的是，一旦眾人原則上同意，花錢買影響力是可以接受的行為，而且付錢指使他人——不只是自己的員工，而是任何人，包括那些最有威望與最有權勢的人——去執行和宣揚你喜歡的事，並沒有什麼錯誤時，公共生活的道德觀就會變得非常不一樣。假如可以賄賂公務採取對你便利的立場，那麼賄賂學者、科學家、新聞記者、警察，又有何不可？

許多的這類關係開始在占領運動初期出現：比方說，情況顯示，駐守在金融區、穿制服的警察，一般認為他們應該會一視同仁地保護所有公民，但他們當中的許多人，一大部分的執勤時間不是由市府當局給付薪水，而是由華爾街公司直接支付；[15]同樣地，第一個紆尊降貴在十月初前來拜訪占領運動的《紐約時報》記者，他坦承這樣做是因為「一家大銀行的執行長」打電話要求他來巡視一下，瞧瞧這場抗議活動可不可能影響到他的「人身安全」。[16]特別值得注意的不是這樣的關係真的存在，而是這些利益人士似乎壓根兒都沒想過，有什麼事情是需要掩飾的。

學術研究淪為贊助者的打手

類似的情形也發生在學術界。學術研究向來就不客觀。研究任務總是由政府機關或富有慈善家出資贊助所驅動，他們最起碼對於什麼路線的問題覺得很重要、值得一問，以及通常什麼樣的答案對他們來說是可以接受的，會有非常具體的想法。但是，從一九七〇年代智庫興起開始，在最能影響政策的學科領域（特別是經濟學），受聘為預先想好的政治立場提出合理化的論據，已經變成稀鬆平常的事。到一九八〇年代，情況更離譜到政治人物竟然願意在公共論壇上公開承認，他們把經濟研究視為一種方法，提出一些理由來合理化他們事先已經想好要民眾相信的事，不論那是什麼事。我到現在還

＊實際上，超過八成的競選獻金出自於最富有的百分之〇・五，而百分之六十的競選獻金出自於最富有的〇・〇一。其中，遙遙領先的最大的一部分來自於金融業。其次是企業和律師事務所，然後是醫療健保遊說者，也就是製藥公司和健康維護組織（HMO），然後是媒體，接下來是能源部門。

記得，在雷根（Ronald Reagan）政府時代，被類似以下的電視訪談嚇一跳：

政府官員：我們的首要任務是執行削減資本利得稅以刺激經濟。

採訪記者：不過，針對最近的許多經濟研究顯示，這種滴漏式（trickledown）經濟學並不是真的有效，並沒有鼓勵富人進一步招聘人手，你有何看法？

政府：嗯，這是真的，減稅能帶來經濟利益的真正原因，仍有待充分理解。

換句話說，經濟學這門學問之所以存在，不是用來決定什麼是最好的政策。我們已經決定了政策。經濟學家存在的目的，是提出一套聽起來合乎科學的理由，來解釋我們為什麼要做已被決定去做的事；事實上，那就是他們獲得酬勞的方式。以智庫雇用的經濟學家為例，這在實際上就是他們的工作。這種情況已經持續了一段時日，但值得注意的是，他們的贊助者愈來愈願意承認確實是如此。

如此製造學術權威的結果之一，是真正的政治辯論變得愈來愈困難，因為持有不同立場的人士，他們的現實生活情況也截然不同。如果左派人士堅持繼續辯論美國的貧窮和種族歧視問題，他們的對手就會再一次覺得必須提出反駁（例如，辯稱貧窮和種族歧視是受害者道德敗壞的結果）。現在，他們更可能乾脆堅稱。貧窮和種族歧視不再存在。但同樣的事情也發生在另一邊。如果基督教右派人士想討論美國世俗「文化菁英」的勢力，左派人士通常就會以堅稱沒這回事來回應；當右派自由主義人士想凸顯美國的軍國主義與聯準會政府之間的歷史關聯（這倒非常的真實）問題時，左派的自由主義對話者通常就會駁斥他們是一大群陰謀論的瘋子。

在今天的美國，「右派」和「左派」通常被用來泛指共和黨與民主黨，這兩黨基本上代表著那百分之一以內的不同派別——或者，如果算得極為寬泛，頂多代表頂層百分之二至百分之三的美國人口。華爾街金融圈內兩派人士都有，似乎是平均分布。另外，共和黨人代表著其餘產業的大多數執行長們，尤其是在軍方以及採掘業（能源、礦產、木材），以及幾乎所有的中階商業人士；民主黨人代表著作家兼社運人士芭芭拉．艾倫瑞克（Barbara Ehrenreich）昔日所謂「專業管理階級」的上層人士，也就是最富有的律師、醫師、管理者，以及在學術界和娛樂工業的幾乎所有人。當然，這也是兩黨資金的來源——而且，籌募資金然後把它花掉，逐漸成為這些政黨真正在做的事。引人注目的是，在過去三十年資本主義金融化的期間，這些核心支持群都各自發展出自己的一套理論，來說明為什麼運用金錢和權力來創造現實，在本質上是無可厚非的，因為到頭來，金錢和權力是唯一真正存在的東西。

瞧瞧這句惡名昭彰的話，引述自小布希政府的一名助理在入侵伊拉克不久後對《紐約時報》記者所言：

> 這名助理說，像我這樣的人「處於我們稱為以現實為基礎的社群」，他把這個社群定義為一群

「相信審慎研究可辨別的現實，即可從中得出解決辦法」的人……他接著說：「那不再是這個世界真正運作的方式了。我們現在是一個帝國，當我們採取行動時，我們就創造了自己的現實。」[17]

這樣的評論似乎純粹是虛張聲勢，而且主要的評論焦點是針對軍事力量，而不是經濟實力——但在事實上，對高層人士而言，當他們私底下談話時，「帝國」這類的字眼不再是禁忌，而且也直截了當假定美國的經濟實力基本上就等同於軍事實力。的確，正如那名記者接下來所解釋的，在這樣的語言背後，有一套複雜的神學理論。自從一九八〇年代以來，基督教右翼人士——組成小布希圈內人士的核心分子——把當時所謂的「供給面經濟學」變成一種實際上的宗教原則。這種思考路線最偉大的代表人物，或許是保守派策略師喬治・吉爾德（George Gilder），他認為，聯準會創造貨幣並把它直接轉移給創業者以實現其創造願景的政策，事實上，只是人類縮小版的創世演出，重演起初神憑祂的思想，從虛無中創造了世界。這種觀點後來廣獲帕特・羅伯遜（Pat Robertson）等電視福音傳道者採納，他們把供給面經濟學稱為「第一種真正神聖的貨幣創造理論」。吉爾德並進一步做了引申，宣稱當代資訊科技使我們能克服昔日的物質主義偏見，明白金錢和權力一樣，其實是信仰問題——篤信我們的原則與思想的創造力量。[18]其他人，像那個匿名的布希助理，把該原則延伸到篤信軍事力量的決定性應用。兩人都確認這兩者之間的密切關聯（其他也認清這點的人包括：右派異端人士艾茵・蘭德〔Ayn Rand〕的唯物主義的追隨者，以及羅恩・保羅〔Ron Paul〕式的自由主義者，他們既反對當前的貨幣創造體系，也反對它與軍事實力的連結）。

左派學術圈也不遑多讓

自由派人士的教堂是大學殿堂，在那裡，哲學家與「基進」的社會理論家取代了神學家的地位。這看來似乎是個非常不同的世界，然而，在同一時期，左派學術圈內形成的政治願景，從許多方面來看，卻又令人不安的類似。我們只需要思索一個例子：法國後結構主義（poststructuralism）理論家傅柯（Michel Foucault）在一九八〇年代驚人的崛起，以及此後似乎被奉為永久守護神的地位。尤其是他主張，各種形式的機構知識（institutional knowledge）——無論是醫學、心理學、行政或政治學、犯罪學、生物化學——也向來是各種形式的權力，而這些權力最終會創造出一些它們聲稱只在描述的現實。這跟吉爾德神學化的供給面經濟學信仰幾乎一模一樣，不同的只是從專業管理階級（也就是自由主義派菁英的核心組成分子）的角度來看罷了。在一九九〇年代泡沫經濟的全盛時期，學術界源源不絕地湧現出新的基進式理論研究方法——表演理論（performance theory），行動者網絡理論（Actor-Network Theory），非物質勞動理論（theories of immaterial labor）——所有的理論都靠攏、圍繞著一個主題，亦即現實本身可以是任何事情，只要能說服別人相信它確實存在，它就可以被創造出來。* 即使是這樣，但一般的娛樂業主管對傅柯的著作可能不是很熟悉——極可能幾乎連聽都沒聽過，除非他們大學時主修文學——但一般勤於上教堂的石油業主管，可能也不熟悉吉爾德貨幣創造理論的細節。誠如我所說的，這兩者都是思考習性的終極神學崇拜，普遍存在於我們所謂「百分之一」的人士之間，而在這樣一個連「賄賂」或「帝國」這類字眼都被逐出公共論述的智識界，它們同時被假定為一切事物的終極基礎。

從底層百分之九十九（這些人別無選擇，只能活在某種現實裡）的觀點來看，這種思考習性，似乎是最強烈的一種犬儒主義的形式——實際上，犬儒主義到幾近神祕主義的層次。然而，在這裡。我們真正看到的只是有權有勢者惡名昭彰的傾向，他們往往把自己的特殊經歷與觀點，拿來跟現實的本質混為一談——畢竟從某個企業執行長的觀點來看，有錢真的什麼事都辦得到，而從某個好萊塢製片商或醫院管理員的觀點來看，知識、權力與表現之間的關係，也真的是無所不包。

這裡有個惹人憎惡的諷刺。對於大多數美國人來說，問題不在於賄賂行為模式本身（儘管他們大都對賂賄反感，覺得政客尤其是卑鄙的生物），而是那百分之一的人似乎已經放棄了早期的政策，也就是至少偶爾也把行賄對象擴及更廣大的民眾。因為，賄賂勞工階級，例如把新近創造的財富拿出可觀的一部分出來重新向下分配——如同一九四〇年代、一九五〇年代、一九六〇年代和一九七〇年代常見的做法——恰好是這兩黨的核心支持者不再願意做的事情。相反地，共和黨和民主黨所動員來的

「基層」行動派人士，似乎圍繞著一連串懷有其他抱負的支持者，而兩黨卻毫無心思去實現這些人的最終願望：例如，保守的基督徒，他們絕不會真的看到墮胎徹底非法化；或工會團體，他們絕不會真的看到組織工會的法律障礙真正被移除。

那麼，回到原先的問題，答案就是：在美國，挑戰金錢在政治中扮演的角色，必然是革命性的舉動，因為賄賂已經成為公職生涯的組織原則。在一個以政府與金融利益結合為基礎的經濟體系，金錢轉化為權力，然後再運用權力來賺取更多的金錢，這對兩黨的核心贊助團體來說，似乎已變成是很自然的事，以至於他們也習以為常地把它視為構成現實本身的要素。

*有趣的是，後結構主義理論一直有個奇怪的盲點，對經濟學是如此，對軍事力量更是如此；即使在行動者網絡理論大師米歇爾・卡隆（Michel Callon）轉而談論經濟學的時候，他也不出人意料地主張，經濟學家聲稱描述的現實，大致是他們自己創造出來的。這其實是真的，但卡隆完全忽略在這個過程中，政府的強制力所扮演的角色。所以，左派版的權力創造現實所忽略的元素——金錢和武力——正好被右派人士放在其理論分析中的核心。另一個有趣的觀察點是，一如右派有自己的唯物主義異端學說，左派也仍然有自己的版本，即馬克思主義。

向右派民粹學策略

要如何與金權政治對抗？政治秩序若是建築在這麼強烈的犬儒主義之上，顯然有個問題，就是嘲笑它非但無濟於事，反而會在某種程度上使事情變得更糟。目前的電視新聞似乎分成兩大類，其中一類節目宣稱告訴我們有關現實的情況，其主要成分是溫和右派（CNN）到極右派（福斯〔FOX〕）的宣傳，另一類節目則大致上是諷刺性的（每日秀〔The Daily Show〕），不然就是表演性的（MSNBC）發洩管道，大部分時間都在提醒我們，CNN和福斯實際上有多麼腐敗、憤世嫉俗和不誠實。

後一類媒體說的是事實，但這終究只是更凸顯我所指出的當代媒體最主要功能，亦即傳達以下的訊息：即使你夠聰明，想通了這一切只是一場犬儒主義式的權力遊戲，其餘美國人仍舊是溫順到荒謬的一群綿羊。

這是個陷阱。依我之見，若要掙脫這個陷阱，我們需要仿效的，絕對不是看似左派的人士，而是訴諸民粹主義的右派人士，因為他們已經找到了這整個安排之中最關鍵的弱點：極少美國人真的認同那百分之一人口普遍流露出的犬儒主義。

進步左派人士總是在抱怨，太多的美國勞工階級投票傷害自己的經濟利益——積極地支持共和黨候選人，但這些共和黨人承諾刪砍提供他們家用取暖油的計畫、粗暴地攻擊他們的學校，並且把他們的醫療保險交給民營。大體來說，理由很簡單，就是此刻民主黨願意扔給它「基層」的殘羹剩餚實在是少得可憐，很難不把這看成是侮辱——特別是總結為柯林頓（Bill Clinton）或歐巴馬式的論調時：「我們並沒有真正要為你而戰，但話說回來，我們為什麼要那樣做？那實在不怎麼符合我們的自身利益，反正我們知道你別無選擇，只能把票投給我們。」不過，儘管這個理由可能強烈到使人乾脆不去投票——的確，大多數在工作的美國人早就放棄了選舉過程——卻無法解釋為什麼會把票轉投給另一邊。

唯一能解釋這種現象的理由，不是他們不知何故搞不清楚自身利益何在，而是他們對政治自始至終都只是自私自利的想法非常憤怒。撙節支出冠冕堂皇的說辭，比方說藉「共同犧牲」以免把政府債務可怕的後果留給子孫，或許是憤世嫉俗的謊言，其實只是一種把更多財富分配給那百分之一人口的方式，但這樣的說辭至少給普通人某種高貴情操的榮譽感。在大多數美國人周遭實在沒什麼值得稱為「社群」之際，至少他們還能為其他人做**一些事**。

一旦我們體認到，大多數美國人並不犬儒，那麼右翼民粹主義的吸引力就變得更容易理解了。通常，環繞著它的是各種最惡劣的種族主義、性別歧視、恐同症。但它背後真正的因素，卻是對於助人為善的資源被切斷忿忿不平。

舉兩個民粹主義右派最為人熟悉的戰鬥口號為例：仇恨「文化菁英」，以及不斷呼籲「支持我們的軍隊」。表面看來，這兩者之間似乎互不相干，但其實有很深的關聯。或許看起來很奇怪，為什麼這麼多勞工階級的美國人，對那百分之一中、從事文化產業人士的怨恨，竟然比對石油大亨和健康維護組織主管的怨恨還強烈。實際上，這代表著對他們的處境相當寫實的評估：一個內布拉斯加州的空調設備修理工明白，他的孩子有朝一日當上某家大公司執行長的可能性雖然非常低，但還是有可能發生；然而，卻完全無法想像會有那麼一天，她能成為國際人權律師或是為《紐約時報》撰文的戲劇評論家。最明顯的是，如果你志在投入某種不只是為了賺錢的事業——一個投身於藝術、政治、社會福利、新聞界的事業，亦即獻身於追求某種金錢以外的價值，不論是追求真理、美感還是慈善——在第一年或第二年，你的雇主根本拒絕付錢給你。

我自己在大學畢業時就發現，牢不可破的無薪實習（unpaid internships）堡壘，把這類職業擺在遙不可及之處，沒辦法籌錢在紐約或舊金山等城市免費住個幾年的人永遠不得其門而入，如此一來，顯然立刻排除了勞工階級的子女。這實際上意味著，這個（愈來愈局限於圈內媒合、排他性的）專業管理階級的子女們，不僅把大多數勞工階級的美國人看成有如以指關節觸地慢行的穴居野蠻人，這已經夠讓人生氣了，而且，他們還發展出一套精明的制度，為了他們自己的子女，去壟斷既能賺錢維持體面生活、也能追求某種無私或高尚理想的所有行業。如果空調設備修理工的女兒果真嚮往一個能讓她為超脫自身利益的使命奉獻的職業，她真的只有兩個務實的選項：為當地的教堂工作，或是去從軍。

我相信，這就是小布希奇特群眾魅力的祕密。這男人出生在美國數一數二富有的家庭。從他的言談舉止來看，他覺得跟士兵相處比跟教授相處還要自在。民粹主義右派的基進反智主義，不僅僅是反制專業管理階級的權威（對大多數勞工階級美國人而言，這些人比企業執行長更可能對他們的生活產生立即影響力），也是對整個專業管理階級的抗議，他們認為，這個階級試圖為了自己，壟斷能讓自己為超脫物質私利的理想奉獻一生的方法。看著自由派人士表示困惑，不解他們為什麼不接受民主黨候選人提議給的一些物質上的殘羹剩餚，反而採取似乎違背他們自身利益的行動，可想而知只是使情況變得更糟。

共和黨方面的陷阱是，以這種方式打白人勞工階級民粹主義的牌，他們不啻是永遠放棄從民主黨核心支持者當中挖走可觀一部分的可能性：非洲裔美國人、拉丁美洲裔人士、移民以及第二代移民子女。對這些人（儘管事實上，他們大多數也是虔誠的基督徒，他們的孩子從軍的比例也強烈偏高）而言，這種反智政治簡直令人深惡痛絕。難道真的有人認真以為，一個從政的非洲裔美國人，能夠像小布希那樣，成功地打反智牌嗎？這是不可思議的事。民主黨的核心支持者，正是那一群不但更強烈認為自己肩負著文化與社群的責任，而且，重要的是，對他們來說，教育本身仍然具有價值。

美國政治因此陷入僵局。

現在，回頭想想在「我們是百分之九十九」網頁上張貼她們切身故事的所有女子（白人婦女占大多數）。她們從這種優越地位所表達的一切，很難不讓人看成是對犬儒政治文化的類似抗議：即使採取的形式是絕對最低程度的要求，為的只是在不必犧牲照料自己家人的能力下，尋求致力於協助、教導或照顧他人的職涯。*畢竟，呼籲「支持我們的教師和護士」的正當性，難道會比「支持我們的軍隊」少嗎？而這麼多退役的士兵，實際參與伊拉克和阿富汗戰爭的退伍軍人，紛紛受到他們居住地的占領運動吸引，難道只是巧合嗎？

占領者一起聚集在能綜覽華爾街全景之處，建立起一個資金匱乏、但以原則為基礎的社群，所倚靠的原則不只是民主，還包括相互關懷、團結與支持，藉此提出了一個革命性的挑戰，不僅向金錢的力量挑戰，也向金錢決定生活本身應該是什麼的力量挑戰。這終極的一拳不僅重擊華爾街，也重擊它所具體象徵的犬儒主義原則。至少在那短暫的一刻，愛已經成為終極的革命性舉動。

於是，不令人意外地，現有秩序的守衛者察覺出它是革命性的舉動，並且做出反應，好像他們正面臨一場軍事挑釁似的。

問題七

為什麼二〇一一年十一月紮營者被驅離之後，占領運動會瓦解得這麼快？

二〇一一年十一月，幾乎在營地被清空的同一時刻，媒體就開始報導占領華爾街運動滅亡。

根據那一套很快就在美國媒體上確立的說法，早在驅離之前，情況就已經開始分崩離析。據說，曾經是理想主義的實驗場，開始充斥著罪犯、吸毒者、遊民以及瘋子；衛生規範破壞殆盡；性侵害事件如瘟疫蔓延。有一張出名的照片，顯示一名無家可歸的流浪漢褪下褲子，顯然準備要在祖科提公園附近一輛紐約市警局的警車上大便，卻成為與警員湯尼・波隆納出名的噴胡椒影片對比的圖像，而且被普遍當成這一切墮落到多麼低級的象徵。（至於沒有任何證據能證明此人是一名占領者的事實，卻被視為無關緊要。）大多數這類的指控，一經放大檢視立刻不堪一擊。例如，儘管所謂強暴案猖獗的說法繪聲繪影，但在成千上萬名占領者之中，確實被指控性侵的總人數似乎是兩人。雷貝嘉・索爾尼（Rebecca Solnit）指出，在世界所有的國家之中，女性遭性侵害比率最高的就是美國，媒體卻幾乎都不認為這是道德危機。但不知何故，有關占領運動的新聞報導，記述的並不是社運人士如何在最危險的美國城市中，努力營造出一個環境，讓侵害婦女的比率顯然已經陡降，而是把他們並沒有完全消除這種事件描述成一樁醜聞。

尤有甚者，如同她接下來有關加州奧克蘭的報導：

＊席薇亞・費德里奇（Silvia Federici）在一篇標題稱為〈婦女，撙節與未完成的女權革命〉的短文中，也朝類似的方向前進。她提出的觀點是，主流女性主義誤入歧途，把重點都擺在保障婦女參與勞動市場的權利，認為這是從內部解放的舉動，而不是她所謂的——套用一個不太優雅的馬克思主義用語——「再生產的領域」（the sphere of reproduction）

現在來談更令人驚訝的事。紮營抗議者還在的時候，奧克蘭的犯罪下降百分之十九，市政當局小心翼翼隱瞞了這個統計數字。市警局長寫一封電子郵件向市長報告：「情況可能與我們的聲明相反。先前的聲明表示，占領運動對奧克蘭境內的犯罪產生負面影響。」當地新聞台KTVU後來取得這封電子郵件，並且公開發布，但並未引起其他媒體關注。請注意：占領運動是一股如此強大的非暴力力量，只是藉由給予民眾希望、餐點、團結和對話，就已經逐漸解決奧克蘭長期以來的犯罪和暴力問題。⑲

不用說，沒有一份報紙刊出斗大的標題，大聲宣告：「占領期間暴力犯罪急劇下降」，警察則仍然堅稱實際情況完全相反，無視於他們自己的統計數字證據。

至於一些營地的確開始出現內部的問題，但不是因為缺乏警察——事實上，所有營地每週七天、每天二十四小時都被警察包圍，因此理論上應該已經成為全美國最安全的地方——相反地，正是因為警察運用權力所及的一切手段來使它發生。例如，許多無家可歸的前科犯最後落腳在祖科提公園，據說實際上他們一從里克斯島（Rikers Island）監獄釋放出來，就被警察用巴士載往營地，警員告訴他們，公園裡供應免費食宿。這是一種常見的戰略。在希臘，幾乎每個跟我交談過、曾在憲法廣場上參加大會的人士都訴說同樣的故事：警察告知扒手和毒販，如果混在示威人群中幹他們的勾當，不會遭到起訴。就某種程度而言，了不起的是，在這種種壓力下，大多數營地仍然保持為相對安全的空間，並沒有像媒體和市府當局異口同聲宣稱的那般，淪落到霍布斯式無政府狀態下的混亂局面（Hobbesian chaos）。

這究竟是發生了什麼事呢？

「安全」機制早就設好等著了

首先，我想，我們必須了解，真正發生的事並不是孤立出現的個案，必須把它放在全球大環境中來理解。如同我一再強調地，占領運動純粹只是一波民主抗爭潮在北美洲的展現，源頭要回溯至二〇一一年一月的突尼斯，到那年結束前，世界各地現有的權力結構都遭到備受質疑的威脅。

很難想像現有的權力結構未能察覺出這些發展堪憂，或未能試圖把危險局限在既有秩序的框架內。顯然，他們這麼做了。事實上，過去幾個世代以來，一套政治、行政與「安全」的機制系統已經設置妥當，而美國就位居這整套系統的控制中心，這些機制的主要用意正是要控制這種危險，以確保這類的人民抗爭不會發生，或至少不會起多大作用，並且能夠迅速讓他們解散。在中東，美國一直在進行複雜的平衡行動，一方面允許暴力鎮壓某些民主運動（巴林〔Bahrain〕就是最有名的例子），另一方面又設法透過援助和非政府組織（NGOs）去收編或中和其他的民主運動。在歐洲，出現了一連串的發展，除了稱之為「金融政變」外無以名之。北方富裕國家的政治菁英實質上把希臘和義大利的民選政府趕下台，然後強行安插「中立的技術官僚」，以推動撙節預算措施，佐以愈來愈複雜的警察行動，以對付聚集在公共廣場的示威民眾。在美國，經過兩個月的猶豫，警方開始有系統地清空營地，經常動用強大的軍事化警力，而且，更重要的是，向占領者明白表示，從那一刻起，任何公民團體若是企圖重新紮營，不論是在什麼地方，都會立刻遭到肢體攻擊。

美國政府的一貫說辭是，這一切全都沒有事先經過協調。他們要我們相信，數百個市政當局，不知怎麼辦到的，全都獨自決定驅離轄區內的紮營人士，採用相同的藉口（衛生因素），運用相同的策略，在同一時間執行，而且他們也全都各自決定往後不再容許搭起任何營地，即使占領者的這種嘗試完全合法。這當然很荒謬。壓制一九九九年、二〇〇〇年和二〇〇一年全球正義運動的努力，顯然是經過協調才行動的，而且自二〇〇一年九月十一日以來，美國政府已經增設了好幾層的新國家安全官僚體系，其明確的目的就是協調各部門的反應，以對付任何被認定危及公共秩序的威脅。如果掌管那些機構的官員真的只是閒閒坐在那邊，沒有注意突然冒出聲勢浩大、迅速茁壯而且可能引爆革命的全國性運動，那麼他們實在是怠忽職守了。

鎮壓民主運動的標準劇本

他們是怎麼進行的？再一次，我們也不知道，而且想必會一直矇在鼓裡很多年。我們花了數十年，才得知聯邦調查局究竟是如何破壞一九六〇年代的民權與和平運動。儘管如此，重建可能發生何事的大致輪廓，並不是特別因難。實際上，現成已有一套相當標準的劇本，幾乎獲得任一試圖鎮壓民主運動的政府採用，而這次顯然就大致照著劇本演出。劇情發展如下。首先，你找出實際主導運動的基進人士，試圖摧毀他們的道德權威，方法是把他們描繪成可鄙的、而且是（至少有潛在傾向）暴力的。然後，你試圖拔除他們的中產階級盟友，方法是提供估算過的讓步，再編一套恫嚇故事——或甚至於，假如真正革命性的情勢似乎山雨欲來，就蓄意製造群眾騷亂。（這正是穆巴拉克政府在埃及出了名的做法，他們會開始把殘暴冷血的罪犯從監獄裡釋放出來，然後從中產階級社區撤離維護治安的警力，藉此說服當地居民相信，革命只可能導致混亂。）接下來，發動攻擊。

二〇〇〇年，我花了許多時間，詳細記錄這第一階段是如何在西雅圖世貿組織抗議活動過後運作的。當時，我經常與社運人士的媒體聯絡人共事，我們經常必須應付總是突然從天邊冒出來的種種怪異指控，顯然來自於多重官方來源，而且全都在同一時間傳出。例如，二〇〇〇年夏季期間，在某一週，突然間，人人都開始說，反全球化示威者其實都是名下有信託基金的富家子弟。不久之後，我們開始聽人說，示威抗議者打算在西雅圖運用一連串各式各樣的超級暴力行為——用彈弓；投擲汽油彈、石塊和糞便；裝滿尿液、漂白劑或酸性溶液的水槍；用鐵撬破壞人行道，然後把碎裂的磚塊砸向警察。在貿易高峰會舉行前，有關這些暴力手段的警告，很快就開始出現在各大報，通常是引述被派去訓練當地警察的權威專家說法，營造出一種大難臨頭似的恐怖氣氛——儘管事實上，在西雅圖實際的抗議場合中，不曾有人提及有任何人做過任何這類的事。當這樣的報導出現在《紐約時報》時，當地的「直接行動網路」成員，包括我自己在內，實地到報社前設糾察哨抗議，紐時先是打電話向西雅圖警方報案，警方確認他們的確沒有任何證據能證明這些手段中的任一種果真已經付諸行動，於是紐時被迫發布撤回聲明。然而，類似的報導還是不斷出現。雖然沒法確切得知究竟發生什麼事，我們點點滴滴收集到的零碎證據顯示，這些證據可追溯到充當與警方聯絡窗口的某種私人保全公司網絡、右翼的智庫，以及可能是某些類型的警方情報單位。不久，在面臨群眾動員的各大城市，警察局長開始編造類似的故事，然後這些故事會地連續幾天成為轟動的頭條新聞，直到我們成功證實暴力行為從未發生為止，但到那個時候，可想而知，整個主題已不再被認為是有新聞價值了。

當你以歷史角度來檢視這樣的抹黑，一些明確的模式開始浮現。其中最戲劇性的，就是拿人體排泄物與身穿制服的軍警人員並列。我幾乎不記得哪個警察在誹謗民主抗議人士時，沒有至少一次提到某人投擲（或準備投擲）糞便的。這一切想必可回溯到一九六〇年代抗議者朝返鄉的退役軍人吐口水的刻板印象，這幅畫面牢牢地留存在民眾的想像之中，儘管沒有證據證明那種情況確實發生過。即使到一九七〇年代，駭人聽聞的嬉皮投擲糞便的幻影，已成為右翼媒體經常刊登的題材，而且似乎總是在穿制服的男女警察奉令攻擊和平示威者的前夕又捲土重來——當然，總是沒有留下絲毫可以作為紀錄的證據。攝影師捕捉了成千上萬幅警察毆打占領人士、新聞記者和普通路人的影像，卻從來沒有人捕捉到一幅占領者投擲糞便的身影。

強調排泄物的效果很強，因為在心理上，它達到兩個目的。首先是籠絡低階員警的心，畢竟真正將會奉令揮舞警棍毆打非暴力理想主義者腦袋的是他們，*而他們在占領運動初期，常以個人身分對比表示同情。到了一月和二月，當打壓行動已真正變得系統化時，有機會與拘捕他們的警員長談的社運人士發現，無法說服他們相信占領者其實並未經常使用排泄物丟擲公務員。

第二種效果，當然是要摧毀社運人士在民眾心目中的道德權威，所以把他們描繪成既可鄙又暴力。那張流浪漢蹲在警車旁邊的照片，似乎輕易地達到了第一個目的。要實現第二個目的遭遇到一個問題，尤其是在紐約，那就是根本沒辦法編造出一套言之成理的說辭以聲稱社運人士攻擊警察。因此，說辭改成警方不得不介入，是為的是防止社運人士對彼此施暴！

這其實根本就是在占領運動頭幾週就策劃好的一套象徵性策略的延伸，當時地方當局仍在苦思如何捏造出一個藉口，好在主要是中產階級參與搭建帳篷的公民身上羅織罪名。怎樣才能自圓其說，合理化派遣全副武裝的鎮暴警察，去對付大致上沒有觸犯任何法律、只是違反某些市府露營規定的公民？從一開始，解決辦法就很清楚：公共衛生。必須讓營地與污穢畫上等號。（縱使有通常非常細心謹慎的衛生工作小組在場，而這點當然也被認為是無關緊要的。）在占領運動進入第二或第三週的時候，遠在德州奧斯汀、奧勒岡州波特蘭等城市的社運人士就已被告知，由於市府當局關切衛生情況，

＊誠如我之前寫過的，宣稱全球化示威抗議者其實是一大群「信託基金寵兒」，是經過精密調校的說辭，為的是呈現想要的效果：「不要把你現在為捍衛這場貿易峰會所做的事，想像成保護一大群鄙視你以及你同類的肥貓；把它想像成痛扁他們放肆子女的一個機會（但不要真的打死任何人，因為你永遠不知道他們的父母親可能是誰）。」

營地每天都必須徹底清空，以便進行特別的清潔工作——這種清潔工作變成每天需要費時四、五個鐘頭。從「藏污納垢的巢穴」，很容易把這種意像進一步變成「暴力、犯罪和墮落的化糞池」。而且，當然，當紮營者被驅離時，雖然市長們都有一套說辭來合理化他們的行動，大致上是聲稱需要保護每個人，包括營地占領者在內，避免他們受到犯罪的危害，但幾乎各地的官方理由都是，需要讓公共衛生人員進入。

以上這些都沒有直接回答，為什麼遭受驅離之後，占領運動會凋謝得這麼快。不過，這交代了必要的脈絡。

這裡要強調的第一件事是，我們現在談論的是表象問題。聲稱一場運動**似乎**凋零了，並不表示在實際上就是如此。無疑地，營地遭到攻擊，占領者的住處、廚房、診所和圖書館全毀了，導致後來在許多城市形成了一群由社運人士組成的難民——其中許多人已經放棄自己的工作和家庭，前來加入占領陣營，卻突然發現自己已經流落街頭，或到教堂的地下室遮風避雨，許多人心靈受到創傷，承受遭到逮捕、傷害、監禁和失去大部分世俗財產的心理後果——也肯定有其影響。

起初，這場運動陷入一片混亂。指責之聲不絕於耳；有關種族、階級和性別議題引起的憤慨，原先在占領運動全盛時期大致上被擱在一旁，如今似乎全部一起爆發。每個人突然間似乎都開始為了錢的事情爭吵；在紐約，從各地湧來超過五十萬美元的捐款，在短短幾個月內全部花光，用來提供數百名被驅離者所需的住宿和交通費（教會向我們收費）。一些在營地裡運作順暢的組織形式，例如大會，卻被證明完全不適合用於這種新情況。在大多數城市，大會在冬季期間大致上已瓦解；不過，大部分同樣的工作，最後往往是由平日負責一些眼前實用任務的大型工作小組接手。例如紐約的直接行動工作小組，以及為了特定計畫——像是五一國際勞動節（May Day）的動員——而召開的各種特定的群眾大會。

回顧這一切，大會模式的瓦解其實並不令人意外：我們大多數經歷過全球正義運動的人，打從一開始就認為這個想法是有點瘋狂的實驗。我們總是認為，任何頗具規模的會議，當然是有成千上萬人參與的任何會議，共識過程要行得通，唯一方法就是採取某種發言人會議的模式，也就是把每個人分組、排進有暫時性「發言人」的小組之中，每一個「發言人」都能單獨提出建議，並且參與討論（雖然為了平衡緣故，這總是會再細分成更小的組，讓每個人都能建議他們的發言人應該說些什麼，或甚至取而代之）。這種發言人會議模式，在一九九九年至二〇〇三年的大規模動員期間，都運作得相當良好。至於大會的做法，原本的想法是若有一天真的可行，就很了不起了，結果它真的辦到了，因為那時候正好有個能實際面對面的社群可維持。當營地被清空，大會立刻分崩瓦解時，我們沒有人覺得

特別驚訝。＊

真正讓一切放慢腳步、並導致這麼多人認為占領運動分崩離析的原因，是幾個因素不幸地接踵而至：警方的戰術突然改變，這使社運人士不可能在美國的任何城市創造任何形式的自由開放公共空間，而不會立刻遭到肢體攻擊；自由派盟友背棄了我們，他們毫不掩飾地公開宣布這項新政策；以及媒體突然切斷訊息，這使得大多數美國人都不知道這運動甚至還在進行中。維護像祖科提公園這樣的公共空間，充滿各種問題，以至於到年底時，很多工作人員說，他們其實鬆了一口氣，因為他們不再需要把所有時間都耗費在操心相當於區域劃分的問題，可以開始專注於規劃直接行動以及真正的政治運動。不過，他們很快就發現，缺乏一個單一中心，一個任何人只要有興趣參與運動都知道隨時可去哪裡幫忙、表達支持或只是瞧瞧究竟發生何事的地方，讓這一切變得更難執行。但重新建立這種中心的嘗試，遭遇系統性的障礙。費盡了唇舌，卻未能說服三一教堂（Trinity Church）——位於曼哈頓下城的昔日盟友——把一大片作為不動產投資的荒廢空地，提供給占領者使用；他們甚至對於前南非總主教杜圖（Desmond Tutu）這類人物發出的呼籲，也充耳不聞。後來，幾位聖公會（Episcopal Church）主教帶頭遊行，以和平方式占領那個場地，他們立刻被逮捕，不知何故，他們參與此事的整個過程，從來沒能登上新聞版面。

三月十七日，在原始占領運動屆滿六個月時，之前參與占領運動的人士在祖科提公園舉行了一場即興派對。大約一小時後，警察發動攻擊，造成幾個社運人士受重傷送入醫院；有一群人離開現場，轉到聯合廣場放置睡袋，聯合廣場雖然是公共公園，但傳統上總是一天二十四小時開放。幾天之內，他們四周開始出現一些桌子，上面放置占領運動的文宣，廚房區和圖書館區也開始搭建起來。市府隨即做出回應，宣布今後園區將在午夜關閉，導致後來出現所謂的「夜間驅離劇場」，數百名鎮暴警察每天晚上十一點集合，一到午夜就把紮營人士連同睡袋逐出園區。「不准露營」的規定執行得如此徹底，以至於社運人士只是把毯子蓋在自己身上，就會遭到逮捕。我親眼目睹一個案例，只是彎下腰來撫摸一隻狗，就被按倒在路面並銬上手銬（警察指揮官解釋，抗議人士的這種動作太接近地面）。

警方戰術的改變

在這段期間，逮捕時運用暴力的程度急劇升高。即使在最平和的抗議活動，遊行者只要偏離了人行道，或甚至只是看起來好像要偏離，就會被擒抱、撲倒，而且頭部被按著反覆撞擊水泥地。警方開始部署新的、充滿異國風味的恫嚇戰術，其中一些似乎是從國外引進的。例如，在埃及，當一些革命分子在二〇一一年十一月和十二月試圖重新占領解放廣場時，警方的回應是對女性示威者進行一波系

---

* 在紐約發生的悲劇，至少可以這麼說，發言人會議模式雖然獲得採納，卻是在衝突最大的時刻，以普遍被視為由上而下、製造分裂的方式引進。紐約的社運人士目前正致力於以更民主的方式，重新恢復發言人會議的模式。

統性的性侵害行動；女性被捕者不僅被毆打，還被剝下衣服撫摸一通，通常是耀武揚威地在同批被捕的男性社運人士面前。埃及朋友告訴我，這麼做似乎有雙重目的：讓女性社運人士遭受的心理創傷最大化，同時意圖激怒男性社運人士為了捍衛她們而訴諸暴力。同樣地，在紐約，當重新占領嘗試在三月間再度展開時，我們看到警察對女性抗議者突然發動了一波強烈的性攻擊——這種事以前也發生過，但頂多只是偶爾發生。我遇到一位婦女，她告訴我，在聯合廣場某夜的驅離過程中，有五個不同的警察抓住她的乳房（有一次，另一名警員還站在旁邊拋飛吻）；另一個女子發出尖叫，大罵撫摸她的警察是個變態，於是他和警察同僚把她拖到警察封鎖線的後方，把她的手腕打斷了。然而，即使一位有名的占領華爾街運動女發言人上《民主快報》（Democracy Now!）新聞節目，展示橫跨她胸前的一大片巴掌形瘀青，媒體也完全拒絕跟進報導。相反地，新的交手規則——任何人現身於大型的示威抗議場合，不論有多麼平和，都應該要明白，這可能意味會被逮捕或送往醫院——純粹被當成一種「新常態」看待，而任何特定的警察暴力實例，都不再具有新聞價值。媒體倒是很盡責地，報導了到場參加遊行的人數愈來愈少，基於明顯的理由，參與者很快就演變成以願意承受毆打和監禁的核心社運人士為主，而先前伴隨著我們、讓以往之前行動洋溢濃厚人情味的那些成群結隊的孩子和老人們，如今幾乎完全消失無蹤。在報導遊行人數逐漸減少的同時，媒體拒絕報導何以致此的原因。

所以，真正的問題是：這些規則是如何改變的，以及為什麼放任第一修正案實質廢止（至少就適用於集會自由的部分而言）而不去挑戰它、質疑它？每個經驗豐富的社運人士都明白，街頭上的交手規則，與結盟對象的品質與效力息息相關。

自由派盟友的背叛

起初占領運動備受媒體關注——跟我談過的社會運動老手大都同意，我們從來沒見過這種事——原因之一，是許許多多的主流社會運動團體迅速地支持我們的理想。在此處，我指的特別是那些堪稱能夠定義民主黨左翼的組織：例如「前進組織」（MoveOn.org），或「重建夢想」（Rebuild the Dream）。占領運動的誕生大大地激起這類團體的活力。但是，如同我在前文所提及的，大多數團體似乎也假定，我們原則上排斥選舉政治以及由上而下的組織形式，應該只是一段過渡時期，屬於這場運動的幼年階段，他們認為，接下來勢必邁入成熟階段，演變成類似於某種「左翼茶黨」的組織。從他們的觀點來看，紮營很快就變成令人分心的旁務，而要展開這場運動真正的正事，有賴占領運動成為一個引導年輕社運人士投入立法運動的管道，最終成為進步派候選人的催票機。他們花了一些時間，才充分了解占領運動的核心分子對堅守運動的原則是認真的。同樣非常清楚的是，當營地被清空後，不僅是這類團體，就連更廣泛的自由主義組織，都做出策略性的決定，將目光轉向別處。

從基進人士的觀點來看，這簡直是終極背叛。我們對水平性原則的承諾，從一開始就表明得很清楚。這些原則是我們奮鬥目標的精髓。但同時，我們也了解，在美國，像我們這樣的基進團體與其自由派盟友之間，一直存在著一種默契。基進派呼籲掀起革命性的改變，有如在自由主義者的左側放一把火，這讓自由派自己的改革提案顯得是比較合理的替代選擇。我們幫他們在檯面上贏得了一席之地，他們則確保我們不會被抓進牢裡。就這些條件而言，自由派團體完全沒有履行他們那一邊的協議承諾。占領運動締造了輝煌的成功，改變了全國性的辯論主題，轉向開始解決金融權力、政治過程腐敗，以及社會不平等的問題，這些都對自由派團體有利，他們之前繞著這些議題打轉，卻始終未能引起注意。但是，當泰瑟電擊槍、警棍和特警隊出現時，自由派團體完全消失無蹤，留下我們自生自滅。

回想起來，這看起來也許是無可避免的，但以前事情往往不是這樣運作的。顯然，暴力鎮壓社會運動並不是什麼新鮮的事。只要想想幾個例子，例如「紅色恐怖」（Red Scare），對ＩＷＷ這種基進勞工運動的反應，更不用說在一九六〇年代和一九七〇年代初期，矛頭對準美國印地安人運動（American Indian Movement）或黑人基進份子的公然暗殺行動。但在幾乎每種情況下，受害者不是勞工階級，就是非白種人。針對為數可觀的中產階級白人進行的系統性鎮壓——例如麥卡錫（McCarthy）時代，或越戰期間對付學生抗議者——案例很少，鎮壓手段甚至也比較溫和，但很快就會成為轟動全國的醜聞。而且，儘管把占領華爾街稱為中產階級白人的運動是錯誤的，因為實際上遠比那多元化，但中產階級白人參與的數目非常大，卻不容置疑。然而，政府毫不猶豫地攻擊占領運動，經常運用高度軍事化的戰術，部署只能說是恐怖主義式的暴力——也就是說，如果「恐怖主義」的定義，是經過有意識的評估考量後，而對平民發動為了政治目的製造恐怖的攻擊。（我知道這種說法看來可能有爭議性。但是，舉例來說，當一群揮舞著粉筆的示威抗議人士，投入一場完全合法且已獲准的「藝術漫步」活動，卻遭到洛杉磯警方對他們發射橡膠子彈，顯然是要教導公民參與任何占領相關活動都可能造成肢體受傷，我實在看不出來，「恐怖主義」的字眼為何不適用。）

有什麼改變了？一個答案是，占領華爾街是九一一恐怖攻擊事件發生以來，興起的第一場美國社會運動。難道反恐戰爭果真改變了規則？

反恐造成的實質心理影響

我必須承認，當我們最初展開占領行動時，我有點詫異，九一一事件過後的情感後遺症竟然不是我們必須克服的障礙。祖科提公園也許與華爾街隔了兩條街，但距離「歸零地」世貿中心遺址也只有兩條街之遙，我記得當時預料會面臨各式各樣褻瀆、不尊重恐怖攻擊受害者的指控。這些預料並未成真。但是，如同我們後來所發現的，九一一事件以別的、更微妙的方式，改變了我們的行事方式。的確，是有一段為時短暫的機會窗口，似乎真的可以成功套用甘地的公式——藉維持嚴謹的非暴力，讓威權「去正當性」（delegitimate），然後讓全世界見證國家的反應是多麼的殘酷無情。但那段時間非常短暫，不足以讓我們察覺，在遭到驅離之後，自由主義組織似乎已經做出不去凸顯暴力問題的策略決定。我們也該問的是，他們如此置身事外，為什麼還可以全身而退，為什麼他們的選民沒有對暴力行為感到震驚，並要求做出某種解釋。正是在這裡，我認為可以看到九一一事件所產生的實質心理影響。

恐怖攻擊爆發後，美國警力隨即展開大規模的軍事化。數十億美元被分配下來，對平日經費不足城市的警察部門提供「反恐」裝備與訓練，例如俄亥俄州的戴頓市（Dayton, Ohio），顯然沒有面臨任何形式的恐怖主義威脅。這有助於解釋為什麼我們的許多次行動時常引起怪異的反應，例如，當數十名社運人士試圖占領紐澤西州一棟法拍屋，或當我們試圖在曼哈頓聯邦廳的台階上發表演說時，特警隊都全副武裝地前來迎接。在別的年代，這麼離譜的事情會激起眾怒。但在二〇一二年，卻完全不受關注。中產階級自由派人士怎麼變得如此接受警力軍事化？大致上，就憑他們對抗議者這一方任何可能帶有暴力暗示的一切，都絕對、堅定地予以否絕。即使警方對和平抗議者執行顯然是預先計畫好的攻擊行動，例如直接對準占領者的頭部發射催淚瓦斯彈（這在奧克蘭確實發生了許多次），但媒體和自由派評論家的第一反應總是會問，占領者有沒有在某個時間點，以除了被動反抗之外的方式，對攻擊作出任何回應。如果有某個人朝警察的方向踢回催淚彈，那麼報導將不再是「警察朝抗議者開火」，或「海軍老兵頭部被催淚彈擊中情況危急」，而是「抗議者參與警方爆發衝突」。

史上最大的諷刺之一是，喚起甘地和馬丁・路德・金（Martin Luther King）的精神，竟然變成為美國社會的新近軍事化提供合理藉口的主要手段，假如兩位偉人迄今仍活著目睹這種情況，一定會覺得既震驚又駭然。占領是一場不同凡響的非暴力運動。它很可能是美國有史以來同等規模非暴力運動中最平和的，而這是在沒有和平法規、保安官或官派和平警察的情況下辦到的。到了秋天，至少有五百個占領活動——參會者代表著形形色色的哲學，從福音派基督徒到革命派的無政府主義者都有——以及成千上萬的遊行和行動。然而，其中歸咎到抗議者身上最「暴力」的行為，只是四、五次打破窗戶的行為，基本上，這比不是特別喧鬧的一場加拿大曲棍球賽過後可預料到的情況還要輕微。從歷史觀點來看，這是一項非常了不起的成就。但是，它是否曾被如此看待？恰好相反，極少數被砸破的窗戶，就構成了一場道德危機。

被驅離後不久，當美國人第一次有機會去細細思量這整件事的全貌——大規模逮捕、毆打、系統性的毀壞住處與圖書館——自由派部落格領域卻幾乎全部在爭論一篇標題稱為〈占領運動內部的惡性腫瘤〉（The Cancer in Occupy）的文章，作者是名叫克里斯・赫吉斯（Chris Hedges）的前《紐約時報》記者，也是占領華爾街的支持者。他聲稱，在奧克蘭發生的一、兩起砸窗事件，實際上是一個暴力和狂熱的無政府主義派系——他稱為「黑色集團」——的傑作，並認為這場運動可以動手去做的首要之務，就是揭發並踢出這些分子，免得他們提供警察一個藉口。文中的聲明幾乎把全把事實搞錯了（「黑色集團」其實是一個編組，而不是一個團體，而且在百分之九十五的占領行動中連影子都沒看到），似乎只是給大家更多爭論的藉口。沒多久，自由派評論員已經形成了一個共識，就是占領運動真正的問題，不在於實際發生的肢體暴力行為（這些幾乎全都是警察動手的），而是在於某些占領運動內部出現一些害群之馬，雖然他們沒有犯下任何暴行，但卻認為損害他人財產的行為是可以被合理化的。舉個例子來體會一下這種差距懸殊的感覺：即使到了三月，在紐約，還在不停地爭辯，奧克蘭某家咖啡廳的一個窗戶，是不是某個與「黑色集團」有關的基進分子在十一月的遊行過程中打破的；結果是，三月十七日在紐約本地發生的第一起與占領華爾街運動有關的砸窗事件，卻幾乎沒人在討論。而那一扇窗，曼哈頓下城一家商店的櫥窗，是紐約市警局的警察抓著一名社運人士的頭去撞破的。

為了顯示這種假借甘地之名來合理化國家暴力的做法有多麼違背常理，我們不妨回想甘地的言行。對於大多數無政府主義者來說，甘地是個矛盾的人物。一方面，他的哲學大量汲取托爾斯泰（Tolstoy）和克魯泡特金（Kropotkin）的無政府主義。另一方面，他擁抱一種自虐式的清教主義，並鼓勵個人崇拜，其影響只會深深地妨礙建立一個真正自由的社會。他的確譴責各種形式的暴力。但他也堅持，更糟的是消極默許一個不公正的社會秩序。我記得，驅離後在紐約新學院一場談論占領華爾街運動的會議上，自由派和平主義人士不斷提醒主辦人員，「當暴力事件發生時，甘地甚至於暫停他的退出印度（Quit India）運動」。他們沒提的是，那個事件牽涉到甘地自己的追隨者把二十二名警察砍成肉片，然後放火燒掉殘骸。這樣猜測或許很安全：比方說，假如占領克利夫蘭或占領丹佛的成員，被發現把眾多的警察肢解分屍，我們的運動也會立刻戛然而止，甚至不用一位有群眾魅力的領導人吩咐我們那麼做。在那種事居然可能發生的世界，認為甘地本人會為區區兩扇破窗而激動不已，是不折不扣的瘋狂。事實上，身為政治人物，甘地經常回絕別人的要求，要他譴責以更基進的形式從事反殖民抗爭的人——也就是說，當他們參與的，不是他自己這一方的運動。即使是涉及游擊隊攻擊警察局和炸毀火車，他也總是表示，雖然他認為非暴力才是正確的做法，但這些都是一群好人試著去做他們認為正確的事情。他堅稱，儘管以非暴力方式反對不公不義，在道德上總是優於暴力的反對方式，但以暴力方式反對不公正，在道德上仍然是優於根本什麼也沒做的反對方式[20]。我們只能期盼，那些聲稱以甘地名義發言的人，偶爾也會像他那樣的行動。

儘管如此，這場運動果真是戛然而止嗎？絕對不是。我們大約有六到八個月的時間，設法在一個肢體上更充滿敵意的全新環境裡，在缺乏新聞媒體同情的好處下，找尋我們的立足點。這段期間出現了多彩多姿的各種新活動：占領法拍屋、占領農場、集體拒付房租、推動教育計畫等。另有持續不輟的新街頭戰術訓練，以及新發現對戲劇和喜劇的強調，一部分只是為了在面臨鎮壓之際保持精神昂揚。但最主要的是，尋覓新的盟友。

一旦自由主義人士大致上拋棄了我們，下一步就是加強我們與長期被視為我們真正盟友的關係：工會、社區組織以及移民人權團體。在紐約，占領運動在驅離後的第一個真正的大型計畫，是參與規劃一場全國性的五一「大罷工」。這一向是冒險的行動，因為我們都明白，我們無法真正組織一個傳統的大罷工，而媒體幾乎肯定會宣布它是一場挫敗。但能號召全國各地數以百萬計的人民走上街頭，建立一個為發展新計畫而設的論壇，似乎就足以構成一場勝利。同時，在紐約，我們設法說服全市幾乎每個工會的領導階層（包括卡車司機工會〔Teamsters〕和中央勞工聯盟〔Central Labor Council〕），支持進行「革命性變革」的呼籲，最終結果讓人清醒。原來，工會的官僚體系特別容易受制於來自上面的施壓，而無法成為非常有效的盟友。一如在彭博村的情況，工會領導者在規劃階段中熱情地暢談公民不服從理念，然而在最後一刻卻裹足不前：關閉整座城市的宏偉計畫，逐漸萎縮成只是一場申請獲准的遊行，工會甚至沒有盡力動員他們的基層會員，深怕他們會遭到紐約市警局襲擊。

到了五月中旬，占領華爾街運動的大多數核心組織人員已經得到一個結論：把建立聯盟的這整個問題擱置在一旁，想想我們的基礎何在，會是更好的做法。哪些議題最能直接切中占領者以及我們親友的實際日常問題？我們該如何組織一些活動，直接挑戰這些問題？我們決定籌備一系列每週舉行的公開論壇，每一場談論一個不同的主題，包括氣候變遷、債務、警察和監獄等，看看哪一個最能引起共鳴。事實證明，債務論壇是如此成功，瞬間讓所有其他的討論相形見絀。一系列的「債務人大會」（Debtor Assemblies）很快就召開，每一場都吸引數百名參加者，許多人是初次加入這場運動，滿腦子都是計畫和點子。走筆至此，新興的免除債務（Strike Debt）活動——活動名稱從「隱形軍隊」

（Invisible Army）、「滾動禧年」（Rolling Jubilee）、「抗債者操作手冊」（Debt Resistor's Operations Manual）到「人民紓困」（People's Bailout），林林總總——顯然是這場運動最令人興奮的成長區域。占領運動已回歸到它的根本。

當然，還是有無止盡的問題。真的有可能在美國掀起一股大規模抗債運動嗎？如何克服債務似乎總是會助長的羞恥感和孤立感？或者，換個方式來說，如何為這數以百萬計的美國人（據估計每六人之中就有一人）——他們藉拒絕償付債務，實際上已對金融資本主義實踐公民不服從——提供一個民主支持的基地，以及一個公共的論壇？答案不是顯而易見的。只知道在本書問世前，一些新的活動將在其他的一些城市興起，最後勢必會證明更加地鼓舞人心。

就社會運動而言，一年的時間算不了什麼。社會運動若只是著眼於短期的、立法的目標，往往來的急也去的快；在美國，成功放眼廣泛社會道德改造（從廢除隸制度到女權主義）的運動，需要更長的時間才能看到具體結果。但是，一旦成功了，這些結果會是根深柢固且持久的。在一年之內，占領運動找到了問題所在——實質上把金融與政府結合在一起的階級權利制度——並且提出了解決方案：建立真正的民主文化。它可能需要很長的一段時間才能成功，但其影響會是劃時代的。

Chapter 3
「暴民開始思考與講理」
——隱藏的民主史

不論用哪一種意思來解釋無政府主義，最簡單的說法就是，它是一種政治運動，目的在促成一個真正自由的社會——而這也為「自由的社會」下了定義，亦即在這樣的社會裡，人們只有在不會時時受暴力威脅強制下，才會互相建立這類的關係。歷史已經證明，嚴重的財富不均以及諸如蓄奴、以勞役償債或僱傭勞動等制度，只在有軍隊、監獄和警察做後盾的情況下，才可能存在。

閱讀由直言無隱的保守人士所記述的社會運動過程，常會有耳目一新的怪異感，尤其是對經常與自由派人士交涉的人而言。自由派人士往往敏感易怒又無法預測，因為他們認同基進運動的理念——民主、平等主義、自由——但他們也已說服自己，這些理想終究是達不到的。基於這個原因，若有人決心促成一個建築在上述原則的世界，就會被他們視為某種道德上的威脅。早在全球正義運動的時代，我就察覺到這一點。在許多「自由派媒體」之間，存在一種冷嘲熱諷的自我防禦心態，帶著一股特有的尖酸刻薄，苛刻程度不亞於右派人士朝我們扔過來的批評。讀他們對這場運動的評論時，我頓時明白，許多資深媒體人以昔日校園革命者自居，即便只是因為他們在一九六〇年代時上大學，與那個世代沾上邊罷了。他們的工作包括他們與自己的爭論；他們說服自己，即使現在正在為既有的體制工作，也沒有真正地出賣自己，因為他們以前的革命夢想非常不切實際，而事實上，一個人在現實中再怎麼基進，大概也只能爭爭墮胎權或同性婚姻罷了。如果你是個基進主義者，與保守派打交道時，至少你還知道自己的立場在哪裡：他們是你的敵人。假如他們想要了解你，那也只是為了方便用暴力壓制你。這讓情況或多或少變得較明確。而這也意味著，他們通常是真的想要了解你。

民主和日常政治被混為一談

占領華爾街初期，來自右派的第一波主要抨擊，是一篇《標準週刊》（*The Weekly Standard*）上的短評：〈美國的無政府狀態：美國無秩序的根源〉（Anarchy in the U.S.A.: The Roots of American Disorder），作者是馬修・康帝內提（Matthew Continetti）[1]。「不論是左派還是右派」，康帝內提寫道：「都犯了一個錯誤，就是認為占領華爾街背後的勢力對於民主政治以及解決問題有興趣。」事實上，他們的核心分子是無政府主義者，夢想著某種烏托邦社會主義天堂，像夏爾・傅立葉（Charles Fourier）以方陣（phalanx）為單位組成的合作公社，或一八四〇年代「新和諧」（New Harmony）那種自由互愛公社組織一樣怪異。作者繼續引述當代無政府主義提倡者的評論，主要是杭士基以及我本人：

> 這永無止盡的抗爭導致一些可以預料到的結果。否定民主政治的正當性，無政府主義也削弱了自己影響他人的能力。他們不是在推動生活工資（Living Wage）運動，也沒有參與針對布希減稅稅率的辯論。無政府主義者不相信工資，當然也不相信稅制。人類學家暨占領華爾街運動的領導人物大衛・格雷伯是這麼說的：「透過參與政策辯論，我們能達到的，頂多只是把損失降到最低限度，因為一開始的前提就不利於人們管理自己事務的觀念。」占領華爾街運動沒有行動計畫，原因在於無政府主義允許沒有行動計畫。所有無政府主義者能做的，就是樹立一個榜樣——或者透過暴力拆除現有的秩序。

這是一段很典型的文字：在合理的見解當中，穿插著一連串蓄意的中傷以及影射鼓勵暴力的意圖。的確，誠如我說過的，無政府主義者拒絕進入政治體系本身，但這是因為政治體系本身並不民主——它已經淪為一個公開、制度化的行賄體制，靠的是強制的勢力作後盾。我們想讓這個事實在美國和其他地方都被看見。這正是占領華爾街運動在做的事——而且做的方式，是高唱再多的政策聲明也從未做到過的。因此，說我們沒有行動計畫是一派胡言；斷定我們別無選擇，只能訴諸於暴力，而無視於占領者努力維持非暴力行為，正是一個人在拚命試圖為自己的暴行找藉口時，才會講的那種說辭。

接下來，這篇文章把當前全球反資本主義網絡的根源，追溯至一九九四年的查巴達起義，這是正確的；也再次正確地指出，他們日益反對獨裁主義政治、他們拒絕任何武力奪權的概念、他們使用網際網路。康帝內提做出以下結論：

> 為了破壞全球資本主義而建構的某種知識、財務、技術和社會上的基礎設施，已經發展了超過二十年，而我們正置身在它最新的展現之中……占領者的帳篷城市是自治的、共有的、平等的，彼此連結的。他們拒絕日常政治。他們助長波西米亞主義，並與民政當局對抗。它們是後現代更新版的方陣之城和新和諧公社，啪啦一聲落在我們居住的城市之中。

營地裡可能沒有那麼多的社運人士。他們可能看起來傻傻的，甚至很怪異。他們可能抗拒「議程」和「政策」。他們可能沒有辦法針對他們想要什麼、或什麼時候想要什麼達成一致的意見。而且，隨著冬天來臨，名下公園被占據的自由派人士對他們失去了耐性，他們可能會消失無蹤。但烏托邦主義者和無政府主義者將再出現……只要有人認為，財產上的不平等是不正義的，而四海之內皆兄弟在地球上是可以成立的，那麼占領運動就會持續下去。

你可以看到，為什麼無政府主義者可能會覺得這樣的說法誠實得令人耳目一新。作者對他渴望看到我們全部入獄這一點毫不隱藏，但至少他願意對於利害關係做一番誠實的評估。

不過，《標準週刊》這篇文章從頭到尾貫穿著一個極不誠實的主題：故意把「民主」與「日常政治」混為一談，也就是遊說、募款、從事競選活動，不然就是參與當今的美國政治體系。這篇文章的前提是，作者站在支持民主的立場，而占領者因為拒絕現有的體制，所以是反對民主的。事實上，《標準週刊》這類刊物賴以產生並維持的保守派傳統，是深深地反民主的。《標準週刊》推崇的人物，從柏拉圖到艾德蒙．柏克（Edmund Burke），幾乎全都是原則上反對民主的人士，而它的讀者喜歡諸如「美國不是民主國家，是共和國」這種說法。再者，康帝內提所提出的論調——由無政府主義者所啟發的運動是不穩定的、令人困惑的、威脅既有秩序與財產的，而且必定會導致暴力——正是幾個世紀以來，保守派一直用來嚴厲批判民主本身的論調。

事實上，占領華爾街運動是無政府主義者啟發的，但正是因為如此，它矗立於美國大眾民主的傳統中，而這種傳統正是康帝內提這樣的保守派人士一直堅決反對的。無政府主義並不意味著否定民主——至少是大多數美國人歷來所喜歡的民主面向。相反地，無政府主義是要把這些核心的民主原則，帶往合於邏輯的結論。這一點之所以不容易被看出來，是因為「民主」一詞歷來不斷地遭到質疑，以至於大多數的美國學者和政治家，現在會用這個詞來指一種政府的形式，而建立這種政府的明確目的，就是為了確保約翰・亞當斯昔日所稱之「民主的恐怖」永遠不會發生。❷

誠如我在本書的開頭所提到的，大多數美國人並不知道，《獨立宣言》或美國的憲法裡，沒有一處提到美國是一個民主國家。*事實上，參與撰寫這些建國文獻的人士，大都毫不遲疑地同意十七世紀清教徒傳教士約翰・溫斯羅普（John Winthrop）的看法，他曾寫道：「一個民主國家，在眾多文明國家之間，是被視為所有政府形式之中最卑劣也最糟糕的。」❸

大多數的制憲元勛對民主這個主題的了解，都得自於霍布斯（Thomas Hobbes）以英文翻譯的修昔底斯（Thucydides）巨著《伯羅奔尼撒戰爭史》（*History of the Peloponnesian War*）中，對於伯羅奔尼撒戰爭（Peloponnesian War）的敘述。霍布斯進行這項計畫，並小心翼翼地警示他的讀者關於民主的危險。結果，制憲元勛以古希臘的詞義來使用這個詞，認為民主指的是透過人民集會——例如雅典的市民廣場集會——進行的社區自治。這就是我們現在所謂的「直接民主」。我們可以說，這是一種由群眾大會來治理的制度，差別只在於，這些集會被公認為總是依循百分之五十一對百分之四十九的多數統治原則。例如，在詹姆斯・麥迪遜收錄於《聯邦黨人文集》（*Federalist Papers*）的文章裡，他明確表示為什麼覺得雅典式民主不僅在他那個時代對大國來說是不可能的，因為根據定義，它無法在一個遼闊的地理區域裡運作；而且也是令人極度不樂見的，他覺得，根據歷史，任何的直接民主制度都不可避免地陷入派系傾軋、煽動群眾，以及最後由某個願意重拾秩序與控制的獨裁者奪取權力：

> 一個純粹的民主國家——我指的是一個由少數公民組成的社會，他們親自集會並且管理政府——不得不承認派系的惡鬥無藥可治……因此，這樣的民主國家，往往形成動盪與紛爭的奇觀，也往往被發現與個人的安全或財產權格格不入；而且，大致上來說，往往壽命很短、慘烈滅亡。[4]

和其他我們所認識的制憲元勛一樣，麥迪遜也堅持，他偏好的政府形式，一種「共和國」，必定是相當之不同：

* 同樣的說法，也適用於美國獨立戰爭後制定的原始十三州憲法。

> 在一個民主國家中，人民親自參與集會並且運作政府；在一個共和國家中，他們派代議士與代理人去集會和管理政府。因此，一個民主國家必定會局限於一隅。一個共和國則可擴及一大片地區。❺

現在，共和國由「代表」來管理的概念，乍看之下也許很奇怪，因為「共和」一詞借自於古羅馬時代，而羅馬元老院議員並不是靠選舉產生的；他們是貴族，生來就擁有席位，這意味著除了自己之外，他們其實並不是任何人的「代議士和代理人」。然而，代議機構的概念是制憲元勛在美國獨立戰爭期間承襲自英國的制度：新國家的統治者，正是由持有地產的男性投票選出的那些人，他們組成了代議制的議會，例如大陸會議（Continental Congress）最初的目的是在英國國王的授權之下，允許有限度的自治。獨立戰爭結束後，他們立即把政府權力從英王喬治三世（King George III）轉移給自己。結果是，原本應該在國王授權之下運作的代議機構，現在變成是在人民的授權之下運作，不論其根據的是多麼狹隘的定義。

選舉代表參加這些機構的慣例，並不是什麼新鮮事，在英國至少可回溯至十三世紀。到十五世紀，這種慣例已成為標準的做法，讓擁有地產的男性透過把選票送交當地的郡長（通常在木棍上刻痕做記錄），來選舉他們的議會代表。當時，任何人都不會想到，這種制度與「民主」有何關聯。❻選舉被認為是君主統治制度的延伸，因為議會代表們絕對沒有被授予統治權。他們沒有統治任何人，不論是群體還是個人；他們的角色是代言者（「代表」），代替所屬地區的居民在國王的主權之前提供意見、訴苦，以及更重要的：上繳所屬郡的稅收。因此，代表沒有權力，選舉也乏人競爭，但根據盛行的中世紀法定同意原則，這套選舉代表制度仍被認為是有必要的：當時的人認為，命令自然是從上面傳下來的，普通臣民在政策的擬定上理應無權置喙，也就不能強制同一批普通臣民遵守他們之前就廣義而言並沒有同意的命令。

的確，英國內戰（English Civil War）過後，國會開始主張自己在處理稅款方面也有發言權，於是創立制定者稱為「君主立憲政體」（limited monarchy）的制度——然而，儘管如此，所謂人民藉由投票選出真正具有統治權的代表，而能實際行使主權，也就是昔日由國王掌握的權力，這種說法其實是美國的觀念，是名符其實的創新，而且立刻就被認定是如此。[7]

美憲中的「人民主權」和服從上級其實相去不遠

美國獨立戰爭是以「人民」的名義而戰，所有的憲法制定者都覺得，某些時刻必須徵詢「全體人民」的意見，才能讓他們的革命具有正當性——但制定美國憲法的目的全是為了確保這種形式的諮詢受到極大程度的限制，唯恐「民主的恐怖」接踵而至。當時，受過教育人士的共同看法是，政府體制有三大基本原則，以不同的程度存在於所有已知的人類社會：君主制、貴族制和民主制。憲法制定者認同古代政治理論家的看法，亦即羅馬共和國（Roman Republic）代表這三者間最完美的平衡。羅馬共和時代有兩個執政官（由元老院選舉產生），擔任起君主的角色；另有一個永久職的元老貴族階級；最後是人民大會，掌握有限度的權力。人民大會從貴族候選人中選出地方保安官，也選出兩個護民官（tribune），代表了平民階層的利益；護民官沒有選舉權，甚至不能進入元老院（他們只是坐在門外），但他們被授予針對元老院決議的否決權。

美國的憲法在設計上就是為了要達成類似的平衡。君主的角色由參議院所選出的總統來擔任；參議院設立的目的是代表貴族的財富利益；國會則代表著民主的成分。國會的權限大致上局限於經費的籌措和支出，畢竟獨立戰爭就是基於「沒有代表權就不繳稅」的原則而戰。人民大會完全被省略。美國殖民地當然沒有任何世襲的貴族階級。但透過選出一個臨時的統治者，以及臨時的代議士，制憲者認為，他們反而可以建立一個他們有時會明白稱之為「自然的貴族政體」的體制。這些自然的貴族是他們從受過教育和擁有地產的階級中選拔出來的，具有同樣認真關心公眾福祉的特質，他們覺得那最能象徵西塞羅（Cicero）和辛辛納圖斯（Cincinnatus）的羅馬元老院精神。

我認為花一點時間詳細討論這一點是值得的。當憲法制定者談到「貴族政體」時，他們不是以象徵意義來使用這個詞。他們非常清楚自己正在創建一個新的政治體制，把民主與貴族的元素融合在一起。在先前所有的歐洲歷史裡——如同亞里斯多德最初所堅稱的——選舉在本質上一直被認為是貴族遴選公職人員的模式。在選舉中，全體人民在一小撮聲稱比其他人更有智慧、受過更多教育的政治人物（通常是職業政治人物）之間做選擇，然後選出他們認為最好的那一個（這就是「貴族政體」的字面意義：「菁英統治」。）透過選舉的方式，傭兵選出他們的指揮官，或是貴族爭奪未來家臣的支持。民主的方式——廣泛用於古代世界以及文藝復興時代的城市，例如佛羅倫斯——是抽獎券，或者有時也被稱為「抽籤」（sortition）。基本上，這個程序是寫下社群裡任何願意擔任公職者的名字，經過基本能力篩選之後，隨機抽選出他們的名字。這確保所有能幹以及有興趣的人士，都享有擔任公職的平等機會。這也把派系傾軋的可能性降到最低，因為如果是靠抽籤來選擇，那麼做出一些承諾來爭取關鍵支持者就沒有意義（相形之下，選舉則會助長黨派之爭，原因很明顯。）令人訝異的是，相較於法國大革命和美國獨立戰爭前的幾個世代，諸如孟德斯鳩（Montesquieu）和盧梭（Rousseau）等啟蒙運動思想家熱烈地辯論選舉和抽籤的相對優點，一七七〇年代和一七八〇年代制定革命性新憲法的人士，竟然完全沒有考慮採用抽籤的方式。他們只有在陪審團制度上才使用抽籤，而採用的主要原因是之前早就這麼做了，是一個繼承自英國普通法的傳統做法。就連陪審團制度也是強制性的，不是出於自願的；陪審團當時（現在仍是）定期被告知，他們的職責不是考慮法律的公正性，而是只要判斷證據的事實。

不舉行人民大會。不舉行抽籤。制憲元勛們堅持認為主權屬於人民，但是——除非他們揭竿起義，發動另一場革命——人民只能在一個更優秀階級的成員之間做選擇，藉此行使那種主權。那些人之所以更優秀，既是因為他們被訓練成為律師，也是因為出身上層階級使他們更有智慧，比人民自己更能理解人民真正的利益。在這群新的自然貴族的監督下，立法機構所通過的每條法律，「人民」也都必須遵守，因此，制憲元勛們所謂的人民主權概念，其實與中世紀服從上級命令的古老概念，並不會相差很遠。

事實上，假如有人讀了約翰・亞當斯的著作，或是《聯邦黨人文集》，很可能會問，這些作者為什麼花了這麼多時間討論雅典式直接民主的危險。那畢竟是一個兩千多年來早已不復存在的政治制度，而且當時沒有任一個主要政治人物公開鼓吹要恢復它。

在此處，如果從更大的政治脈絡去考慮，會變得很有用。在十八世紀的北大西洋地區，也許不曾有過民主國家，但絕對有人自稱是「民主人士」（democrat）。在美國，潘恩（Tom Paine）或許是最有名的例子。在大陸會議開始考慮切斷與英國皇家的關係的同時，「民主人士」一詞在歐洲似乎又再度流行起來，反對貴族統治的平民主義者逐漸開始稱自己是「民主人士」——起初似乎主要用來產生震撼價值，做法大致類似同性戀權利運動採用「酷兒」（queer）的挑釁作風。在大多數地方，他們是一小撮少數派的群眾煽動者，不是什麼知識分子；很少人提出什麼複雜的政府理論。大多數人似乎參與了反對貴族或教會特權的活動，並且支持法律之前人人平等這類基本原則。不過，當革命真的爆發，這些人發現，在這種情況下總會冒出的群眾大會——不論是在新英格蘭的市民大會，或是在法國大革命的「分區」（section）——他們都覺得如魚得水，其中許多人把這樣的群眾大會看成是建構新政治秩序的潛在要素。[8]因為，群眾大會不像選舉產生的機構，並沒有對投票資格設定財產限制，往往能接納更基進的想法。

在美國獨立戰爭發生前的幾年期間，愛國者（Patriots）善加利用了群眾大會，並且召集「暴民」或「移動人群」（他們喜歡這樣的稱呼）參加大規模的行動，例如波士頓茶黨（Boston Tea Party）。結果常常把他們給嚇壞了。例如，一七七四年五月十九日，一場群眾大會在紐約市召開，為的是討論以拒絕繳稅回應英國人關閉波士頓港——這場會議可能在離今天的祖科提公園不遠之處舉行，而且顯然產生了召開大陸會議的第一份提案。我們可從古文諾・莫里斯（Gouverneur Morris）的記述中窺知一二，當時擔任紐澤西州首席法官的他系出名門，所屬的家族當時擁有今天布朗克斯區（Bronx）的大部分。據莫里斯描述，他看到普通的技工和商人停止工作一天，花了很長的時間與地方士紳和他們的支持者進行辯論，爭辯關於「我們政府未來的形式，以及政府應該建立在貴族制還是民主制的原則上」。士紳們主張，持續實施現有的（極端保守）英國憲法有其優點，屠夫和麵包師傅們則引用格拉古兄弟（the Gracchi）和波里比烏斯（Polybius）的論點回應：

> 我站在陽台上，右手邊都是擁有地產的人士，以及少數貧窮的隨從，另一邊則全是商人之流，他們認為，為了國家的利益值得把平日的工作擱在一邊。英國憲法的精神仍殘留一點影響，但只是一點

點。然而，這次若是把它留下來，會賦予富人優越的地位，但他們若要維護優越的地位，就必須驅逐所有的教員，使所有的知識成為他們的禁臠。這是不可能的事。

暴民開始思考和講理。這些可憐的爬蟲動物！春天的早晨與他們同在，他們奮力蛻去冬天的外皮，沐浴在陽光之下，在正午前，他們無庸置疑就會開始咬人了。士紳們開始擔心這一點。❾

莫里斯也一樣擔心，他從這件事情得到的結論是，完全脫離英國而獨立是個很糟的主意：「我想到那種情景就不由得恐懼、顫抖，我們將受制於所有可能的統治形式中最糟的一種——被暴民統治」。

這個結論似乎很虛偽。他的記述明白顯示，讓莫里斯擔驚受怕的不是「暴民」不理性的激情，恰好相反，他懼怕的是竟然有這麼多紐約技工和商人，顯然不僅可以引經據典地和他們之中的佼佼者討論事情，還能構思一套思慮周延、根據道理推斷的民主論據。**暴民開始思考和講理**。由於似乎沒有辦法拒絕他們受教育，剩下唯一的權宜之計，就是仰賴英國的武力了。

莫里斯在這封信的結尾指出，士紳們召集了一個充滿富人的委員會，來「哄騙」普通民眾以為他們會將民眾的最佳利益放在心上。和大多數紐約的有產階級不同，他後來確實轉向革命者的這一方，最後更起草美國憲法的最終草案，儘管他在制憲大會上的一些強烈建議，例如參議員應獲終身任命，連他的同儕代表都認為太過保守，最後並沒有被採納。

雅典式民主所代表的夢魘

即使在獨立戰爭結束之後，也很難再把民主的精靈重新塞回瓶子裡。民眾動員、群眾大會，以及人民抗爭的威脅仍持續著。如同戰爭之前的情況，許多抗議活動也是聚焦於債務問題。戰後，如何處理獨立戰爭的債務，引起了一番激烈的辯論。普遍的要求是讓它膨脹到變得一文不值，並以當地公眾控制的「土地銀行」（land banks）所發行的紙鈔作為貨幣的基礎。

大陸會議採取了相反的做法，依循費城富商羅伯特・莫里斯（Robert Morris，顯然與古文諾・莫里斯沒有關係）的建議，亦即當初以跌價買下債券的富有投機者，應該獲得全額償付。他說，如此一來，財富就會「流入能讓它發揮最大生產效益者的手中」；同時，仿效英格蘭銀行的模式，創立單一的中央銀行，將使國債以「新的商務媒介」的形式在市面流通。[10]這套幾經考驗、證明是可靠的制度，使政府的戰爭債務成為貨幣的基礎，就某種程度而言，它仍然是我們透過聯準會沿用至今的制度——但在共和國初期，它對單純的農民，也就是到頭來必須支付這些債務的人帶來了災難性的後果。成千上萬名打完獨立戰爭歸來的老兵發現，迎接自己的往往是「郡長的馬車」，上門來奪走他們最有價值的財產。結果是一波波的民眾動員和至少兩次重大的抗爭事件，一場發生在麻薩諸塞州的西部，另一場發生在賓夕法尼亞州的鄉村，而且在某些地區，甚至有人呼籲要立法把最大的投機者的財產充公。*

對於亞當斯、麥迪遜、漢彌爾頓這些人來說，這些計畫和古代的革命運動有個令人不安的相似之處，就是它們呼籲取消債務並重新分配土地，而且成為美國不應該依據多數決原則來運作的初步證據。例如，約翰・亞當斯寫道：

> 如果所有的事情都由多數人，也就是那八、九百萬個沒有財產的人來投票決定，難道他們不會想到要篡奪那一、兩百萬個有產階級者的權利嗎？……
>
> 首先，債務會被取消；富人被課以重稅，其他人則不用繳稅；最後，會要求一切都徹底平均分配，然後付諸表決。這會產生什麼樣的後果？遊手好閒者、品行不良者、放蕩不羈者，會爭先恐後縱情聲色、奢華無度，把他們分到的那一份賣掉、花掉，然後要求從他們手中買去了人再重新分配給他們。這個想法一旦被社會所允許，財產就不像上帝的律法那麼神聖，而且沒有任何法律和社會公義的力量可以保護它，於是無政府狀態和暴政就開始了。[11]

同樣地，對於麥迪遜來說，共和政府比較優越，不只是因為其能橫跨廣闊的地理範圍運作；也是因為擁有一個能夠橫跨廣闊地理範圍運作的政府，假如發生「眾人瘋狂爭奪紙幣、爭取註銷債務、爭著平均分配財產，或搶奪任何其他不正當或邪惡的計畫」[12]的狀況問題可能發生在地方層級——而強大的中央政府將能確保情況會被迅速控制。

那麼，這似乎就是這些人心中雅典式民主所代表的夢魘：如果獨立戰爭前已形成多年的市民大會，以及農民、技工和商人組成的群眾大會，已經變得制度化，那麼「註銷債務……財產均分」會是他們可能提出的那種訴求。尤有甚者，他們還擔心縱欲狂歡、騷動暴亂、違法亂紀的幽靈浮現，屆時領導羅馬締造輝煌歷史且被制憲元勛們奉為模範的端莊共和主義者，將會被拋在一旁、取而代之的是群眾庸俗的激情。再引述一句亞當斯對於雅典毫不掩飾的評語：「打從雅典實施民主體制憲法的那一刻起，輕浮、逸樂、善變、揮霍、放縱、放蕩和放肆無禮，自始至終都是整個國家普遍瀰漫的風氣。」[13]班傑明・羅許醫師（Dr. Benjamin Rush），一位醫界和費城反抗英國地下組織「自由之子」

＊這些抗爭歷史上稱為「謝斯起義」（Shays' Rebellion），或甚至更紆尊降貴地稱為「威士忌起義」（Whiskey Rebellion），儘管後一種稱呼是亞歷山大・漢彌爾頓（Alexander Hamilton）刻意發明出來，把反叛者貶抑為酗酒的鄉巴佬，而不是像特里・布頓（Terry Bouton）所證明的，是一群要求擁有更大民主控制權的公民。請參見布頓所著的 *Taming Democracy:"The People,"the Founders, and the Troubled Ending of the American Revolution* (Oxford: Oxford University Press, 1997)。最近有許多關於這個主題的研究，其中值得注意的包括，伍迪・霍爾頓（Woody Holton）所著的 *Unruly Americans and the Origin of the Constitution* (New York: Hill & Wang, 2007)，以及威廉・賀格蘭（William Hogeland）所著的 *The Whiskey Rebellion* (New York: Simon & Schuster, 2006)，和 *Founding Finance: How Debt, Speculation, Foreclosures, Protests, and Crackdowns Made Us a Nation* (Austin: University of Texas Press, 2012)。這個智識傳統至少可以追溯到查爾斯・畢爾德（Charles Beard）著名的 *An Economic Interpretation of the Constitution of the United States* (New York: McMillan, 1913)，書中指出，制憲者幾乎全都是債券持有者，雖然經過後續的研究後，他最初的結論已經過進一步的修正。

（Sons of Liberty）的中堅分子，甚至覺得一般平民的禮儀鬆懈可以診斷為某種病症——在這裡，特別想到的是「因紙幣貶值註銷債務而產生飲食習慣、交友與禮儀改變」的影響：

成功的戰爭議題燃起眾人對自由的過度熱情，造成許多人出現一些即使以理性規勸或政府約束也無法移除的意見和行為……這些意見對美國許多公民的思維、熱情和道德觀產生了廣泛的影響，構成了一種瘋狂，且容我用「無政府狀態」（Anarchia）的名稱來加以區別。[14]

此處提及「紙幣貶值」意義重大。打從一開始，驅使聯邦黨人召開制憲大會的問題之一，不僅是暴動和反抗硬貨幣政策的威脅，這是可以用軍力遏制的，而是擔心「民主」勢力可能開始接管州政府，並且開始印製自己的貨幣。喬治・華盛頓，當時美國最富有的人，以及湯瑪斯・傑弗遜（Thomas Jefferson），兩人都透過這樣的計畫而失去了一大部分的個人財富。這正是賓州已經開始發生的事情，賓州已經廢除投票的財產資格限制，並且很快見到了人民議會的形成，該議會在一七八五年先是撤銷給羅伯特・莫里斯的央行特許狀，然後展開一項創造公共信用制度的計畫，採行用意在讓它隨著時間推移而貶值的紙幣，以減輕債務人的負擔並且阻撓投機者。平民派的領導人之一，貴格會（Quaker）的牧師赫曼・哈斯本（Herman Husband）——羅許之流喜歡稱他為「阿利根尼山脈（Alleghenies）的瘋子」——公然主張這些措施是合理的，因為嚴重的財富不均讓生而自由的公民變得不可能參與政治。*當憲法制定者一七八七年在費城集會時，莫里斯也名列其中，他們決心防止這股風氣擴散。若要感受一下那場會議中的辯論氣氛，我們不妨來檢視會議的開場白，致詞者是當時的維吉尼亞州州長艾德蒙・藍道夫（Edmund Randolph）。即使在賓夕法尼亞州以外的地方，州憲法裡並沒有包含足夠的預防措施，可以防止「人民行使管理政府的權力」：

> 我們的主要危險來自於憲法中有關民主的部分。我認為不容置疑的一句格言是，由人民行使管理政府的權力，將吞噬其他的分支。沒有任一部州憲法對民主訂定了充分的限制。維吉尼亞州虛弱的參議院名存實亡。馬里蘭州有個比較強大的參議院，但該州最近的紛亂已顯示出它還是不夠強大。紐約州和馬薩諸塞州的憲法訂定了限制，是至今防止民主比較強的障礙，但它們全都顯得不足。+

加拿大政治學家弗朗西斯・杜普伊斯－德希（Francis Dupuis-Déri）曾仔細地比對十八和十九世紀時，美國、法國和加拿大主要政治人物使用「民主」一詞的方式，並且發現在每一種情況下，都呈現

＊哈斯本也曾呼籲把地產做相對平等的分配，理由是財產不平等妨礙民主參與，並呼籲把投票選舉區劃分得夠小，足以讓代議士們能夠定期諮詢他們選民的意見。亞當斯談論多數決的危險時，心中想到的人可能就是哈斯本。

＋這段話是威廉・賀格蘭（William Hogeland）所著《威士忌起義》（*The Whiskey Rebellion*）的開頭所引用的題詞，它強調最後的文件是多麼小心翼翼地要避免實際的民主體制。

完全一樣的模式。當這個詞最初在一七七〇年與一八〇〇年之間開始流行時，幾乎都被當成是恥辱和污蔑的用語。

法國革命者幾乎和美國人一樣對「民主」嗤之以鼻。它被看作是無政府主義狀態，缺乏政府、暴動迭起的混亂局面。久而久之，一些人開始使用這個詞，通常是用來挑釁：例如當羅伯斯比（Robespierre），在恐怖統治達到高峰時，開始稱自己是一個民主主義者，或是在一八〇〇年，湯瑪斯・傑弗遜——他早期寫的文章從來不曾提及「民主」兩字，* 但他與亞當斯競選總統時以基進派自居，同情發起債務抗爭的人士並堅決反對中央銀行計畫——決定把他的政黨重新命名為「民主－共和黨」（Democratic-Republicans）。

儘管如此，「民主」也花了一些時間才成為常用字。

民主詞義的轉變

一直要到一八三〇年至一八五〇年間，美國和法國的政治人物才開始認同自己是民主人士，並且用**民主**來稱呼選舉的制度，即使這樣變更名稱並不構成修改憲法或改變決策過程的正當理由。詞義的轉變首先發生在美國。安德魯・傑克遜（Andrew Jackson）是第一個自我標榜為民主主義者的總統候選人，依他來看，這個稱號的意思是，他將捍衛小人物的利益（尤其是中西部地區的小農民和東部大城市的勞工），對抗有權有勢者（華盛頓的官僚和政治人物以及住在大城市裡的上層階級）。[15]

傑克遜是以平民主義者的身分競選，再一次對抗中央銀行制度，而他確實也短暫地廢除了央行。如同杜普伊斯－德希指出：「傑克遜和他的盟友都很明白，他們對民主的運用類似於今天所謂的政治行銷」；它基本上是一種憤世嫉俗的手段，但卻非常成功，以至於在短短十年時間之內，所有政黨的候選人全都自稱是「民主人士」。由於同樣的情形到處可見，例如在法國、英國和加拿大這些地方，選舉權已充分擴及至廣大的群眾，普通的公民也被允許投票，導致「民主」這個名詞的本身也產生了變化——以至於制憲元勛們精心設計明確用來抑制民主危險的共和體制本身，也被重新貼上「民主」的標籤，而這也是我們沿用至今的詞義。

＊在傑弗遜的十二冊著作全集中，「民主」一詞出現一次，而且只是出現在引述賽繆爾・馮・普芬道夫（Samuel von Pufendorf）談論有關條約合法性的句子裡！當然，傑弗遜是制憲元勛當中最接近的直接民主倡導者，他有個著名的願景，就是把全國分成成千上萬個「區」（ward），小到足以讓民眾參與，讓平民保持如同獨立戰爭期間所見的那種民眾動員——但即使是這樣，他也稱之為「小共和國」。

「民主」一詞的含意，對一般美國人、法國人和英國人來說，顯然意味著與政治菁英認知不一樣的東西。問題就在於，它究竟意味著什麼。由於我們的資料來源有限——例如，我們無從得知，一旦紐約暴民「開始思考與講理」，他們會提出什麼樣的主張——我們其實只能猜測。但我認為，我們可以還原當時的一些廣泛原則。

首先，當知識階級的成員談到「民主」時，他們思考的是一套可以追溯至古代世界的政府制度。相形之下，一般美國人民，依照我們今天的說法，似乎以更廣泛的社會和文化用語來看待它：「民主」是自由、是平等、是單純的農民或商人可以有尊嚴和自尊地跟「優越者」說話的能力——這種更廣泛的民主感受力，不久就讓兩個世代以後的外國觀察家，例如托克維爾（Alexis de Tocqueville），當他們談到「美國的民主」（Democracy in America）時，留下非常深刻的印象。這種感受力，如同許多促成十八世紀革命的政治創新，其真正的根源難以追溯，但似乎不是源自於我們可能習慣去找尋之處。

「西方文明」無法解釋民主演進

我們發現，這些民主感受力以及它們所啟發的日常組織形式與決策方式，其演進的歷史很難重建，原因之一是我們已經習慣用一種非常奇特的方式來講述這個故事，而它其實一直到一次大戰過後才初具輪廓；當時美國和歐洲部分地區的大學開始散播一個概念，亦即民主是他們所謂「西方文明」的一個內在組成要素。在當時，甚至連有種稱為「西方文明」的東西存在，都被認為是相對嶄新的觀念：這種說法在華盛頓或傑弗遜的時代是沒有意義的。根據這個新版的歷史──這很快就成為美國保守派人士的福音，其他人也大致認為這是理所當然──民主其實是一套以投票表決作為基礎的制度結構，最初是由古代雅典人所「發明」的，然後不知怎麼就持續嵌入一個宏大的傳統之中，而這個傳統從希臘傳到羅馬，再傳到中世紀的英格蘭，繞道經過文藝復興時期的義大利，最後在北大西洋落腳，而此地也就成為今日民主特別的家。

這樣的系統性陳述，正好讓薩繆爾・杭廷頓（Samuel Huntington）這類前冷戰鬥士能夠聲稱，我們正在投入一場「文明的戰爭」，自由民主的西方徒勞無功地試圖強迫其他人接納自己的價值觀。作為一種歷史論證，這顯然是個詭辯。整個故事並不合理。首先，一個古希臘居民與伏爾泰（Voltaire）、麥迪遜或格萊斯頓（Gladstone）唯一真正的共同點，是他從小閱讀古希臘書籍長大。但是，假如西方的傳統純粹只是一種智識傳統，我們如何能稱之為民主的傳統？事實上，沒有一個倖存的古希臘著作作者是支持民主的，至少過去兩千四百年以來，每一個如今被認定與「西方文明」有關的作者，幾乎全都明確地反民主。當有人膽敢指出這一點，保守派通常的反應就是調整做法，改口說「西方」是一個文化的傳統，其特有對自由的熱愛早已見諸於中世紀文獻，例如大憲章（Magna Carta），只是等著在革命的時代（Age of Revolutions）爆發出來。這種說法比較有一點道理。別的姑且不論，這種說法可以解釋，即使在面臨菁英普遍反對的情況下，美國和法國等國家的一般民眾為何會對民主如此熱情。可是，如果採取這種說法，聲稱「西方」其實是一種根深柢固的文化傳統，那麼，這種傳統故事的其他部分都將瓦解。其中一個原因是，我們怎麼能說，西方傳統始於希臘？畢竟，如果就文化方面來談，今天活著的人當中，與古希臘人最相似的，顯然是現代的希臘人。然而，大多數歌頌「西方傳統」的人，甚至認為現代的希臘不再是「西方」的一部分了——希臘顯然已經叛教了，早在西元六〇〇年時，他們就選擇了錯誤的基督教宗派。

事實上，如同目前的用法，「西方」幾乎可能意味著任何東西。可以用來指一種智識傳統、文化傳統、政治權力的所在地（「西方干預」），甚至是一個種族名詞（「在阿富汗發現似乎是西方人的屍體」），大致上視當下需要而定。

由此來看，任何對於「西方文明」首要地位的挑戰，會引起美國保守派如此激烈的反應，也就不令人訝異了——因為，「西方文明」基本上是他們捏造出來的東西。就實際來說，縱使前後不連貫之處甚多，它卻很可能是有史以來捏造出來的觀念中，唯一強而有力的。為了要理解民主的真正歷史，我們別無選擇，只能將這些全放到一邊，從頭開始。如果我們不把西歐視為某個特選之地，那麼，在十六、十七和十八世紀，我們真正看到了什麼？首先，我們看到一群北大西洋的王國，幾乎毫無例外地全都逐漸**遠離**較早期由民眾參與的政府形式，轉而形成更中央集權、專制的政府。請記住，在那之前，歐洲北部一直是某種閉塞而落後的地方。在這段期間，歐洲社會不僅到處擴張，進行各種海外貿易、征服，以及亞洲、非洲和美洲各地的殖民計畫，他們還因此興起了一堆令人眼花撩亂、陌生的新政治思想。接觸到這些思想的歐洲知識分子，大多數都有興趣用它們來建立更強大的中央集權式君主政體：像是德國學者萊布尼茲（Leibniz），就受到中國的文化一致性、國家考試機關以及合理文官制度的榜樣所啟發；或是孟德斯鳩，他同樣對波斯（Persia）的範例感到好奇。其他人（例如洛克〔John Locke〕，或制憲元勛們喜愛的許多其他英國政治哲學家）則因為發現北美洲的社會似乎具備超乎歐洲人之前所能想像的平等主義與個人主義，而為之著迷。

美洲原住民文化對於聯邦結構的影響

在歐洲，談論這些新近發現社會的可能性，及其意義與政治和道德影響的小冊子和論述比比皆是。在美洲殖民地，這不只是單純知識上的省思。第一批在北美定居的歐洲殖民者，置身於矛盾的情況中：與原住民部落直接接觸的同時，不得不學習他們許多生活的方式，只求能在新環境中與之共存；同時，這些殖民者也驅離——主要是消滅——原住民。根據早期殖民者領袖語帶驚愕的敘述，在這個過程中，他們自己，尤其是他們的孩子，言行舉止開始愈來愈像印地安人。

這很重要，因為談到土著社會對美國民主的影響，大多數的辯論大體都忽略了土著社會所造成的深刻文化轉變。自一九八〇年代以來，關於這個主題的辯論一直相當熱烈，在學術文獻中通常以「影響的辯論」稱之。雖然挑起這場辯論的兩位歷史學家，本身是美國原住民的唐納・葛林德（Donald Grinde），以及布魯斯・強納森（Bruce Johansen）只是發表了大略的論點，但整個辯論很快就偏向一個很特定的問題：美國憲法中的某些元素，特別是它的聯邦結構，最初的靈感來源是不是仿效豪德諾索尼人（Haudenosaunee），或易洛魁人（Iroquois）所組成的「六部落聯盟」（League of Six Nations）。這一場辯論始於一九七七年，當時葛林德指出，殖民地組成聯邦的想法，最早似乎是由一個名叫卡納薩提哥（Canassatego）的奧農達加部落（Onondaga）使者，在談判一七四四年的蘭開斯特條約（Lancaster Treaty）期間所提議的。他必須與六個不同的殖民聚落進行談判，筋疲力盡之餘，他啪的一聲把一支箭折成兩半，展示要折斷它有多麼容易，然後再拿出六支捆成一束的箭，要求與他對話的人折折看（這捆箭仍出現在美利堅合眾國的國璽圖案上，只是數目增加到十三支。）參與這些談判的班傑明・富蘭克林（Benjamin Franklin）後來確實提議殖民地採納聯邦體制，但起初並沒有成功。

葛林德並不是第一個提出易洛魁聯盟體制可能對美國憲法產生若干影響的人。類似的想法早在十九世紀就偶有提出，而且在當時並沒有人覺得這特別具有威脅性或有值得注意之處。一九八〇年代，有人再度提出這種說法時，卻掀起了軒然大波。美國國會通過一項法案，承認豪德諾索尼人的貢獻，而只要一聽到有人說制憲元勛受到「西方文明」以外的影響，保守派人士就全副武裝準備開戰。具有美洲原住民血統的學者幾乎全都接受這個概念，但他們也強調，殖民者受原住民社會熱愛自由習性的影響，是一個更廣泛的過程，這不過是其中的一個例子罷了。同時，研究六部落的（非原住民）人類學家和研究美國憲法的歷史學家，都堅持只聚焦在憲法相關問題，並且立刻否決掉這個論點。這意味著，儘管許多制憲元勛曾參加與豪德諾索尼聯盟協商條約的談判，而且在實際上，這是他們接觸聯邦制度的唯一直接經驗，那些學者仍然堅持，在制憲元勛們思考如何創建聯邦制度時，這些經驗對他們的想法起不了任何的作用。

表面上看來，這似乎是一種異常的主張。之所以可能發表這種主張的原因是，當《聯邦黨人文集》的作者們真的公開討論不同類型聯邦制度的優缺點時，他們隻字不提自己親眼目睹的那一種聯邦制度，反倒是提及他們只透過閱讀所得知的其他聯邦制度：《士師記》（*Book of Judges*）時代的猶太（Judaea）組織、亞該亞聯盟（Achaean League）、瑞士邦聯（Swiss Confederacy），以及尼德蘭聯合省（United Provinces of the Netherlands）。當他們真的提到原住民時，通常稱他們為「美國野蠻人」，也許偶爾稱許他們是個人自由的典範，但也正因為這個原因，其政治經驗完全無關緊要。比如說，約翰・亞當斯就把他們比作古代的哥德人（Goths），他認為他們是很不尋常的民族，只因他們實際上可以支持一個大致民主的政府體制，而沒有陷入劇烈的動亂之中。他的結論是，這兩個民族之所以能夠如此，是因為他們太分散又怠惰，無法積累為數可觀的財產，因此就不需要為了保護財富而設立的機構。

儘管如此，整個憲法的辯論有點像是小插曲，只是透過這樣的方式，讓一切都聚焦在飽學士紳的閱讀習慣，以及他們認為適合在公開辯論中採用的論點與典故。舉例來說，制憲元勛們對卡納薩提哥折箭的比喻顯然知之甚詳——畢竟，他們都把那圖像放在新創的共和國國璽上了——但卻似乎沒人想過要在他們發表的著作、演講或辯論中對之略微提及。就連紐約肉販和馬車修理工都知道，與士紳辯論時，必須大量引經據典以裝飾他們的論點。

民主發明於何時何地？

如果我們想要探索那些民主感受力的根源，了解是什麼原因導致普通的紐約人從一開始就對民主統治的觀念產生共鳴，或甚至去找尋人們在何處才能真正擁有直接、親自參與集體決策的經驗，而那可能影響他們對於民主實際上可能是什麼樣子的認知，那麼，我們需要觀察的就不只是飽學士紳的客廳了。事實上，我們很快就會發現自己置身於乍看之下令人嚇一大跳的地方。一九九九年，當代重要的歐洲民主史學家約翰・馬科夫（John Markoff）發表了一篇評論，標題是〈民主是在何時何地發明的？〉（*Where and When Was Democracy Invented?*）。文中出現以下的段落：

> 領導階層可以經由被領導者的同意而產生，而不是必須由更高權威來授予，這有可能是近代初期大西洋世界海盜船船員的經驗。海盜船員不僅選出了他們的船長，而且也熟悉制衡的力量（代表形式

是舵手和船長評議會），並且與個人和集體訂有契約關係（代表形式是船員雇用契約書，明定戰利品分配的方式以及在職傷害的補償費）。[16]

他做這些評論時只是大致帶過，但就某方面來說，他所舉的例子卻透露出許多訊息。如果現存的船規可以當成依據，那麼，十八世紀典型的海盜船組織可說是非常的民主。[17]船長不僅是由船員選出來的，通常他們的角色很像是美洲原住民的戰爭酋長：在狩獵或戰鬥期間被授予全部的權力，但在平時就像普通的船員。即使在授予船長更多一般權力的海盜船，也堅持船員保有在任何時候，可以基於船長膽怯、殘酷或任何其他原因，而解除其職務的權利。

在每個情況下，掌握最終權力的是群眾大會，通常連最瑣碎的事情也要經過大會裁決，顯然總是由多數舉手表決而定。

如果考慮到海盜的出身，這其實並不令人意外。海盜往往是叛變者，通常是來自於大西洋沿岸的港口城市，起初在違背個人意願之下被迫當上船員，曾經參與暴動反抗專制的船長並「向全世界宣戰」。他們會成為典型的社會型盜匪，對於虐待船員的船長施加報復，並且釋放、甚至獎賞那些未被任何人投訴的船長。海盜船船員的組成分子通常形形色色的人都有，非常的異質化。根據馬科斯・雷迪克（Marcus Rediker）所著的《萬國惡棍》（*Villains of All Nations*）：「『黑山姆』貝拉米（“Black Sam” Bellamy）一七一七年的船員是『一群來自所有國家的烏合之眾』，包括英國人、法國人、荷蘭人、西班牙人、瑞典人、美國原住民、非洲裔美國人，以及二十四個剛從奴隸船釋放出來的非洲人。」[18]換句話說，我們現在所談論的這一群人，可能至少取得了一些有關各種直接民主體制的第一手知識，從瑞典的議會、非洲的村民大會到美國原住民的聯邦架構，卻突然發現自己在完全欠缺任何體制的環境下，不得不拼湊出某種自治的模式。這是跨文化交流完美的實驗場。除此之外，在當時的大西洋世界，可能再也沒有別的地方有利於發展新的民主體制。

十八世紀初期在大西洋海盜船上發展出來的民主實踐，對六、七十年後北大西洋各地民主憲法的演變，究竟有沒有產生任何直接或間接的影響？可能有影響。毫無疑問，典型的十八世紀紐約技工或商人，花很多時間在碼頭邊的酒吧一邊喝酒，一邊交流彼此的海盜見聞。聳動的海盜故事確實流傳甚廣，像麥迪遜或傑弗遜這類人可能有讀過，至少是他們小的時候。但我們實在不可能確切得知，這些人是否從這些故事中汲取了任何的想法；就算這類故事真的對他們產生了某種影響，這也是他們最不願意公開承認的。

我們甚至可以推測，或許普遍存在著一種民主無意識（democratic unconscious），隱藏在許多與美國獨立戰爭有關的思想與論點背後，這些思想的起源就連普通的平民都會覺得不安，因為已經和野蠻、犯罪牢牢地聯想在一起。海盜正是其中最生動的例子，尤其在北美殖民地是邊陲社會的狀況下。但這些早期殖民地與海盜船的類似程度，遠遠超過我們所能有的想像。邊陲社區的人口稠密度或許不如海盜船，也沒那麼迫切需要不斷合作，但這裡提供跨文化的即興合作空間，而且和海盜船一樣，大致上都不屬於任何國家的管轄範圍內。

直到最近，歷史學家才開始記錄，在那些早期的年代，殖民者社會與原住民社會彼此間糾結得有多麼深刻。[19]殖民者採用印地安人的農作物、穿著、藥品，習俗以及作戰的方式。他們進行交易，通常隔鄰而居，有時候彼此通婚，還有其他人以俘虜身分在印地安人社群中居住多年，返家時已經熟習原住民的語言、習慣和道德觀念。更重要的是，歷史學家指出，令殖民社區與民兵單位的領導人恐懼不已的，是他們的下屬在學習使用戰斧、貝殼串珠和獨木舟的同時，也以同樣的方式，開始吸收印地安人對於平等和個人自由的態度。

其結果是一場文化上的轉變，幾乎影響了殖民者生活的各個層面。例如，清教徒認為體罰在養育子女的過程中是絕對必要的：必須以樺木條鞭打，目的在教導孩子何謂權威，並馴服他們的意志（已染上原罪的污點），如同馴服馬匹或其他動物一樣——基於同樣的道理，他們也認為，成年生活中也有必要施以樺木條，用來管教妻子和僕人。相形之下，大多數的美國原住民則認為，無論在什麼情況下都絕對不應該打孩子。

大約在一六九〇年代，著名的波士頓喀爾文教派（Calvinist）牧師科頓・馬瑟（Cotton Mather）痛批海盜是人類褻瀆神的禍害，他還抱怨說，同是殖民者的友人受新世界（New World）舒適的氣候和原住民鬆懈的態度誤導而步入歧途，已經開始進行他所謂的「印地安化」——拒絕對他們的孩子施以體罰，因而破壞主從的紀律、男尊女卑的階級，以及長幼有序的禮儀，而這些理應是規範主人與僕人、男人與女人、老年人與年輕人之間關係的原則：

雖然這個國家的第一批英國殖民者家庭通常都有管教與紀律，而且也很嚴格，然而，這裡的氣候彷彿已經教導我們如何印地安化，它已逐漸鬆懈，如今則全被擱置在一旁，而愚蠢的縱容孩子已成為一股蔓延至全國的挫敗，且可能伴隨著許多的邪惡的後果。[20]

換句話說，只要是個人主義的、放縱的、熱愛自由的精神一開始在殖民者之間浮現，早期的清教徒長老就把它歸咎於印地安人——或者說，如同他們當時仍然在用的稱呼，歸咎於「美國人」，因為殖民者那時候還不認為自己是美國人，而是英國人。「影響的辯論」中的一大諷刺是，在爭辯易洛魁聯盟對聯邦制度影響的喧囂聲中，葛林德和強納森真正想要強調的是：在殖民地定居的普通英國人和法國人，當他們開始體認到自己更像是印地安人，成為某種熱愛自由的新民族時，他們才開始自認為是「美國人」。

凡是在波士頓這些城鎮屬實的情況，在邊陲地區就更真實了，尤其是在通常由逃脫的奴隸與僕人所組成的社區，這些奴僕「變成印地安人」，完全在殖民地政府的控制範圍之外，[21]或是歷史學家彼得・萊恩博（Peter Linebaugh）和馬科斯・雷迪克稱為「大西洋無產階級」聚居的孤立島嶼，包括形形色色的自由人、水手、船上妓女、叛教者、反律法主義信徒（Antinomians）以及叛軍，他們早在現代種族主義出現之前，就已在北大西洋世界的港口城市逐漸發展勢力，而且從他們的身上，美國和其他革命的大部分民主衝動，似乎已經初現端倪。[22]像馬瑟這樣的人也會同意：他常常寫道：印地安人攻擊邊境的殖民地，是上帝在懲罰這些人，因為他們背棄了自己的合法主人，過著像印地安人似的生活。

民主精神源起於教會和政府的管轄之外

如果歷史記載屬實，依我之見，民主的精神——以及更可能的，許多民主的機構——真正的起源就在政府與教會組織的控制範圍之外、那些即興發揮創造力的空間。我可以再加進豪德諾索尼本身。該聯盟最初形成時——我們不知道確切的時間——是以塞內卡（Seneca）、奧農達加、卡尤加（Cayuga）、奧奈達（Oneida），和莫霍克（Mohawk，第六個部落塔斯卡羅拉〔Tuscarora〕則是後來才加入的）之間的契約協議，來建立一種調解糾紛和維持和平的方式；但在十七世紀他們的擴張期間，該聯盟成為一個不尋常的種族大雜燴，很大比例的人口是從其他原住民部落投靠過來的戰俘、被捕的殖民者以及逃脫者。

一名耶穌會（Jesuit）傳教士在十七世紀海狸戰爭（Beaver Wars）打得如火如荼時抱怨，幾乎無法用塞內卡族自己的語言向他們傳道，因為他們多數人幾乎都講得不甚流利！到了十八世紀，例如卡納薩提哥、也就是那位首次向殖民者提議某種聯邦的使者，他的雙親是奧內達加族，而另一位與殖民者談判的豪德諾索尼主要協商者，史華丹（Swatane），其實是法國人，更精確地說，是魁北克（Quebec）的法裔父母所生的。就像所有活的憲法（living constitutions）一樣，該聯盟不斷地變化和發展，而且毫無疑問地，它的議會結構中的許多謹慎架構及莊重威嚴，正是這種文化、傳統以及經驗經過創意混合而成的產物。

為什麼保守派堅持民主是在古希臘發明的，而且不知何故，這成為所謂「西方文明」的固有特質——儘管種種壓倒性的證據顯示情況正好相反？到頭來，民主只是提供一種方式，讓有財有勢者做他們總是在做的事：把別人的勞動成果據為己有。這是一種圈地主張財產所有權的方式，而財產所有權必須捍衛。這就是為什麼，每當像沈恩（Amartya Sen）這樣的人物想要（如同他最近做的）強調一個其實很明顯的觀點，亦即在非洲南部的村民議會或是在印度，也一樣能輕易地發現民主的軌跡時，就必定會立刻在保守派雜誌和網頁上激起一波憤怒的反應，說他完全偏離了重點。

一般來說，如果你能找到一個人人都同意是好事的概念，比方說真理、自由、民主，那麼你可以確定，沒人會對這概念究竟是什麼看法一致。但是當你問**為什麼**大多數美國人，或說大多數的人，都喜歡民主的理念，傳統的說法不僅瓦解，還會變得完全不相干。

民主不是在古希臘發明的。當然，「民主」一詞發明於古希臘，但主要是由不怎麼喜歡這種事的人所創造的。民主從來沒有真正「被發明」，也不是脫胎自任何特定的智識傳統，甚至也不是一種真正的政府模式。本質上，它只是一種信念，相信人類根本上是平等的，而且應該被允許以平等主義的方式，運用任何看來似乎是最有利的手段，去管理他們的集體事務。就是如此，外加努力奮鬥，讓根據這些原則所做的種種安排能夠付諸實現。

依據這個定義，民主有史以來就存在了，和歷史以及人類智慧本身一樣古老。沒有人可能擁有它。我想，如果某人有此意圖，大可這麼說：當原始人停止只企圖彼此欺凌，並且發展出溝通技巧，藉此集體設法解決共同的問題時，民主就在那一刻誕生了。但這種猜測是無憑無據的；重點是，在任何時代、任何地點，都可舉證歷歷地指出有過民主的集會，從峇里島的「seka」組織到玻利維亞的「ayllu」，採用形式種類多不可勝數的程序，而且總是會出現一群人，無論數目有多大，他們一起坐下來商量，依據所有參與者都應該有平等發言權的原則，做出集體的決定。

政治學家談到民主史時，往往很容易忽略這類地方性的協會與群眾大會，原因之一是，在大多數這樣的群眾大會中，最後決定從來沒有付諸投票表決。一般觀點認為民主就只是投票這回事——制憲元勛們也這麼認為——也讓人們認為民主是一種創新，是某種概念上的突破：彷彿在以前的時代，從來沒有人想過，若要檢驗人們對一項提案的支持度，可以要求他們把手舉起來、在陶器碎片上作記號，或讓每個支持提案的人統統站到公共廣場的一側似的。但是，即使有史以來人們都懂得怎麼計算，仍有充分的理由可以解釋，為什麼經常避免用數人頭來作為達成團體決定的一種手段。因為投票會製造分裂。假使某個社群沒有辦法強迫其成員服從一項集體的決定，**那麼，也許眾人可做最蠢的事情**，就是舉辦一系列公開競賽，其中必定會有一方在眾目睽睽之下落敗；這不僅讓一個百分之四十九群眾強烈反對的決定通過，也大大提高了那些人心懷芥蒂的可能性，儘管這一部分的社群持反對意見，其實最需要去說服他們跟進。

要強迫憤怒的少數人去遵守他們認定是愚蠢、令人厭惡或不公平的決定，需要某種中央集權的官僚，特別是有系統的強迫手段，但是對缺乏這些工具、卻必須執行一項決定的人而言，更適合的做法是採取一個尋求共識、互相包容與彼此妥協的過程，以達成一個至少讓每個人都不會強烈反對的集體決定。

回顧歷史，要找到這兩者並存的時期，是極為罕見的。綜觀大部分的人類歷史，凡是平等的社會，正好也是沒有設置某些軍警組織、去強迫人民做他們不想做的事情的社會（例如前文提到的那些「sekas」和「ayllus」）；在強制工具確實存在的地方，任何人都不曾想過，普通人的意見有什麼重要的。

那麼，我們去哪裡找投票的社會呢？有時候，這些是把公開競爭的壯觀場面視為常態的社會——例如古希臘（古希臘人什麼事情都能拿來比賽）——但主要是在每個參加會議的人都配備武器、或至少受過武器使用訓練的情況下。在古代世界，投票主要發生在軍隊內部。亞里斯多德很清楚這一點：據他觀察，希臘城邦的憲法大致要看它主要的兵種而定：如果是騎兵，可以預料是貴族制；如果是重裝步兵，投票權將授予那些買得起盔甲的富有男子；如果是輕步兵、弓箭手、投石兵或海軍（例如在雅典），可以預料是民主制。同樣地，在羅馬，依賴多數決的群眾大會，直接以一百人組成的軍事單位為基礎，稱為百人隊（century）。這種制度奠基於一個很合乎常理的觀念：如果一個人配備武器，他的意見必須予以重視。古代軍事單位通常自己選舉軍官。而且，很容易看出來，為什麼軍事單位採多數決是合理的：即使投票結果是六十票對四十票，雙方都有武裝，如果最後打了起來，可以馬上看出哪一方極可能打贏。而這種模式或多或少跨越歷史記錄都大致適用：例如，在一六〇〇年代，六部落議會——主要任務是調停糾紛——靠共識決運作，但海盜船，屬於軍事行動，採用多數決。

這一切很重要，因為這顯示富裕的早期「愛國者」身為貴族的恐懼——當他們想像「民主」的噩夢時，腦子裡所想的是武裝民眾以多數舉手表決來做決定——並非完全沒有根據。

那麼，民主未必是由多數表決來定義：而是基於充分、平等參與的原則，進行集體審議的過程。因此，民主的創造力最可能發生的時機，是當參與者是形形色色的一群人，出身自迥異的傳統，有迫切需要即興創造出一些工具來規範他們的共同事務，而不受制於先前已存在的最高權威。

在今日的北美洲，積極嘗試去發展並促進這種民主制度的人，主要是無政府主義者——一般而言，是反對任何形式政府的政治哲學支持者。在某種程度上，無政府主義者對這種民主概念的認同，可追溯至很遙遠的年代。在一五五〇年，或甚至一七五〇年，當時這兩個詞仍是用來罵人的話，批評者通常交替互換地使用「民主」和「無政府狀態」，或「民主人士」和「無政府主義者」。在這些情況下，部分基進人士到最後開始以挑釁的意味，用這個字眼來自我描述。然而，儘管「民主」逐漸演變成人人都覺得必須支持的東西（即使連它究竟是什麼都沒有共識），「無政府狀態」卻走上相反的道路，成為對大多數人來說等同於暴力失序的代名詞。

無政府主義的真實意涵

那麼，無政府主義到底是指什麼？

其實這個詞僅僅意味著「沒有統治者」。正如同民主的情況，無政府主義的歷史也可以用兩種不同的方式來敘述。一方面，我們可以檢視「無政府主義」一詞的歷史，這個詞是普魯東於一八四〇年所創造的，在十九世紀後期歐洲的一場政治運動中被採用，尤其在俄羅斯、義大利和西班牙穩固扎根，然後再蔓延到世界的其他地方；另一方面，我們也可以把它看成是一種更廣泛的政治感受力。

不論用哪一種意思來解釋無政府主義，最簡單的說法就是，它是一種政治運動，目的在促成一個真正自由的社會—而這也為「自由的社會」下了定義，亦即在這樣的社會裡，人們只有在不會時時受暴力威脅強制下，才會互相建立這類的關係。歷史已經證明，嚴重的財富不均以及諸如蓄奴、以勞役償債或僱傭勞動等制度，只在有軍隊、監獄和警察做後盾的情況下，才可能存在。更深層的結構性不平等，像是種族主義和性別歧視，終究是以暴力威脅作基礎，不過這種威脅更微妙也更陰險。無政府主義者因此構思一個建立在平等與團結基礎上的世界，人類在其中可以自由地相互結伴，依據他們發現什麼是生命中最重要的事，去追求無窮無盡的各種願景、計畫和概念。

當人們問我，無政府主義者的社會裡可能存在什麼樣的組織時，我總是回答：任何可以想像得到的組織形式，包括許多我們目前可能還無法想像到的在內；唯一條件是，能夠存在的只限於那種沒有任何人有能力，在任何時候，召來武裝人員說：「我才不在乎你對這件事有什麼意見，閉嘴，並且聽令行事。」

就這個意思而言，無政府主義者自古以來一直都存在著：當一群人面對某種強加在他們身上的權力或統治系統，而他們激烈反抗，以至於他們開始設想一些能讓他們掙脫這類權力或統治，並且互相往來的方式，就在這樣的時刻，幾乎都看得到無政府主義者的身影。大多數這類計畫仍無歷史記載可查考，但不時會有某種證據冒出來。例如，在西元前四〇〇年左右的中國，興起一股後來被稱為「農家」（School of the Tillers）的哲學運動，這派學說認為，商人和政府官員這兩種人都是無用的寄生蟲，並試圖創立人人平等的社會，唯一的領導方式是國君親自耕種作為表率，而大國之間無人認領地區的經濟將以民主的方式進行管理。顯然，這場運動是由一群叛逃到這種自由村莊的知識分子，與他們在當地遇到的農民知識分子結盟發起的。他們的最終目標似乎是逐漸從周遭的王國吸收叛逃者，藉此讓這些王國最終分崩離析。這種對於大規模叛逃的鼓勵，是無政府主義者的一種典型策略。不用說，他們最後並沒有成功，但他們的思想對後代的宮廷哲學家產生了巨大的影響力。而在城市裡，無政府主義的思想助長了一些概念，包括個人不應該受到任何社會成規的約束，以及所有的技術都應該捨棄，才能返回一個想像中的原始烏托邦——一個從古至今在世界歷史中一再反覆出現的模式。這些個人主義與原始主義的觀念，到頭來對老子和莊子的道家學說產生了巨大的影響。[23]

人類有史以來，曾經有過多少次類似的運動？我們無從得知（我們碰巧得知關於農家的事，是因為他們也編纂了農耕技術手冊，因為寫得很好，所以流傳了數千年來被世人閱讀和重新抄寫。）但誠如詹姆士．史考克（James Scott）最近在他所著的《不被統治的藝術：東南亞高地無政府主義者的一段歷史》（*The Art of Not Being Governed: An Anarchist History of Upland Southeast Asia*）中所展示的，幾世紀以來，那個地區數以百萬計的人們一直都在這麼做：逃離附近王國的控制，並嘗試以唾棄這些國家所代表的一切為基礎，建立新的社會；然後設法說服別人也做同樣的事。[24]農家學派的作為，其實只是這類運動中，以知識分子自覺意識的形式所呈現的版本罷了。有可能曾經發生過許多這樣的運動，從不同的國家贏得某種自由的空間。我想說的重點是，這些舉措自古以來到處可見。在人類歷史上大部分的時期，這種排斥行為比較可能採取的形式包括逃離、投奔敵營以及創立新的社群，而不是揭竿而起對抗當權者。當然，如果可以逃到偏遠的山區，如果國家的掌控難以涵蓋到遼闊的疆域，這一切就更加容易了。工業革命後，當基進的勞工運動開始在歐洲各地湧現，一些工廠工人在法國或西班牙等地開始公開鼓吹無政府主義思想，就不再有這個選項了。無政府主義者於是轉而採取各種不同的策略，從組成替代的經濟企業（合作社、互助銀行），工作場所的罷工、怠工和總罷工，乃至於徹底的暴動。

無政府與馬克思主義的差異

大約在同一時間，馬克斯主義崛起為一種政治哲學，特別是在它剛興起之初，也和無政府主義一樣渴望追求同樣的終極目標：一個自由的社會，消除所有形式的社會不平等，自我管理的工作場所，以及解散政府。但是從聚焦於創立第一國際（First International，譯注：馬克斯於一八六四年成立的國際勞工協會）的辯論開始，就出現了一個關鍵性的差異。大多數馬克斯主義者堅持，有必要先奪取國家權力——不論是否透過選票或其他的方式——並且運用它的機制來改造社會，直到這樣的機制，依照馬斯克主義者的論點，最後變成多餘並且逐漸完全消失為止。

早在十九世紀，無政府主義者就指出，這是個不切實際的夢想。他們認為，訓練人民作戰不能創造和平，創立由上而下的指揮系統不能產生平等；同樣的道理，成為一個為理想犧牲一切個人自我實現或自我成就的嚴肅革命者，並不能創造人類的幸福。無政府主義者堅稱，這不只是不能為了達到目的而不擇手段的問題（儘管當然不能因為目的正當就不擇手段），而是你根本永遠無法達到目的，除非手段本身可為你想創造的那種世界樹立一個典範。因此，著名無政府主義的號召是開始「在舊殼中建立新社會」，進行各式各樣的平等主義實驗，從無階級之分的學校（例如西班牙的現代學校〔Escuela Moderna〕或美國的自由學校〔Free School〕運動），到基進的工會（法國的CGT、西班牙的CNT，北美的IWW），以及種類多得數不盡的各種公社（從一八五一年紐約的現代〔Modern Times〕集體社區，一九七一年丹麥的克里斯汀尼亞〔Christiania〕；和以色列的基布茲運動〔kibbutz movement〕，它最初大致上是受到無政府主義者的啟發，也許是這類實驗當中最有名也最成功的產物）。

有時候，在十九、二十世紀之交，個人無政府主義者也會直接對世界領袖或強盜大亨（當時他們被人這麼稱呼）發動暗殺或炸彈攻擊：從大約一八九四年到一九〇一年，有一段期間特別密集的接連發生，至少導致了一位法國總統、一位西班牙首相和美國總統威廉・麥金利（William McKinley）喪生，以及其他至少十幾起國王、王子、祕密警察首長、工業家和國家元首的攻擊事件。這段期間無政府主義者帶給世人惡名昭彰的炸彈投擲者印象，從此之後便停留在民眾的想像中揮之不去。無政府主義思想家克魯泡特金（Peter Kropotkin）與艾瑪・高德曼（Emma Goldman）常得費力解釋，這類的攻擊往往是由孤立的個人所發動的，而且他們其實不是無政府主義聯盟或協會的成員。

值得注意的是，在現代政治運動當中，無政府主義者或許最早就（逐步）體認到，恐怖主義作為一種政治策略是行不通的，就算不是衝著無辜的人也是一樣。事實上，過了快一個世紀後的今天，無政府主義一直是其倡導者從不炸掉任何人的極少數政治哲學之一（的確，最能吸收無政府主義傳統精神的二十世紀政治領袖就是甘地）。然而，就大約一九一四年到一九八九年這段時期而言，這個世界不是紛爭不斷，就是準備迎向世界大戰，無政府主義也因為這個原因而漸趨式微：在這樣一個暴力的時代，政治運動若要顯得「實際」，必須有能力組織坦克部隊、航空母艦以及彈道導彈系統，這些正是馬克斯主義者通常較為在行的事情，而人人都認清無政府主義者永遠辦不到。唯有在一九八九年以後，當偉大的戰爭動員時代似乎已經宣告結束時，基於無政府主義原則的全球革命運動——全球正義運動——才重出江湖。

無政府主義的類型、色調和傾向有無數種之多。就我個人而言，我喜歡稱自己是「小寫a」的無政府主義者。我對思索自己是什麼樣的無政府主義者比較不感興趣，比較有興趣投入一個依循無政府主義原則行事的廣泛聯盟：這個運動不試圖透過政府運作、或甚至成為政府；這個運動無意承擔起實質的政府機構角色，例如行業組織或者資本主義企業；這個團體專注於使我們與彼此的關係成為我們

希望建立的世界楷模。換句話說，就是朝建立真正自由的社會而努力的一群人。畢竟，當太多的問題只能一邊做一邊回答時，很難弄清楚究竟什麼樣的無政府主義最有意義。在一個真正自由的社會裡，還需要市場來扮演某種角色嗎？我們怎麼知道？我自己倒是很確定，根據歷史，[25]即使我們盡力在這樣的自由社會中維持一個市場經濟——亦即，一個沒有國家來強制執行合約，協議只建立在信任的基礎上——經濟關係會迅速演變成一些自由主義者會發現完全無法辨認、並且很快就會跟我們習以為常的「市場」面貌完全不一樣。當然，我無法想像，如果還有其他的選項可供選擇，會有任何人同意只是為了工資而工作。但誰知道呢，也許我錯了。我感興趣的不是建構出一個自由社會可能是什麼模樣的詳細架構，而是創造出讓我們能找出答案的環境。

集體解決問題的模式

我們不知道，如果自由人能不受約束地用自己的想像力來真正解決集體的問題，而不是讓事情變得更糟，那麼，什麼樣的組織，或者說什麼樣的技術，將會應運而生。但最主要的問題是：我們要如何到達那個境地？需要付出什麼樣的代價，才能讓我們的政治和經濟體制成為集體解決問題的模式，而不是像現在這種集體戰爭的模式？

即使是無政府主義者，也花了很長的時間才了解這個問題的全貌。當無政府主義是更廣泛的勞工運動的一部分，例如，它傾向於接受「民主」意味著多數決與羅伯特議事規則（Robert's Rules of Order），依靠訴諸團結來說服少數人服從。當一個人被困在某種性命交關的衝突，例如革命者經常陷入的情況，呼籲團結可以是非常有效的。例如CNT：一九二〇年代和一九三〇年代西班牙的無政府主義工會，就是倚賴一個原則，亦即當某個工作場所投票決議要罷工，那麼投了反對票的成員也必須受那項決定所約束；其結果是，幾乎無一例外，工會成員百分之百遵守規定。但話又說回來，罷工是準軍事行動。如同各地鄉村社區的情況，地方性的鄉村公社往往傾向於回頭採取某種實質上的共識決。

不是明顯無政府主義者的基層運動組織者，最常採用的倒不是多數決，而是共識決：例如SNCC，即「學生非暴力協調委員會」（the Student Nonviolent Coordinating Committee），該委員會是民權運動的水平分支，靠共識決運作；又如SDS，即「爭取民主社會學生聯盟」大感，他們在組織章程原則中聲稱依照議會程序運作，但事實上往往靠共識決進行實際的運作。參加這類會議的人士大都覺得，當時採用的程序太粗糙、即興，而且通常讓人挫折。部分原因是，美國人儘管具有民主精神，但大多數人卻毫無審議式民主（democratic deliberation）的經驗。民權運動圈流傳一個著名的故事，是說有一小群社運人士試圖在某個緊急情況下做集體決定，但卻未能達到共識。等到某一刻，其中有個人放棄了，並且掏出手槍直接對準會議引導者。「要麼為我們做出一個決定，」他說：「不然，我就開槍殺了你。」引導者說：「唉，你恐怕只能把我給斃了吧。」要發展所謂的民主文化，需要花上很長的時間，而它的出現，竟然是從令人驚訝的方向冒出來：精神傳統，例如貴格會教義（Quakerism），以及女性主義。

美國公誼會（American Society of Friends），也稱貴格會，就花了幾個世紀的時間發展自己共識決策的形式，作為一種靈修方式。貴格會教徒也一直活躍於從廢奴主義（Abolitionism）以降的基層美國社會運動，但是在一九七〇年代之前，他們在大多數情況下，都不願意把他們的技巧傳授給別人，原因是他們認為這屬於心靈上的問題，屬於宗教的一部分。有名的貴格會和平社運人士喬治・雷基（George Lakey）曾經解釋說：「當你們對神學有共同的理解，就可以仰賴共識。這不是可以強迫別人接受的事情。貴格會教徒，至少在一九五〇年代的時候，是反對使人改變宗教信仰的。」[26]但女性主義運動發生了一場危機——他們起初在通常大約十幾人的女性意識提升小組中採用非正式的共識決，但隨著人數規模愈來愈大，他們發現自己陷入各種搞小圈圈和隱性領導結構的問題——最後促使一些持不同意見的貴格會教徒（其中最著名的就是雷基他自己）出手相助，開始傳播他們的一些技巧。這些技術如今注入了一種鮮明的女權主義特質，而且逐漸經過修改，以便供規模更大、更多樣化的團體採用。[27]

這裡只是舉一個例子，來說明現在所謂的「無政府主義者的程序」（Anarchist Process）——所有這些複雜的會議引導和尋求共識的技巧、手勢訊號，諸如此類——是如何汲取基進女性主義、貴格會教義，甚至美洲原住民的傳統。事實上，在北美採用的這種特定類型，實在應該被稱為「女性主義者的程序」，而不是「無政府主義的程序」。這些方法之所以被認定與無政府主義契合，正是因為無政府主義者肯定它們是可以運用於自由社會的決策形式，在這種社會裡，沒有人可以透過肢體脅迫任何人去遵從一個他們強烈反對的決定。*

共識決不只是一套技術而已。當我們談論程序，我們真正談論的是逐步建立一種民主的文化。這讓我們回頭重新思考，我們對於民主究竟是什麼的一些最基本的假設。

如果我們回顧亞當斯、麥迪遜，甚至是傑弗遜的文章，很容易看出，這些人雖然是菁英主義者，他們對民主的部分批評仍然值得認真看待。首先，他們認為在一個被財富不均割裂得很深的社會，若是在白種成年男性之間實施多數決的直接民主制度，可能會導致動盪、不穩定，以及的血淋淋最終後

＊有一些例外。我得在這裡指出，首次大規模使用共識決程序，也就是在一九七〇年代末和一九八〇年代初的反核運動時，經常遭遇重重的阻礙——一方面是只因為缺乏經驗，一方面則是因為純粹主義作祟（一直要到後來，修改後適用於較大團體的共識決程序才變成普遍使用）——而許多經歷過這一切的人，最有名的是自由進步社會主義者默里・布克金（Murray Bookchin），他提倡地方自治的觀念，表態強烈反對共識決，並支持多數決。

果，煽動群眾的政客和專制的暴君崛起。對此他們或許是對的。

他們提出的另一個論點是，唯獨擁有財產、地位穩固的人，才應該被准許能投票和擔任公職，因為只有他們是自給自足的，也因此能夠超脫私人利益，而有餘力去思考公共利益。後者是一個重要論點，值得給予比往常更多的關注。

理性真能在現實中實踐嗎？

顯然，這個論點的陳述方式是十足的菁英主義觀點。宣稱平民沒有受教育或缺乏理性所流露出的極度虛偽，從古文諾・莫里斯等人的文章裡可見一斑。至少在一封寫給士紳同輩的私人書信中，莫里斯願意承認，最讓他感到震驚的其實是相反的看法——普通民眾已取得教育，且有能力發表理性的論點。

但以平民想必「不理性」為立論基礎的說法，其真正的問題出在對什麼構成「理性」的基本假設。在共和國早期，反對人民統治的一個普遍的論點，套句亞當斯的說法，「八、九百萬個沒有財產的人」沒有能力做理性的判斷，因為他們不習慣管理自己的事務。僕人和僱傭勞動者，更別提婦女和奴隸，都習慣於聽命行事。一些菁英認為，這是因為他們除此之外什麼事都無法勝任；有些人純粹把它看成是他們因循苟且造成的結果。但是，幾乎所有的人都同意，如果這樣的人被賦予投票權，他們不會思考怎麼樣對國家最好，而是立即依附某個領導人——若不是因為那個領導人以某種方式收買了他們（承諾要註銷他們的債務，或甚至直接給他們錢），就是因為他們只知道跟隨別人，別的一無所知。因此，過度的自由只會導致暴政，因為人們自己要受有領袖魅力者的擺布。最好的情況是，這會導致「派系主義」，由政治黨派所主導的一個政治體制——幾乎所有的憲法制定者都強烈反對政黨制度的出現——各個政黨為各自的利益你爭我奪。這一點他們是對的：儘管接下來並沒有發生重大的階級鬥爭——部分原因是有邊疆可作為緊急逃生出口——但溫和擴大的選舉權在一八二〇年代和一八三〇年代一開始付諸實施，派系主義和政治黨派就立刻接踵而至。菁英們的顧慮並沒有完全搞錯方向。

唯獨有財產的人才可能完全理性，和其他人活著主要只是為了奉命行事的概念，至少可以追溯到雅典。亞里斯多德在他的《政治學》（*Politics*）的開頭就相當清楚地談到此事，他認為，自由的成年男性才可能成為完全理性的人，能夠控制自己的身體，一如同他們能夠控制別人：他們的婦女、兒童和奴隸。那麼，制憲元勛們所繼承的整個「理性」傳統，其真正的缺陷就在此處。它的最終目的不是為了自給自足，大公無私。在這種傳統之中，理性純粹只是為了有能力發號施令：把自己從某個情況之中抽離，站在遠處評估這個情況，做出一連串適當的盤算，然後告訴別人應該做什麼。[28] 本質上，這種盤算**只能**在一種情況下才能做，就是當某人能夠命令別人閉嘴並按照指示去做，而不是把他們看成自由、平等的人士，並與他們共同努力尋找解決之道。

唯有這種發號施令的習慣，才會讓一個人以為，這個世界可以簡化成形同數學公式，而這個公式可以套用在任何情況，無須考慮現實之中人的複雜性。

這就是為什麼，任何的哲學，凡是一開始就主張人類是理性、或應該是理性的——和地主一樣冷酷無情並且精於算計——到最後總是得出一個結論，就是其實我們恰好相反：誠如休謨（Hume）的名言，理性向來是，也只能是「情感的奴隸」。我們尋求歡樂，因此，我們尋求財產，以保證我們能取得歡樂；因此，我們尋求權力，以保證我們取得財產。在每一種情況下，這些追逐都不會自然停止；我們總是在尋求更多之後，還要愈來愈多。這種人性理論早已存在於古代哲學家的論述中（而且也是他們對民主為什麼只會引發災難的解釋），並且以原罪的偽裝重現於聖・奧古斯丁（Saint Augustine）的基督教傳統，並出現在無神論者霍布斯的理論，其中闡述為什麼自然的狀態只可能是「所有人對抗所有人的戰爭」，並再次說明，為什麼民主必然會引發災難。十八世紀共和憲法的創造者也同意這些假設。人類實在是本性難移，無可救藥。因此，縱使偶然會出現理想崇高的語言，這些哲學家大多數到最後都願意承認，唯一真正的選擇，是在完全盲目的激情與菁英階層理性的利益盤算之間做取捨；因此，一部理想的憲法，在設計上必須確保這些利益相互牽制，最終達到平衡。

這產生了一些奇特的影響。一方面，人們普遍認為，如果沒有言論自由、新聞自由，以及可用於公開政治審議和辯論的工具，民主就幾乎毫無意義可言。與此同時，大多數的自由民主制度理論家——從盧梭（Jean-Jacques Rousseau）到約翰・羅爾斯（John Rawls）——給予那種審議領域的權限範圍卻有限得令人難以置信，因為他們認為，一群政治參與者（政治人物、選民、利益團體）早已知道他們想要什麼，才會踏上政治舞台。這些政治參與者，並不是利用這個政治領域來決定如何平衡互相匹敵的價值觀，或是就最佳的行動路線拿定主意，如果他們真的在思考些什麼，純粹只是考慮怎麼樣最能繼續維持自己現有的利益。[29]

因此，這留給我們一個「理性的」民主制度，我們在這裡把理性定義成孤立的數學計算，衍生自發號施令的權力，這樣的「理性」將不可避免地製造出龐然怪獸。做為一個真正民主制度的基礎，這樣的關係顯然是災難性的。但還有什麼替代選擇呢？如何建立一套民主政治理論，不是建立在由上而下發號施令，而是建立在平輩之間進行的那種理性討論（reasoning）？

這一直難以做到，原因之一是，這種形式的理性討論，實際上比簡單的數學計算更為複雜、精密，因此不適用於政治學家和評估研究經費申請的人員所喜愛的量化模型。畢竟，當有人問起，某某人的行為是否理性時，要求的並不多：真的只是問問他們是否能做基本的邏輯連結而已。這種情形很少出現，除非有人懷疑某人也許真的瘋了，或者可能因激情而盲目，以至於他們的論點毫無道理。想想看並做個對照，當一個人問某某人是否「合理」（reasonable）時，接下來會發生什麼事。這裡的標準提高許多。合理性暗示更複雜的能力，能夠在不同的看法、價值觀和任務之間取得平衡，而其中沒有一項，通常來說可以被簡化成數學公式。這意味著在各種立場之間設法尋求某種妥協，而這些立場，根據形式邏輯，是無法用同一尺度來衡量的，就好比在決定晚餐要煮什麼菜時，沒有一種形式上的方法，能夠衡量準備容易度、健康性和味道等各種不同的優點。然而，我們當然經常要做這樣的決定。生活中的大部分時間，尤其是與他人共同的生活，包含著達成各種合理的妥協，而這些妥協永遠也不可能簡化成數學模型。

換個方式來說，政治理論家傾向於假設政治參與者只靠八歲的智力水準運作。根據發展心理學家的觀察，孩子們開始做邏輯論證，不是要解決問題，而是為他們已經想要思考的問題提出一套理由。任何經常跟小孩子相處的人會立刻確認這是真的。另一方面，比較和協調南轅北轍觀點的能力，是後來才發展出來的，也是智力成熟的要素。這也正是那些習慣用指揮權的人很少需要做的事。

以道德推論模型成名的哲學家史蒂芬．圖明（Stephen Toulmin），一九九〇年代再度在知識界引起一陣轟動，當時他試圖在理性與合理性之間建立一個類似的對比：雖然他對理性基礎的分析一開始是從指揮權推論而得的，而不是得自於對絕對確定性的需要。

圖明比較隨筆作家蒙田（Montaigne）的恢宏大度，與笛卡兒（René Descartes）幾近偏執的嚴謹。蒙田撰文時適逢十六世紀歐洲向外擴張之時，他認為真相總是依情況而定的；笛卡兒提筆時是在一個世紀後，當時歐洲已經分崩離析，陷入一場場血腥的宗教戰爭，他構思的社會願景是基於純粹「理性」的理由。圖明主張，後來的政治思想全都執迷於企圖把不可能的抽象理性標準，套用在具體的人類現實上。但圖明並不是第一個提出這種區別的人。我自己第一次看見這種說法，是在一篇相當古怪的文章，稱為〈為詹蒂碧辯護〉（*The Case for Xanthippe*），由英國詩人羅伯特．格雷夫斯（Robert Graves）於一九六〇年發表。

這裡寫給那些缺乏紐約早期肉販和麵包師所受的古典教育的人參考，*詹蒂碧（Xanthippe）是蘇格拉底的妻子，她在歷史傳說中是個兇惡嘮叨的婦人。蘇格拉底容忍（忽略）她時展現的泰然自若，通常被舉出來作為他品格高尚的證明。格雷夫斯一開始便指出：為什麼兩千年來，似乎都沒有人問過，嫁給蘇格拉底實際上可能過著什麼樣的日子？想像一下，你被這樣的一個丈夫所套牢：養家活口的事他幾乎都不做，全部的時間都花在試圖證明他所遇見的每個人把每件事都弄錯了，而且覺得真愛只可能發生在男人與未成年男孩之間。難道你對這種情況不會表示一些意見嗎？蘇格拉底從此之後被奉為某種始終堅持純正一致概念的典範，不屈不撓地把辯論從頭貫徹到合邏輯結論的決心，這以其方式來說肯定是有用的——但他不是一個很通情達理的人，而稱頌他的人到頭來製造出一種「機械化、無知覺、不通人情、抽象的理性」，給這個世界帶來巨大的傷害。格雷夫斯寫道，身為詩人，他覺得別無選擇，只能更加認同那些被希臘城邦「理性」空間的寒意排斥的人，首先就是像詹蒂碧這樣的女人，對他們來說，合理性並不排除邏輯（沒有人真的**反對**邏輯），而是與幽默感、實用性以及單純的人性尊嚴結合起來。

考慮到這一點，那麼，創造新型態民主程序——例如共識——的主動手段多半源自於女性主義的

---

* 我們有時的確擔心，像古文諾・莫里斯這些老練世故者終於成功地防止大多數人接觸這類知識。

傳統，就顯得非常合理了，畢竟女性主義的含意之一，就是歷史上通常不被賦予指揮權的一群人的知識傳統。共識試圖建立一種建立在合理性原則上的政治——誠如女性主義哲學家黛博拉・海克斯（Deborah Heikes）所指出的，這種政治不僅需要合乎邏輯的一致性，也需要「一定程度的良好判斷力、自我批評，社會互動的包容力，以及提出並且考慮各種原因的意願。」[30] 總之，就是真正的協商。一個會議引導訓練員很可能這麼說：這需要良好的傾聽能力，才能理解在基本上跟自己不一樣的觀點，然後再設法找到務實的共同點，而不是企圖要使對話者完全轉換成自己的觀點。這意味著把民主政治視為共同解決問題的方式，參與其中的人都必須尊重一個事實，亦即他們，和全人類一樣，將永遠有著或多或少不可相提並論的觀點。

歧異產生創意

以下是共識決理應可行的運作方式：一群人先同意某個共同的目的。這讓這群人把決策過程看成是解決共同問題的一件事。如此看來，多元的觀點，就算是極端多元的觀點，雖然可能產生一些困難，卻也可以成為巨大的資源。畢竟，哪一種團隊更可能想出一個有創意的方法來解決問題：是看待問題的方式都略有不同的一群人，還是看待問題的觀點完全一樣的一群人？

誠如我先前所述，民主創意的空間，正是讓出身自非常不同的傳統、類型差異甚大的群眾，突然被迫即興合作。一個原因是因為在這種情況下，人們連政治是做什麼的歧見都不得不進行協調。在一九八〇年代，一群想成為毛澤東主義信徒的游擊隊從墨西哥的城市南下，遠赴墨西哥西南部的山區，在那裡他們開始創建革命的網絡，首先展開的是婦女識字運動。最終，他們成為查巴達民族解放軍（Zapatista Army of National Liberation），在一九九四年發起了一場短暫的暴動——但不是為了要推翻國家政權，而是為了開闢一塊解放的區域，讓主要是原住民的社群可以開始在其中試驗新的民主形式。從一開始，雙方的差異不斷，一方面是當初從城市裡來的知識分子，例如著名的副總司令馬科斯（Subcomandante Marcos），他們認為民主意味著多數決和透過選舉產生的民意代表，另一方面則是講馬姆語（Mam）、奇奧蒂語（Cholti）、澤套語（Tzeltal）和索西語（Tzotzil）的發言人，他們的社群會議向來是靠共識決來運作，並且希望看到一個制度，即使必須選出代表，一旦覺得代表不再能夠傳達社群的意志，也能立刻把他們罷免。馬科斯回憶說，他們很快就發現，關於「民主政治」實際上指的是什麼，並沒有一致的看法：

這些社區推行民主制度。但這個概念似乎很含糊。民主制度有很多種。我就是這樣告訴他們的。我試著向他們解釋：「你們可以依據共識決來運作，因為你們過著共同的生活。」當他們來參加大會時，他們彼此認識，是為解決共同問題而來。「但在其他的地方不是這樣的，」我告訴他們。「人們各自分開過日子，開會是用來做別的事情，而不是解決問題。」

> 他們會說「不」，但意思是：「是的，這對我們來說是可行的。」
>
> 這對他們來說確實可行，他們解決了問題。因此，他們建議全國和全世界採用這種方法。世界必須像這樣地自我組織……而且這難以違背，因為這正是他們解決問題的方式。[31]

讓我們認真看待這個建議。為什麼民主不應該是集體解決問題的一件事？我們對於人生最終意義是什麼可能有很不一樣的看法，但十分明顯的是，人類在這個星球上有大量的共同問題必須去面對（最容易想到的是氣候變遷這個迫在眉睫的問題，但問題多到不計其數），我們一起合作設法解決會比較好。每個人似乎都同意，原則上最好是能以民主方式來進行，基於平等的精神與合理的審議。為什麼我們可能真的這麼做的想法，看來卻彷彿是一個烏托邦式的夢幻呢？

也許我們不該問，以我們目前的社會秩序來說，能夠支持的最佳政治制度是什麼，我們應該問的是，必須做什麼樣的社會安排，才能讓我們擁有一個真正的、參與性的民主制度，可以專門用來解決集體的問題？*

這似乎是很簡單明瞭的問題。如果我們不習慣這麼問，那是因為我們從小的時候就一直被教導說，答案本身並不合理。這是當然的，因為答案就是無政府主義。

事實上，我們有理由相信，制憲元勛們是對的：當時並不可能創建一個以直接、參與式民主原則為基礎的政治制度，畢竟在他們那時候，社會被嚴重的財富不均所撕裂，完全排除了一大部分的人口

（在美國早期就是婦女、奴隸和原住民），而且大多數人的生活都以下達命令或接受命令為中心。即使在我們自己的社會，由百分之一的人口掌控著百分之四十二的財富，這也是不可能的事。

如果你向一屋子的普通人提出無政府主義的想法，幾乎無可避免地會有人提出反對意見：當然，我們不能廢除國家、監獄和警察。如果那樣做，人們只會開始自相殘殺。對大多數人來說，這似乎是很簡單的常識。關於這種預測很奇怪的事情是，它可以根據經驗來測試；事實上，它經常被實地檢驗。而結果證明這種預測不實。的確，有一、兩個例子，例如索馬利亞，國家垮了，人民陷入一場血腥的內戰，軍閥在此時並沒有立即停止彼此殺戮（儘管從許多方面來看，即使是在假設中最糟情況的索馬利亞，教育、衛生等社會指標都顯示，中央政府解體二十年後，實際情況反而改善了！）[32]當然，我們聽說像索馬利亞之類的案例，正是因為暴力事件隨之而來。但是，在大多數情況下，一如我親眼在馬達加斯加部分鄉村地區所見，很少發生什麼事。顯然，統計數據不可得，因為國家沒了，通常也意味著沒有任何人在收集統計數字。不過，我和許多位人類學家以及到過這些地方的其他人士談過，他們的說法都類似得令人訝異。警察不見了，人民停止納稅，除此之外他們幾乎

＊順便一提，這不必根據一種嚴格的共識制度，因為，如同我們將看到的，絕對的共識在龐大的團體來說是不切實際的——更別提現在談的是全球的規模！我此刻談的只是我提過的：一種政治方法，不管採取哪一種特定的制度形式，同樣把政治審議視為解決問題的方法，而不是既得利益之間的鬥爭。

像以前一樣過日子。顯然他們之間並沒有爆發一場霍布斯式的「所有人對抗所有人的戰爭」。

因此，我們幾乎根本從來沒有聽說過這樣的地方。一九九〇年，當我住在阿里武尼馬穆市（Arivonimamo），漫步在周遭的鄉間時，連我起初都不曉得自己住在一個實質上不再受到國家控制的地區（我想，造成我那種印象的部分原因是，每個人的言談舉止就好像國家機構仍在運作似的，希望沒人會注意）。當我二〇一〇年重返原地時，警察已經重回崗位，稅金也恢復徵收，但每個人都覺得暴力犯罪案件急劇增加了。

所以，我們真正必須要問的問題就變成是：生活在國家體制之下，也就是在一個用監獄和警察來脅迫執行規則的社會、一個靠各種形式的不平等與疏離來維繫的社會，這樣的生活經驗有什麼特別之處，會讓我們理所當然地認為人民在這種情況下會表現出某種行為，但後來卻證明他們實際上不會有那樣的行為？

無政府主義者的答案很簡單。如果你像對待孩子一樣對待民眾，他們往往會表現得像孩子一樣。歷來世人所想出的辦法中，唯一能成功鼓勵他人言行舉止像個成年人的方法，就是把他們當作是成年人來對待。這未必不會出錯。

沒有什麼事是絕對可靠的。但沒有其他方法有任何真正的成功機會。而危機情況下真正會發生何事的歷史經驗證明，即使是那些不是在參與式民主文化中長大的人，如果你拿走他們的槍，或剝奪他們召喚律師的能力，他們就可能突然變得很講理。[33] 這正是無政府主義者真正建議去做的事情。

Chapter 4
改變如何發生

不管我們採取怎樣的行動，我們都必須創造空間，讓自己能夠真誠地遵守講理與妥協的原則，就算我們已經揭穿在政客宣稱自己能夠憑空創造「政治現實」的空談背後，他們所仰仗的其實是由全然不講理的蠻橫武力構成的國家機器。而這必然意味著，在面對蠻橫、不講理的權力時，我們不該訴諸任何「講理」的妥協，而是應該以彈性與巧思的反制力量對抗，我們必須採取基進的另類取徑，而且不斷提醒眾人，所謂的「權力」究竟是建立在怎樣的基礎之上上一章以長期性、哲學性的觀點收尾。這一章則是側重在實用面。

要為非暴力抗爭寫出一個實踐守則，像是現代的《反叛手冊》（*Rules for Radicals*），幾乎是不可能的。若真有個規則是所有公民抵抗所共通的，那麼，它就是「沒有任何嚴格的規則」。只有在能夠因應人事時地物而變通時，群眾運動才能發揮最大的成效。最完美的民主過程仰賴諸多因素，包括該群體的性質、它的文化與政治傳統、參與者的人數、參與者的經驗值，當然，還有他們試圖達成的首要目標（除了這個目標外，他們還會有其他自己同樣關切的現實考量）。群眾運動的戰術必須保持靈活：如果運動一味固守成規、不知變通，它很快就會消亡殆盡。

另一個顯而易見的事實，則是對於某個群體有用的戰術，可能完全不適用於另一個群體，不過，人們往往不了解這一點。正如我之前提及的，在占領華爾街行動被驅離後，對於黑色集團的角色，在參與者之間引起了激烈的論戰。黑色集團的成員主要是無政府主義者及其他反威權主義的人士，在參與運動時，他們會戴上面具，穿著一模一樣的黑色帽T；他們之所以這麼做，部分是為了要展現革命運動的團結性，但也是為了要昭告世人，若必要的話，人民將不惜採取更極端的行動。在美國，他們通常認為自己是非暴力的，然而，他們卻也界定了「暴力」，也就是說，他們能夠對他人造成怎樣的損害；他們多半十分熱中於象徵性地攻擊企業資產，在面對警方的鎮壓時，他們偶爾甚至會以有限的方式回擊。不過，對他們而言，所謂的「極端戰術」，往往只是用噴漆在牆上噴上口號，或只是手牽手圍成人牆，好保護那些容易在群眾運動中因為警方暴力而受到傷害的抗議者。

正如我之前提及的，自由派的評論者往往認為，光是黑色集團的出現，就足以被認定是一種暴力形式。最常見的論據，就是光憑這種組織的出現，就足以讓群眾運動原本訴求的勞動階級群體裹足再三，或是給警方一個攻擊非暴力抗議者的藉口。然而，事實是百分之九十的占領行動，都完全沒有採取這種黑色集團戰術；占領奧克蘭行動是唯一一個出現大批黑色集團的運動，但這其來有自。奧克蘭的歷史充滿著警察的極端鎮壓與窮人的激烈抗爭，尤其是在非裔美國人的社群裡（畢竟，黑豹黨就是發跡於此）。儘管在絕大多數的城市裡，黑色集團的戰術往往會讓勞動階級群體有所遲疑，但在奧克蘭，人們卻會認為這種極端戰術象徵著勞動階級的團結。

如同我在全球正義運動中學到的，對於戰術的激烈論戰，往往不過是對戰略的爭辯。例如，在一九九一年十一月西雅圖反世界貿易組織的抗爭後，我們爭論不休的議題是「砸毀窗戶，到底是對還是不對？」但我們真正想要爭辯的，其實是全球正義運動在美國究竟要如何動員群眾，以及該用什麼樣的目標號召他們：是會支持公平貿易、受過高等教育的中產階級消費者嗎？這些人只要一看到有任何暴力的跡象出現，就會退避三舍。或者，我們要號召的，是潛在的革命分子，他們原本就認為體制是暴虐且腐敗的，所以只需說服他們體制是有辦法被推翻的？這些人可能會覺得砸毀一兩扇窗戶沒什麼大不了。對於這些問題，我們從來不曾得出一個解答，而且，我想這裡也不適合討論這類的戰略問題，至少，我想我沒資格去論斷該動員什麼樣的人們，除了指出不管是怎樣的群體，都該想想自己究竟要如何採取與其他百分之九十九的人們一致的行動。

共識決

關於是否可能在大型團體裡達成共識，還有以共識決作為決策機制的團體，究竟在什麼時候與為了什麼目的可以改用投票來做出決定，存在著許多爭論。不過，這些爭論往往有個特色，就是它們對於「共識決」究竟意味著什麼莫衷一是。比如說，很多人就冥頑不靈地認為，共識決就是全體無異議投票通過，接著再去爭論相較於多數決而言，共識決是否「可行」。至少就我看來，這樣的爭論完全是劃錯重點。共識決的精髓，不過就是每個人都應該要能平等地參與決策，而且沒有任何人需要被自己不支持的決策所束縛。在實踐上，這可以化約為以下四個原則：

- 對於一項提案，任何人若有所主張，那麼，他們的觀點就必須要被審慎考量。
- 任何強烈關注該提案或持有反對意見的人，他們的強烈關注或反對意見必須納入考量，並且在最後成形的提案中予以處理。
- 任何覺得提案有違團體共享之基本原則的人，必須要有機會能否決（「封殺」）提案。
- 任何人都不該被強迫遵循他們不同意的決策。

在過去幾年來，已經有許多團體或個人發展出不同的正式共識決程序來確保上述目標。不過，

「正式」程序未必是必要的，有時它可能有用，有時則否。小型團體往往不需要任何正式程序就能運作良好。事實上，秉持上述四個原則的精神的決策程序，可以有無限的可能。許多人往往會爭論提案表決究竟是否該採取正式的舉手通過，或是其他能夠確認共識的方式，但這其實只是個次要問題：真正重要的，是達成決策的過程。以投票方式來做出決策往往會造成問題，但這並不是因為舉手表決是個先天不良的設計，而是因為它會比較無法將各種觀點都完整地納入考量。如果決策過程雖然以投票表決告終，但在過程中卻能夠妥善地考量各種觀點，那麼，它並沒有什麼不妥之處。

接下來我要用幾個例子來說明我的主張。

對於新成立的團體而言，一個常見的問題，是一開始時要怎麼選擇決策程序。這似乎會是個雞生蛋或蛋生雞的難題。我們需要透過投票來決定是否要採取共識決嗎？還是，我們要達成共識來決定要採取多數決？該怎麼做才好，有什麼一勞永逸的解決之道嗎？

為了釐清這一點，我們或許有必要先退一步，仔細想想團體本身的性質。一想到團體，我們腦海中浮現的，往往是由具備某種正式成員資格的人們所組成的集體。如果你同意加入某個已經具有一套規則的團體，像是工會或是業餘壘球聯盟，那麼，光是這個「加入」的動作，就表示你也接受了這套規則。如果這個團體採取多數決，這就意味著你同意遵守多數的決定；如果這是個有著領導階層的垂直性團體，這就意味著你同意遵守領導者的指示。當然，你還是有其他的選擇：如果你反對某項決策，你可以離開這個團體，或者拒絕遵守；這麼做，或許會使得團體重新考慮這項決策，不過，更常發生的是，你可能因此而受罰，或甚至是被逐出團體。不管怎樣，重點是永遠會有某種懲戒。透過懲罰的威脅，團體可以強迫成員採取某種行為。

不過，如果是行動者會議或公眾會議，而不是由正式成員組成的團體，那麼，上述這些就不成立了。在公眾會議裡，任何人都沒有同意任何事；他們不過是一起坐在同一個房間（或站在同一個廣場）的一群人。除非他們全都同意接受多數決，否則他們不會受到多數決定的束縛。而且，就算他們全都同意多數決，要是有個參與者認為某項決策實在無法接受而決定離開，那麼，這個團體也無計可施。在這樣的團體裡，沒有人有資格強迫任何人去遵守某項決策。而且，如果這是個水平性團體或無政府主義團體，甚至沒有人會想要擁有這樣的資格。

那麼，這樣一個團體究竟要如何決定自己要採取多數決或是某種共識決呢？首先，這個決定必須要獲得所有人的同意。如果無法達成這樣的同意，那麼，就該採取「每個人都享有同等的發言權，而且沒有人會被強迫要做任何自己強烈反對的事」，而這就是任何決策過程的通則。

多數決的好用之處

不過，這並不表示我們應該全然放棄舉手投票的多數決。舉手投票的多數決最明顯的優點，是它往往是找出重要資訊的最佳方式，像是「若我們在週一下午一點舉行活動，有多少人能夠參加？」。同樣地，如果只是技術層面的事情，而且顯然不會產生什麼原則問題的話（像是「現在可以先擱置討論嗎？」，或是「下次開會要選在週二還是週三？」），那麼，引導者就只需詢問大家是否願意接受該問題的多數決定即可，事情也就解決了。不過，引導者往往還會使用舉手投票來作為「無約束力的非正式調查」（nonbinding straw poll）或「試水溫」，也就是說，用來了解與會者的感覺。舉手投票可以很簡單，例如贊成就舉手，也可以稍微細膩一點，像是贊成就將手高舉、不贊成就把手放下，而不確定的人可以將手平舉。雖然不具強制力，但這樣的測試往往可以提供所有必要的資訊：如果絕大多數的與會者對某項提案興趣缺缺，那麼提案者可能會撤回提案。

不過，當我們處理的不是瑣碎的問題時，上述的四個原則就變得很重要了。那麼，我們要如何在複雜的議題上找出共識呢？這幾年來，人們已發展出相當標準化的四步驟程序，確保提案可以秉持相互妥協與發揮巧思的精神來不斷加以修正，直到它變得最有可能被每個人所接受。這四個步驟並不是什麼嚴謹的規則，它可以視需要做出各種變化。而且，很重要的是要記得，儘管照道理說，出席會議的人應當同意了某些基本原則，但他們並沒有同意任何特定的正式程序規則，因此程序必須配合與會者的想法。不管怎樣，這四個步驟大致如下：

一、某人**提案**要採取某種行動。

二、引導者要求**釐清問題**，以便每個人都能夠正確地理解提案的內容。

三、引導者詢問與會者**關注的事**。

1. 在討論過程中，關注該提案的人，可以對提案提出**友善的修正**以處理他們的關注，而提案者可以選擇是否採納。
2. 對於提案、修正案或關懷的重要性，引導者可以決定是否要試水溫。
3. 在這個過程中，提案可能會終止、重新表述、與其他提案合併、細分拆解成各個不同的提案，或是暫時擱置留待日後討論。

四、引導者藉由以下方式來確認是否取得共識：

1. 詢問是否有旁觀者。所謂的「旁觀者」，就是「我不認同這個想法，而且也不會據此採取行動，但我不會阻止他人如此行動」。讓所有決定當旁觀者的人，有機會解釋為何自己採取這樣的立場，是相當重要的。
2. 詢問是否有人覺得該**封殺**這項提案。封殺並**不是**反對票，它比較像是「否決」。或許，最恰當的方法，是把它想成每個與會者都能暫時穿上美國最高法院大法官的法袍，並宣布某項立法違憲；而在我們討論的情形裡，則是認為該提案**有違團體團結的基本原則，或是團體之所以存在的目的**。*

在處理封殺時，可以有各種不同的因應之道。最簡單的，就是不採行該提案。或許，引導者可以鼓勵封殺者與提出該提案的人們溝通（例如參加相關的工作小組），看看他們是否能夠提出某種合理的妥協方案。偶爾，特別是當其他人覺得封殺實在沒什麼道理時（例如「儘管週五是猶太教的安息日，但我並不覺得在下週五召開會議是反猶太人的舉動。在場的多數人都是猶太人，而且我們一點都不在意！」+，理當要有程序去挑戰這項封殺：例如，詢問團體裡是否有其他兩位成員支持這項封殺（在發生這種情形時，我們有時稱之為「減一的共識」〔consensus minus one〕或「減二的共識」〔consensus minus two〕）。如果是大型團體，「限縮」也不失為一個好方法：假如儘管出現封殺，但絕大多數的人都贊同該提案，那麼，我們可以訴諸超級多數決。例如，在占領華爾街行動的八月二日首次會議裡，我們決定採取某種「修正化共識」（modified consensus），因為我們在那時面臨了僵局，只好採取三分之二的多數決；不過，在占領華爾街行動實際展開的幾天後，大會也同意採取百分之九十的多數決，因為當運動如火如荼地開展時，超級多數決可以讓上百或甚至上千參與者反對的提

* 在此，我必須指出，在占領華爾街行動裡，當人們提出封殺時，它必須立基於「強烈的道德、倫理或安全關懷，以至於你覺得若採取這項提案，你會考慮要離開這場運動」。

+ 讀者可能會覺得這是我們曾經遭遇的狀況——確實如此：在直接行動網路會議裡，一個屬於猶太教正統派（Orthodox Judaism）的新成員一直反對我們提出的下次聚會日期，理由是它們都落在安息日上，這使得其他人（在那場漫長的會議裡，最後只剩下十二個人）都很沮喪，此時，一位非裔美國人表示她想封殺該提案，因為在那些日期上聚會，等於是歧視宗教。最後，有人低聲地提醒，事實上，她是在場唯一一個不是猶太人的人。

案得以通過。不過，很重要的一點是，團體不該自動採取限縮共識的做法：因為若有人提出封殺，最可能的原因是過程出現瑕疵，也就是說，有人提出了正當的關注，但卻沒有人予以正視。若是如此，團體就該後退一步，重新審視該提案。不過，特別是在大型團體裡，人們有時不得不採取限縮共識的權宜之計。

接下來，我想澄清某些在形成共識的過程裡常常造成問題或困惑的地方。

首先，除非團體確實具有某些使之團結的原則，不然的話，參與者根據團結團體的原則來提出封殺是很難站得住腳的。因此，在團體之所以存在的原因以及它必須盡快達成的目標上，喚起參與者的共識是相當重要的。最要緊的是，這些原則要愈簡單愈好。同樣重要的是，在形塑這些原則時，要記得任何行動團體之所以存在，都是為了要做出**行動**、以某種方式來改變世界。因此，這些原則不僅要能反映團體試圖達成的目標，也要能反映它們所採取的手段——而且，這兩者（目的與手段）需要盡可能地相輔相成。不過，在界定團體時，最聰明的方法是盡可能地單純化。例如，主張「我們反對任何形式的社會階層與壓迫」，會遠比羅列各種想得到的社會階層與壓迫來得好。

內部衝突沒有不對，只要還記得為何參與

具備這種團結團體的原則的好處，不僅在於減少封殺的出現，更在於它們讓善意的參與者有時能夠提醒他人自己為何共處一室的原因。在化解爭端時，這一點的重要性遠超乎所能想像，因為當團體內部衝突白熱化時，人們往往會忘記自己參與團體的初衷。而這帶領我們到下一個重點：內部衝突沒什麼不對，只要人們還記得自己為何參與。另一個對共識的誤解，便是老生常談的「衝突乃政治的本質」。「我們怎能試著化解衝突？」沒錯，我們沒有辦法，而且，我們也不該試著這麼做。這種困惑之所以出現，是因為不像其他地方，美國絕大多數的行動者在初次遭逢「共識」這個概念時，是以貴格會的傳統來理解，也就是說，他們想到的，乃是某種溫和、（其實就是）布爾喬亞式的「共識」：至少在表面上，不管是面對怎樣的意見，每個人都必須**盡可能地**和藹可人。儘管如此，在經歷一九六〇年代晚期那種誇張的陽剛演技（在那時，人們認為跳到椅子上、捶胸頓足地表明自己的立場乃屬正常行為）之後，貴格會與女性主義式的「共識」，不失為一種矯正之道。不過，不久之後，這種在那時迫切需要的女性主義式相互傾聽、尊重以及非暴力溝通，逐漸變成專屬上層中產階級所重視的雞尾酒禮儀（也就是說，完全避免公開展現任何可能造成他人不悅的情緒）之後，它們的壓迫性就如同之前的陽剛性壓迫，特別是對於那些並非出自上層中產階級的人們來說。

儘管對於「共識」，人們還是會有某種布爾喬亞式的想法，但在這幾年裡，我們能夠察覺逐漸遠離這種想法的趨勢。舉例而言，最稱職的引導者教練已經發現該說什麼乃是最恰當的：「是的，我們很熱血，我們之所以在此，乃是因為我們有深切的關注與強烈的情感；不過，展現憤怒與挫折是非常重要（而且也是正當）的，就如同展現幽默與關愛一樣。」與其試著壓抑這些情緒，我們更應該理解，為了要讓團體達成其目標，我們必須鼓勵朋友或同盟者提出彼此之間的衝突，只要每個人都能記得，終極而言，這不過是「戀人之間的口角」。

在實踐上，這意味著儘管在會議裡，每個人都可以正當地懷疑他人的言詞或行為是否經過大腦，或甚至是對其言詞或行為表達不滿，但我們總是願意相信他們之所以如此，乃是出於誠實與善意。這一點其實很難做到。我們往往會覺得自己的對話者並非出於誠實與善意，甚至，我們還會懷疑他們是不是警方派來臥底的。但是，我們很有可能是錯的。正如同確保人們會像孩童一樣幼稚的最佳方法，就是把他們當作孩童來對待；在會議中，確保人們會開始做出不負責任的舉止的最佳方法，就是認定他們已經做出不負責任的舉止。因此，儘管這麼做很困難，但對於這樣的舉止，每個人都必須隨時保持警覺，並在發現這種舉止時，立刻加以指出。如果你真心覺得某人的舉止像個白痴，告訴他這一點是無傷大雅的；不過，若你說他其實是有意要破壞這場行動時，那就不對了。

如果後來發現他們真的是存心要搞破壞的，那麼，我們也有因應之道。若有人真的是警察、納粹黨徒，或是處心積慮地要阻止團體達成目標，又或者只是個瘋子，我們就需要能夠擺脫他們的方法，儘管這通常會發生在會議之外。在紐約，我們就曾經遭遇一個問題：即便有些人一開始就表明自己是要來搗蛋的，但通常不會有人阻擋他們參與會議。最後，我們找出了對付這些人最好的方法：不管他們說什麼或做什麼，我們都不予回應。這等於是阻擋他們的另類之道。這個方法首次出現在人民麥克風裡，而且幾乎是自發性的：如果有人開始發表冒犯他人的言論，大家就不會加以複誦；如果發言者還是繼續發表這樣的言論，最後他只會發現其他人根本聽不到他在說什麼。

界線永遠存在

「可接受」與「不可接受」的界線永遠是存在的，不管它是否得到公開承認。就算它沒有被公開承認，一旦有人越界時，它就出現了。正如同「策略的多樣性」是建立在一個默認的假定上，亦即沒有人會出來示範如何運用汽車炸彈或火箭推進榴彈，同樣地，聲明沒有任何行動者會被逐出會議的主張，其實還是建立在某些規範之上的。我最近參與了一場在紐約的發言人會議，那是一場冗長的辯論，爭論點在於是否該建立某種「群體同意」，而且當有人違反該同意時，我們是否該要求違反者自願離開。這項提案幾乎遭到一面倒的反對，直到忽然之間，有人注意到其中一位參與者舉著「亞利安人身分認同工作小組」（Aryan Identity Working Group）的牌子。人們馬上圍住這位仁兄，並成功地強迫他離開，儘管其中有許多人剛才還大聲地主張樹立前述原則只會帶來壓迫。

前面提及的，不過是在近幾年來，行動團體為了要使共識決能夠順利運作而發展出的諸多工具之一。還有很多其他的工具，像是破冰（icebreaker）、爆米花（popcorn）、爆米花（popcorn）、魚缸（fishbowl）……等等，而且只要 google 一下，都能找到鉅細靡遺的操作步驟。對於會議引導及其程序，我最喜歡的指南，來自史塔霍克（Starhawk）這位倡議者，不過，你可以視自己的需求去找出最適合的。同樣地，在團體組成的方式上，也有很多不同的方法，像是大會、發言人會議等等，而且它們都有其獨到之處。事實上，在依據直接民主的基礎來組成團體、進而動員整個社會上，並不存在著單一的正確方法或「路線圖」（road map）。共識決的優美之處，就在於它是多變的，而且可以視環境而改變。所以，接下來我要討論一些關於共識決基本原則的實用考量與常見誤解，希望能夠讓有興趣的讀者想出適合自己的程序。

共識決懶人包

問：到了最後，所謂的「共識決程序」，其實還是被默認或隱藏的領袖圈所操縱，不是嗎？

答：如果是在完全沒有任何規則的情況下採取共識決，那麼默認的領導圈必定會出現，至少是在團體多於八或九人時。早在一九七〇年代女性主義運動的早期，作家與倡議者喬・佛立曼（Jo Freeman）便已經指出這一點。我們現在所謂的「共識決程序」，大體上是為了要解決佛立曼所批判的問題。

在此，引導者的角色，便是一個完美的例子。判斷程序是否不對勁的最簡單方法，就是看看同一個人是否：一、掌控會議流程；二、提出所有提案。在任何水平性團體裡，一個清楚的共識，便是引導者不會提出任何提案；引導者的角色，是去傾聽並成為團體可以藉此思考的媒介。事實上，就連引導者這個角色，都會被拆解開來，由多人擔當：有人會負責會議流程，有人會負責計算（記錄有哪些人要求發言），有人會掌控會議時間，有人會留意會議的氣氛，確保討論的活力以及沒有人覺得自己被排除在外。這麼做，會使得引導者很難去操縱辯論，就算他會不自覺地這麼做。引導者必須採取輪替制，這樣才能維持團體內的性別與發言平衡。

不過，這並不表示領導圈不會出現（特別是在大型團體裡），或是某些成員會比其他人更有影響力。對於團體而言，解決這個問題的唯一之道，在於不斷提醒自己防範領導圈的出現。

問：如果說這類的領導圈遲早會出現，為什麼不乾脆承認團體裡確實會有領導者，進而創造一個正式的領導結構？這麼做，不是比有個沒人認可、無法問責的祕密領導結構來得好嗎？

答：答案是否定的。很顯然地，擔當更多責任的人，就會有更大的影響力。於是，那些比較有空的人便占了某種優勢。不可避免地，有人會開始協調運作，而這表示他們會因此得到更多的資訊。這才是真正的問題。在任何平等主義的團體裡，資訊往往是最有限的資源：階層結構之所以出現，就是因為某些人比其他人更曉得接下來會發生什麼。正式宣布擁有資訊管道的人們為「領導者」，並不會改善這種情形，只會使它變得更糟。要確保這樣的小圈圈不會將自己的意志加諸他人之上，就算他們會這麼做完全出於無意，唯一之道便是建立機制，盡可能地確保每個人都享有資訊，而且還要不斷提醒最活躍的成員，我們的團體並沒有正式的領導結構，而且任何人都沒有權利將自己的意志加諸他人之上。

同樣地，宣布非正式領導圈的參與者為「協調委員會」（coordinating committee）的成員，並每隔六個月左右就讓所有人重新任命「協調委員會」的成員，也不會使得他們「更能當責」；儘管人們常常如此主張，但所有的實踐經驗都顯示並非如此，這麼做，只會更加無法當責他們。我們很有理由問道，為何人們會有如此的想像。*

問：好吧，就算我同意在小團體、鄰里或每個人都認識他人的群體裡，共識決程序可以妥善進行，但我還是很懷疑，在一個一開始就沒有建立在互信基礎上、由素昧平生的陌生人組成的大型團體裡，它如何可行？

答：我們不該對團體抱持任何浪漫的想法。比起活在大型都會裡素昧平生的人們，活在大半輩子彼此熟識的村里裡的人們，後者確實更可能抱持同樣的觀點，但他們之間的對立也可能更加尖銳。即便如此，他們還是能夠達成共識的事實，正證明了人類可以為了公共利益而摒棄相互之間的嫌惡。

至於由陌生人組成的會議，我的解釋如下：如果只是從街上隨便抓來一群人，強迫他們參與一場會議，那麼，除了趕快找出離開這場會議的方式外，他們大概不會得出什麼共識；不過，人們之所以出於自己的自由意志來參與一場會議，都是因為他們想達成某個目標，希望自己能使得上力。大體上，若人們心無旁騖，而且一直記得自己之所以在此的目的，那麼，他們是有辦法消彌彼此之間的歧見的。

問：如果將共識決程序限縮成百分之六十六、七十五或甚至九十的共識，那麼為何要叫它「修正化共識」？這不就是絕對多數決嗎？為什麼不老實一點，還要巧立名目呢？

答：其實兩者並不一樣。共識決最為重要的一點，在於達成共識的過程，也就是不斷修正提案，直到它得到盡可能多數人的支持與盡可能少數人的反對。在大型團體裡，有時會面臨這樣一個局面：即便有人想要封殺提案，而且大家對於這樣的封殺是否基於它違反了該團體的基本原則莫衷一是時，你當然可以訴諸表決。然而，置身於就算是三分之二的多數決都可加以質疑的團體裡，與置身於直接訴諸投票表決的團體裡，你會感受到截然不同的氛圍：因為在後者，你不會覺得每個人的觀點都被同

*事實上，這樣的主張出自對於「專斷權力」的普遍疑慮，而這樣的偏見來自自由主義政治理論。至少一個世紀以來，對於政府對自己的公民施行武力，最主要的證成，乃是除非政府在這麼做時，並未遵循眾所皆知的規範，否則就算不上是濫權。這意味著，只有在權力的施行或有權者受到公眾質疑時，我們才能反對這樣的權力（或甚至是影響力）行使。於是，非正式權力，甚至是非暴力的權力，都被視為是對人類自由的威脅，而且其危險性遠大於暴力本身。當然，終極而言，這是種烏托邦主義的想法：因為要用清晰且公開的規則來規範所有的政治行動，根本是不可能的事。

等地重視，因為任何少於三分之一的人所持的觀點，就只是會被忽視而已。

問：若有人濫用這個體制，該怎麼辦？

答：不管是出於什麼理由，總是會有某些喪心病狂、存心想搞破壞的人參與民主集會，儘管他們實在不適合參與這樣的場合。同樣地，在民主集會裡，也會有些不斷要求他人重視自己主張的人們，儘管他們很難取悅，但我們還是有辦法應對他們；不過，若是縱容他們這麼做，就意味著我們耗費太多的時間在考量他們的想法與感受上，從而違背了每個人的想法與感受都該受到同等考量的原則。如果有人不斷阻擾共識的形成，那麼，理當要有辦法要求他離開團體。一般而言，若他拒絕，下個步驟便是詢問他的友人或盟友是否能試著說服他。若這麼做還是不可能的話，最佳的解決之道，就是做出「完全不管他」的集體決定。

問：對共識決的強調，難道不會妨礙創意與個體性的展現嗎？這豈不是會導致某種無聊的從眾行為嗎？

答：確實如此，如果共識決過程在執行上出了錯。不過，任何事情都有可能出錯，而共識決過程更是容易出錯；不過，之所以如此，大半是因為對於共識決過程，絕大多數的人們並不熟悉。事實上，共識過程等於是在從無到有中發明一種新的民主文化。若共識決過程沒有出錯，那麼沒有任何程序會比它更能展現創意與個體性，因為它所立基的原則，乃是人們不該強迫他人採取與自己一樣的觀點，就連試都不該試，而我們之間的歧異是必須尊重的共同資源，而不是追求共同目標的阻力。

在此，真正的問題在於，所謂的「共識決過程」，是否只是原本就建立在極端權力不平等（不管是否受到公開承認與否）之上或本來就擁有從眾文化（一個極端的例子是日本企業或美國的哈雷機車廠〔Harley-Davidson〕）的團體的決策過程。在這樣的情形裡，取得「共識」，只會讓情形變得更糟；不過，這種「共識」，完全不是我們所謂的共識，因為它不過是強迫施加的意見一致。若欲摧毀共識決這種民主程序的基進潛能，最有效的方法，莫過於將它運用在強迫人們佯裝採取它、但實際並非如此的決策過程上。

問：寄望人們持續參與長達十四個小時的會議是合理的嗎？

答：不，這完全不合理。很顯然地，沒有人該被強迫參與自己不想參與的會議，就算只是道德上的壓力。不過，我們也不希望團體區分成兩個階級：一個是有時間參與漫長會議的領導者，另一個則是永遠無法參與關鍵決策的跟隨者。在老早就採取共識決的傳統社會裡，常見的解決之道，是讓會議變得充滿樂趣：在會議中導入幽默、音樂、詩歌，讓人們覺得享受會議中的細緻修辭遊戲或參與者的展演實屬樂事一件。（在此，我又要提及自己最喜歡的例子：馬達加斯加。在那裡，我看到這樣的修辭遊戲是如此樂趣橫生，以至於有經驗的演說者甚至可以把它變成一種娛樂，就像音樂祭裡在樂團上下台之際所安插的串場表演。）當然，在這樣的社會裡，人們往往很閒，更不用說他們根本沒有會令人分神的電視或社會媒體。

在當代社會裡，最佳的解決之道，是在一開始每個人都對自己能夠實際參與而充滿激情的時期過後，絕對不要舉行長達十四個小時的會議。我們必須注意時間安排：給某項議題十分鐘的討論時間，另一項議題五分鐘的討論時間，並要求每個人的發言不超過三十秒；同時，不斷提醒發言者沒有必要重複表達之前已經有人說過的觀點。不過，最重要的是，要求人們若沒有什麼迫切的理由，就不要在大型會議裡提出提案。這一點至關重要。事實上，它是如此重要，所以我要用一小節來討論這個問題。

除非真的必要，否則不要將提案送到共識決程序

只有在與基進分權的原則結合時，共識決程序才能有效地運作。

這一點的重要性，再怎麼強調也不為過。如果說煩人的正式共識決程序有什麼好處的話，那就在於它會阻擾人們在大會、發言人會議或其他大型團體提出提案，除非他們真有理由這麼做。如果可能的話，在小型團體裡做出決定會是比較理想的做法，例如工作小組、聯繫小組、合作社等等。提案必須來自基層。沒有人應該覺得自己必須獲得他人的授權，甚至是獲得大會（也就是每個人）的授權，

除非是在未獲授權的情形下採取行動將會對團體不利。

我要用個例子來加以說明。

當我們還在湯普金斯廣場公園開會，而占領華爾街行動尚未正式開始前，推廣小組有一度幾乎要全體離開，因為為了要說明行動的性質與目的，他們想出兩句海報口號，但當他們把這兩句口號送到大會時，卻遭到封殺。當時推廣小組對口人（point person）的那位女性，沮喪之情溢於言表，最後，她把我找了出來，因為大家認定我是共識決過程的專家，她想知道是否有方法可以讓事情順利進行。我想了一下，問她：「你們當初怎麼會想要把口號送到大會？」

「因為我們想確認每個人都能同意運動訴求的表述方式，因為訴求表述決定了外界會怎麼看待我們。不過，不管我們想出怎樣的字句，不管它們有多簡單，都有人會提出反對。但我們想出來的口號**真的**是沒什麼好反對的！」

「該不會他們反對的，其實並不是口號，而是因為你們把它送到大會嗎？」

「他們為什麼會反對這麼做？」

「這樣說吧。你們是推廣小組，一個受到大會賦權去執行推廣的工作小組。所以，既然你們被賦權去做推廣的工作，你們就同樣被賦權去做所有為了要推廣而必須做的事情。想出該怎麼表述運動的訴求便是其中之一。因此，我覺得你們真的沒有必要去獲得大會的同意，除非你們覺得口號可能會引發爭議，所以想確認一下。當時我人不在會場，不知道究竟發生了什麼。你可以告訴我，你們覺得口號會引起爭議嗎？」

「不會。就我看來，若說我們想出來的口號真的有問題，只會是因為它實在太平淡無奇了。」

這就是當你認為在做任何事都必須得到允許時，所會發生的結果。在這場對話結束後，我找到那個封殺這些口號的人，在跟他細談後，我發現他完全同意我對當時的情形所做的評估。之所以封殺這些口號，是因為他想確立這樣的規則，亦即工作小組應該自己決定這類的事情。（所以，在此最主要的問題與程序無關，而是在於封殺者並沒有清楚表達自己封殺的理由。）

因此，一個經驗法則，乃是決策必須由盡可能小型、盡可能基層的團體做出。*不要試圖尋求高階的許可，除非真的有迫切需求。但是，究竟是在什麼時候，需求才會變得是「迫切」的？有什麼標準可以讓我們判斷，在問題發生時，誰真的有資格參與相關討論，而誰沒有嗎？

換個方式來看這個問題：在幾乎整個基進思想史裡，特別是基進民主思想裡，最重要的問題，也是同樣的問題——誰能夠做出決策，而他們之所以能如此，又是出於怎樣的理由？基本上，這成為兩種原則之間的論辯：一個是所謂的勞工自組（workers' self-organization）或勞工掌控（workers' control），另一個則是直接民主。

在過去，「勞工掌控」多半應用在勞動場所組成的組織上，一如其名；不過，作為基本原則，它其實可以運用在各種場合。構成其基本原則的想法，其實就是任何積極參與某項行動的人，在該計畫應如何付諸實踐上，都該擁有平等的發言權。舉例而言，這就是理論家麥可・亞伯特（Michael Albert）所提議的「參與式經濟」（participatory economics 或 parecon）體系背後的原則，而它試圖回答這樣的問題：怎樣的勞動組織，可以孕育一個真正民主的勞動場所？而他的答案是「均衡的工作綜合體」（balanced job complexes），在這樣的組織裡，每個人都必須擔當一定程度的生理、心理與行政勞動。「勞工掌控」的基本想法，乃是若你參與某項計畫，那麼，你必須在計畫的執行上擁有同等的發言權。

第二個原則則是「直接民主」，也就是說，任何會被行動計畫**影響**的人，在該計畫如何付諸實踐上，都該享有同等的發言權。很顯然地，這樣的想法具有很多不同的意涵。如果它成為正式的程序，那就意味著必須成立某種形式的民主共同議會，以便得知每個會受到該計畫影響的人們所抱持的意見。不過，我們未必需要將它如此正式化；而且，在許多情形下，不這麼做，反倒可能是最好的方

＊在歐盟裡，用來指稱這個原則的術語乃是「輔助性原則」（subsidiarity）。儘管我想不出其他更好的名詞來指稱這個原則，但我實在無法忍受這樣一個討人厭的術語。

法。在馬達加斯加，人們長久以來都依循共識來決定事務，他們有個稱為村落會議（fokon'olona）的原則，這個名詞很難翻譯，因為它有時意味著「公共議會」，有時就只是「每個人」。法國殖民政府認為，村落會議是個在地的政治體制，可以作為自己行政組織的延伸；後來的馬爾加什（Malagasy）政府則認為，它們是可以培育在地民主的草根組織。但這兩種想法都行不通，主要的原因在於，它們根本不是正式組織，而是為了特定問題而由任何可能受其決策影響的人們所組成的集會，而這些問題包括化解爭端、分配灌溉水源，或是該在哪裡興建道路。

儘管有些人會試著把「直接民主」與「勞工掌控」這兩個原則表述為非此即彼的選擇，但一個真正民主的社會，很有可能會採行兩者的綜合體。如果在某個小鎮裡有個紙廠，那麼小鎮裡每個生活多少受其影響的人，都會需要或想要在紙廠的排放設施上擁有發言權；對於該紙廠是否可以將廢水排放到當地的小溪裡，他們有足夠的理由要求當局採納自己的意見。

就行動團體而言，當我們在探究這樣的問題時，其實我們所探究的，乃是各個工作小組的角色。每個占領大會都有這些工作小組，例如在二〇一一年的紐約大會裡，就有超過三十個這樣的工作小組。其中有些是常設性且結構化的，像是媒體、引導、住宿、會計、直接行動；另外一些則是因應當時需求而成立的暫時性小組，像是替代銀行、生態、跨性別議題；還有一些工作小組的成立乃是基於特定行動或活動，因此它們可能會是常設性的，也有可能是暫時性的，像是占領法拍屋與占領奧克蘭團結工會遊行（Oakland Solidarity March）等等。負責行動的工作小組，往往會有其自身架構內的小工作小組，像是媒體、推廣、運輸等等。

大會或大型團體之所以創立工作小組，是為了要履行特定任務或執行某種工作，像是研究、教育。有時這出於眾人認定的需求，例如「有人要負責營區的衛生嗎？」；有時則是因為某些人提出了想法，例如「我們想成立一個小組，去思考在平等的社會裡，衛生體系該如何運作」。紐約市大會運作的原則，乃是任何想成立工作小組的人，至少需要五位創始成員，並向GA提出要求，而有些要求會被封殺。

當然，任何人都可以舉行會議，討論他們想要討論的議題：GA所做的，不過是贊同某個工作小組，並加以賦權，使它能夠以GA的名義行動。基本上，這是一種委任形式，並沒有創設任何垂直性的階層，因為每個人都能參加任何工作小組。事實上，大會或行動計畫會議往往會在會議途中拆解成好幾個工作小組，這其實是一種確保任何人都不會獲得過多影響力的方式，因為這使得任何人都無法同時參與超過一個以上的工作小組。在原則上，就連對口人（亦即自願擔當工作小組聯繫者的人）也必須輪替。在發言人會議裡，儘管每個工作小組只能有一個人代表它們在正式討論裡「發言」（雖然其他成員可以出席正式討論，並對發言人耳語或輕聲表達自己的意見），但沒有人可以一次為同一個小組發言兩次。儘管如此，一旦分配好工作，或是既存的小組已被授權去執行某項計畫，老問題還是會出現，那就是小組必須在什麼時候回報，以尋求認可。真正需要遵守的通則如下：只有在不這麼做，就顯然會出現問題時。若你有任何疑慮，覺得需要尋求認可，那麼你就該去尋求認可，儘管你可能根本不需要這麼做。

直接行動、公民不服從與紮營

占領華爾街行動原本的靈感，不僅來自直接民主的傳統，也來自直接行動的傳統。從無政府主義的觀點看來，直接民主與直接行動乃是（或應當是）一體兩面：對於享有自由的人們該如何自我組織，我們的行動所採取的形式應該要能夠提供一個模型，或至少是一個洞見，讓我們能夠了解，一個自由的社會會具有怎樣的樣貌。在二十世紀初，這稱為「在過去社會的軀殼中打造嶄新的社會」（譯注：這是世界產業工人聯合會〔Industrial Workers of the World〕及其他自由派社會主義者與無政府主義者提出的主張。）；在一九八〇與九〇年代，這叫做「預兆性政治」。不過，其實當古希臘的無政府主義者在宣稱「我們是來自未來的訊息」或美國的無政府主義者在主張自己正在創造一種「反叛的文明」（insurgent civilization）時，他們所指的，其實就是相同的東西，也就是說，營造出一種氛圍，讓行動本身可以成為未來的樣貌。

在諸多不同的面向上，占領華爾街行動的原初概念，反映了這種無政府主義的覺察。其中最明顯的，乃是不提出任何要求，而這是一種自覺的行動，表示自己拒絕承認任何既存政治秩序的正當性；因為只有在你承認既存政治秩序具有正當性時，你才能對它提出要求。無政府主義者常常指出，這正是「抗議」與「直接行動」的差別所在：不管抗議採取如何極端的形式，它其實還是在要求當權者採取不同的舉措；相反地，不管是群體建立一個另類的教育體制，或是在罔顧法律的情形下製鹽（例如甘地著名的「鹽隊」），還是試圖占領議會或罷占工廠，直接行動所採取的方式，都意味著參與者根本認為既存的政治結構完全不存在。終極而言，直接行動是一種挑釁的主張，認為自己應當按照自己本屬自由人的身分來行動。

（當然，每個人都很清楚權力結構確實存在。但這樣的行動，等於是否定它們最終必會到來（且暴力）的回應具有任何道德可言。）

拒絕要求許可所秉持的，也是一樣的精神。正如我們在湯普金斯廣場公園的早期會議裡不斷提醒彼此的，根據紐約法條，在公共公園裡，任何超過十二人而未經許可的集會，都是非法的（事實上，這個法條很少會執行，只有當政治行動者集會時，它才會被執行）：因此，就連我們的會議本身，都可以算得上是種公民不服從。

這使得我們注意到公民不服從與直接行動另一個重要的差異：人們往往錯誤地以為，兩者之間的差別不過是激烈的程度，例如，公民不服從是架設路障，直接行動則是炸毀路障。事實上，公民不服從意味的是，拒絕服從某項不義的法律或儘管合法但卻不義的命令。因此，公民不服從也可以是直接行動，例如當人們燒毀徵兵單時，因為在一個自由的社會裡，不該有徵兵單這種東西，或是在採取種族隔離措施的餐廳裡，人們主張自己有權坐在非自己種族的用餐區。不過，公民不服從未必是直接行動，而且，公民不服從通常不會質疑整個法律現狀，因為它針對的是某項法律或政策；事實上，它往往會很明確地打算在既存的法律體制中進行。這是為何採取公民不服從的人士，往往樂於被逮捕：這使得他們可以在合法的平台或輿論的法庭中挑戰法律或政策。

「人民應該面對不義的法律」

一項罕為人知的史實或許能闡釋這一點。在一九九九年對世貿組織的抗議裡，動員人們的靈感之一，乃是奉行甘地主義的印度卡那塔克邦農民協會（KRSS；Karnataka State Farmer's Association）；他們在一九九五年採取了一項有名的行動，就是砸毀當地的肯德基，因為他們認為肯德基所象徵的，就是廉價的生物工程垃圾食物即將摧毀印度的農業。正如這個例子所闡釋的，他們認為毀損財物是一種非暴力抵抗的正當行動。在一九九〇年代末，他們的主席M・D・南君達斯瓦米（M. D. Nanjundaswamy）在歐美推廣這種非暴力的集體公民不服從，而且也花了很長一段時間與早期的全球正義運動進行合作。卡那塔克邦農民協會砸毀肯德基的行動，成為日後歐洲抗議必備的「砸毀麥當勞」的靈感，直到一九九〇年，它演變成對西雅圖的星巴克及任何連鎖店家的攻擊。不過，被行動者暱稱為「斯瓦米」（Swamy）的南君達斯瓦米，最後卻強烈反對這樣的戰術。原因不在於他認為砸毀店舖是種暴力行為。顯然不是，因為如同砸毀肯德基，他覺得它完全符合甘地主義的精神；他真正反對的，乃是行動者在毀損建物後，並沒有乖乖地站在那裡靜候警察的到來，然後自願被捕。他覺得，

「人們應該面對不義的法律」。不過，在歐美，攻擊連鎖速食店的人們，乃是無政府主義者。他們完全同意卡那塔克邦農民協會的批判，亦即速食店乃是國家在背後撐腰的生態與社會浩劫，它們之所以能存在，完全有賴於由貿易公約與「公平貿易」立法構成的法律體系；不過，他們從來就不認為自己可以在現存的法律體制中處理這個問題，或是尋求正義的救濟之道。

原初的占領行動既是直接行動，也是公民不服從。畢竟，我們非常清楚，自己違反的集會法條完全是違憲的。美國的《權利法案》之所以誕生，部分的原因就是為了反抗殖民地時期限制公眾集會的高壓法律，進而在公眾壓力下，迫使不情願的立憲會議終於決定保障公眾集會這樣的政治活動。此外，美國憲法第一修正案的措辭也明確規定：「國會不得制定關於下列事項的法律……剝奪言論自由或出版自由，或剝奪人民和平集會和向政府請願伸冤的權利。」既然必須取得警方的許可才能發言，正表示不擁有言論自由，而必須取得警方的許可才能出版，正表示不擁有出版自由，那麼，依循這樣的邏輯，必須取得警方的許可才能集會，顯然侵犯了集會自由。*

* 當局在限縮集會自由時，通常會訴諸妨礙交通或造成眾人不便的理由，也就是法院在正當化限縮集會自由時所引用的「時間、場所與方式」原則，不過，美國憲法並未保障交通通暢或不受不便影響的自由。美國憲法第一修正案不僅適用在國會立法上，正如一九二五年的吉特羅訴紐約州案（Gitlow v. New York）判例所主張的，它同樣適用在美國各地的立法機構與當地條例。

在美國立國的大半歷史中，沒有人曾挑戰這樣的邏輯。在一八八〇年代前，若當局要求取得這樣的許可，人們顯然會認為它是違憲的；但在那之後，也就是現代企業資本主義誕生之際，要求取得許可卻變成常態，很明顯地，這是為了要對付當時開始滋長的工運。這不是因為法官對於第一修正案的意旨有了不同的詮釋，而是因為他們決定不予理會。在一九八〇與一九九〇年代，要求取得許可的法律變得日趨嚴苛，其目的在於確保一九六〇與一九七〇年代的反戰動員不會再度發生。

如果說有任何法律權利主張是無政府主義者真的會提出的，那麼它就是人們有權在某個空間裡進行自組的政治行動——畢竟，這只是要求國家能夠讓我們清靜。在我們當初為了列出假設性的要求清單而絞盡腦汁時，就連薩格里（George Sagri）都願意支持這樣的主張，而他完全不是無政府主義者。

國家主權的根本性矛盾

中東的革命（最著名的是解放廣場扮演的角色）、雅典的憲法廣場，以及西班牙城市如巴塞隆納與馬德里的人們重新奪回公共空間，都直接影響了占領公共空間的理念。不過，在戰略上，它們也是完美的模型，因為這使得各方人士都能站在同一個立場上：一方是自由派及其他屬於公民不服從傳統的人士，他們希望能民主化現行的體制；另一方則是無政府主義者及其他反威權主義者，他們想要創造一個完全在現行體制掌控之外的場域。雙方都能同意，立基在「先於法律的道德秩序」之上的行動，乃是正當的：因為進行公民不服從的人士，認為自己所訴諸的，乃是法律本身賴以建立的普世正義原則；至於無政府主義者，則認為法律本身毫無正當性可言。而這裡頭有趣的地方，就在於對所有參與者而言，這個賴以主張某些或所有法律為不義的「先於法律的道德秩序」，其具體性質究竟為何，是沒人說得清的，幾乎沒人有辦法提出一套命題來加以表述。有人可能會指出，這明顯會削弱他們主張的正當性；不過，事實上，就連捍衛既存法律體制的人，也面臨同樣的問題，甚至可能更加嚴重，因為根據絕大多數的法學理論，整個體制的正當性，不僅建立在先於法律的模糊正義概念之上，也仰賴於過往的武裝起義。

埋藏在現代國家根基本身當中的，正是這樣一種根本性的矛盾。這有時稱為「主權的弔詭」（the paradox of sovereignty），此處簡單說明：警方之所以能動用暴力來驅離公園裡的公民，是因為他們執行的是合憲的法律。法律的正當性來自憲法，而憲法的正當性則來自所謂的「人民」。但「人民」究竟是怎麼賦予憲法正當性的？正如美國與法國革命所闡釋的：基本上，就是非法的暴力行動。（畢竟，從規範華盛頓與傑佛遜從小到大的法律體制看來，他們明顯犯了叛國罪。）究竟是什麼賦予警方權利，讓他們可以用武力來鎮壓人民起義這個原本賦予他們使用武力的權利的東西？

對無政府主義者而言，這個問題的答案很簡單：什麼都沒有。這就是他們為何主張，建立在國家壟斷武力上的民主國家，完全是個沒有任何意義的概念。對自由派而言，國家對武力的壟斷是個真正的問題。首先，它是個實踐的問題。如果我們承認「人民」有權抵抗不義的權威（這其實就是美國之所以誕生的原因），那麼，在面對一群抵抗不義權威的人們時，我們該怎樣決定他們是「人民」，還是暴民？從歷史面看來，答案往往是「這只有留待日後才能決定，因為我們得要看最後到底是哪一方贏了」。不過，若我們將這個原則一體適用在所有狀況上，它就意味著，如果那些被從公園驅離的人們，能夠成功地以自動武器抵抗警方，那麼，他們就擁有更多的權利去這麼做（至少是假若他們這麼做，能夠引發全國起義的話）。對於這樣的表述，許多美國憲法第二修正案（譯注：第二修正案保障人民擁有配戴武器的權利）的極端擁護者應該會大力支持，但對絕大多數的自由派而言，它所隱含的「強權即公理」意涵，實在令人難以下嚥。因此，他們抱持完全相反的看法，就一點都不出人意料了。

不過，這又帶來另一個道德問題。不管是在怎樣的狀況下，自由派人士往往會根據道德的理由，反對任何帶有一絲暴民跡象的行動。那麼，究竟是哪種人民對不義權威的抵抗，能夠讓所有人都能心悅誠服地認定他們該這麼做，而在歷史上又有哪些這類的抵抗是我們都能認可的？我們能夠想到的最佳解答，就是若我們認為「人民」擁有透過非暴力的公民不服從來挑戰法律的權利，所以他們根本不需要採取暴力的革命（正因如此，對暴民的鎮壓具有正當性）。於是，那些有勇氣基於良心而對抗法律秩序的人們，就成了「人民」。*

正如布魯斯・艾克曼（Bruce Ackerman）等自由派憲法學者所指出的，在美國及絕大多數的自由民主政體裡，這就是修憲賴以發生的典型狀況：透過違反法律的社會運動。如果用比較無政府主義的措辭來說，那就是：沒有任何政府，會自願賦予其所治理者任何新的自由。人民靠自己贏來了這些

「新自由」，但它們其實永遠是被那些自認自己的運作原則遠高於法律且無視憲法權威的人們所剝奪的自由。

從這樣的觀點，我們逐漸明瞭，為何占領行動的策略，會變成集體行動無意間的神來一筆，這是一種無論是自由派或無政府主義者都會衷心擁護的挑釁行動。如同在西雅圖、布拉格、華盛頓、魁北克的全球正義運動裡匯聚的各方，它所試圖呈現的，是一種真正民主的意象，並把它拿來與當局那種佯裝如此、但其實腐敗不堪的權力體制（那時還沒人知曉這會帶來怎樣的世界貿易官僚體制）相互對照。不過，兩者之間有個顯著的差異：一九九九年到二〇〇一年的人民大動員，基本上是種派對。無論如何，這是它們表述自己的方式：在那時，它們是「反抗資本主義的嘉年華會」與「反抗的節慶」。儘管在那場行動中最戲劇化的，乃是西雅圖黑色集團砸毀星巴克窗戶的場面，但人們印象最深刻的，卻是伴隨著小丑的大的劇偶、銅管樂團、異教祭司、激情的啦啦隊，還有粉紅集團（Pink

＊因此，我們可以說，在共識會議裡，那些即使在面對多數支持的提案時仍有勇氣加以封殺的人們，扮演著特別的「立憲」角色。

Blocs），他們穿著芭蕾舞裙、拿著雞毛撢子搔警察的癢，不然就是穿著充氣塑膠羅馬戰士盔甲的人們蹣跚地跨過路障。他們這麼做的原因，乃是要嘲笑訴諸明理的菁英的做作，並「破解」消費主義的「魔咒」，同時呈現一個更可欲的未來的樣貌。與目前的人民動員相比，它更加激烈也更古怪。相較之下，占領華爾街行動所重視的，並不是派對，而是群體；此外，占領華爾街行動的重點也不在於樂趣（或至少它的出發點不在於樂趣），而是在於關注。

很快地，任何占領行動的營隊都會發展出一些核心的體制：不管大小如何，至少都會出現免費的廚房、醫藥棚、圖書館，以及能夠讓行動者帶著筆記型電腦前來的媒體與通訊中心，還有為了拜訪者與新進成員而設立的資訊中心。大會通常會在固定的時間舉行，例如在下午三點時召開總體討論，在下午九點時則針對營隊的技術問題召開會議。此外，無論何時，都會有不同的工作小組為了不同的原因在召開會議，例如藝術與娛樂小組、衛生小組、安全小組等等。事實上，在紮營後所出現的問題是如此複雜，我衷心希望有人能寫出一本教戰手冊，而我相信有一天它終會寫成。

無論如何，很重要的是，所有的團體安排，往往都由兩個核心組織構成：廚房與圖書館。人們常常會注意到廚房，部分原因在於在占領華爾街行動之前的數個月，埃及工會送了披薩給占領威斯康辛州議會的工會成員，於是，數以百計在北美及其他地方的人們，紛紛打電話並自費叫披薩送到抗議地點。（到了第三週，當地的披薩店為我們特製了一種占領華爾街行動的派，叫做「占領派」〔Occu-pie〕，而它的構成，乃是「百分之九十九的起司與百分之一的豬肉」。）絕大多數的食物，都來自被商店廢棄的商品，並免費贈送給參與者。至於到處都出現的圖書館，則是一個更有力的象徵，特別是對核心參與者過去都曾是窮學生的團體而言。圖書館不僅極為實用，也帶有象徵意涵：人們可以免費向圖書館借書，沒有利息，也不需要費用；對於文字、圖像，特別是理念，圖書館並不是把它們當作有限的財貨，而是想要盡可能地散播它們。

要創造一個嶄新的另類文明相當困難，特別是在極為冷漠與充滿敵意的美國大城市的街道上，這些地方滿是心理病態的人、無家可歸的人、情緒不穩的人，還得面對政治與經濟菁英，而被他們掌握的警方，更是擺明你們最好滾蛋。在這樣的情形下，很多棘手的問題很快就會出現。公共空間與私人空間的問題便是一例：當公園搭滿私人帳棚時，公共空間往往就會消失。當然，安全也是個問題，而且還必須面對當局必然會採取的策略，那就是慫恿黑道人士混入團體或造成紛亂。接著還有被解放的空間與周圍的社區處於何種關係的問題，以及是否要利用被解放的空間作為更大型的政治行動計畫的平台。由於各個行動的變因不盡相同，因此在這樣一本小書裡，我打算把焦點放在每個行動都必然會面對的問題上。

因此，我一開始要談的，就是在美國生活裡無所不在的警察。

戰術：與警方交涉

我才不相信你那些鬼話。

——美國諺語

在占領華爾街行動籌備初期，我們所做的關鍵決策之一，便是不設立正式的警方聯絡人或警方聯絡小組。這項決策是我們直接行動戰略的一部分，並成為後續行動的依據。其他的占領行動採取不同的路線，而且也確實設立了警方聯絡小組。但就我所知，每個這麼做的行動，結果都是災難一場。

為何如此？有人可能會認為，我們沒有理由不去開啟與警方之間的溝通管道，特別是在一個以非暴力為主要宗旨的運動裡。不過，事實是，為了要打造自主的空間，就必須劃出明顯的界線，而所謂的自主空間，不僅包括諸如紮營的長期性空間，也包括任何試圖建立自己所特有的秩序的空間。

持不同看法的人士的首要論證，多半是「警察也是百分之九十九的一部分」；因此，若我們要宣稱自己代表所有的人們，那麼，完全將警察排除在外的做法就很虛偽，因為它排除了美國勞動階級的一個特定部分。確實，若我們完全從社經的角度來看，幾乎所有的警察都屬於「百分之九十九的一部分」。就算是少數最貪瀆的高階警官，一年的所得也只約在三十四萬美元左右。更甚的是，絕大多數的警察，還是約占美國工作力百分之十五的工會成員，而這一點也必須納入考量。

就我的觀察而言，假如警官認為某項街頭行動或糾察隊乃是屬工運的一部分，而不是其他類型的抗議，他們往往會以截然不同的態度來應對。一直以來，我都是世界產業工人聯合會（IWW）的積極參與者，多年來，這大體是個無政府主義的工會，而我每次都發現，對於同樣一群年輕人，如果他們在反全球化抗議中戴著面具，警方都會立刻加以攻擊或先行逮捕，不過，如果他們是在糾察線後進行更為激烈的抗爭，那麼，就算他們穿著幾乎相同的衣服，警方通常不會輕舉妄動。我記得很清楚，有次在某個美國城市的倉儲區裡，在我們毀損多部貨車後，有個警官走到世界產業工人聯合會的糾察線，說道：「嘿！倉庫業主說你們有人亂搞他的貨車，但他不知道那是誰搞的鬼。你們要不要先暫停半小時，然後再回來；如果他在你們回來後，宣稱自己現在知道是誰搞的鬼了，我就可以跟他說：『你之前還不知道是誰動手的，現在怎麼可能會知道？』」（諷刺之處在於，在該次行動中，許多糾察員之前其實都屬於黑色集團，他們大體上都穿著黑色集團的衣服，有些人還揮舞著無政府工團的旗幟。不過，隔天倉庫業主賄賂了高階警官，於是他底下的人手就用警棍把我們從完全合法的糾察線驅離，導致多人受傷。）就連在像紐海文這樣的商業城，如果學生抗議的是當地的大學，警方其實也不會輕舉妄動，因為他們認為學生的行動與工會是一致的。

不過，只有在警方擁有裁量權時，上述的情形才會發生：當示威者面對的，是一位警官或底下只有少數警員的小隊長時。紐約的占領者發現，就算是在警方內部，也存在著明顯的階級區分。許多穿藍衫的基層員警，同情並支持他們的行動。至於穿白衫的高階員警，那就是另一回事了；事實上，他們多半是華爾街財團的鷹犬。不過，這樣的區分其實忽略了真正的重點：當情況緊急時，就算是穿白衫的高階員警，也不過是聽命行事罷了。

「應對警察」，並不意味著與個別的警察閒聊；有些示威者、占領者都會這麼做，就連黑色集團的無政府主義者也是一樣，而且我們也無法阻止他們這麼做，事實上，我們也沒有理由去阻止這樣的舉動。不過，「警察」並不是一個根據個人的情感、判斷或道德標準而匯聚的個體的集合。他們是政府職能的一部分，而因為他們受雇於政府，他們同意將個人的意見與情感置於一旁（至少是在當他們收到直接命令時），並執行上層交代的任務。他們是由上到下的命令體系的行政官僚的一部分，就連擁有最多裁量權的高層警官，也不過是在執行政治權威所下達的命令，而且他們必須遵守這樣的指令。在這樣的情形下，他們的個人情感完全無關緊要。我曾經訪談多位參與西雅圖反世貿組織抗議的人士，他們都目睹鎮暴警察在盾牌後面流淚，因為他們很傷心，為什麼自己得要執行命令，必須去攻擊這些顯然完全無害的年輕祥和示威者。不過，他們還是下手了，儘管很不情願，但他們依舊得遵循命令。

終極而言，警察是既存體制的支持者與命令執行者

事實上，警察所受的訓練，就是他們能在這樣的局面發揮作用，而且整個既存的政經體制所仰賴的，就是警察能在這種局面聽命行事。讀者可以想想我在上一章提及的無政府組織形式：不管是怎樣

的無政府組織形式，在面臨挑戰時，它們都不會訴諸武裝人士，說道：「閉嘴，我們說什麼就算。」然而，警方就是這樣一群武裝的人士。就其本質而言，他們就是武裝的行政人員、配槍的官僚成員。終極而言，他們的角色，乃是既存體制安排的支持者，特別是財產安排的支持者，還有作為某人所給予的無可挑戰的命令的執行者，他們其實並不關心公共秩序，甚至是公共安全。或許乍看之下，他們的角色並非如此，但當體制秩序直接受到威脅時，這就變得很明顯了。只要體制面臨政治挑戰，或是出現大規模抗議或公民不服從時，我們就會看到日益極端的高壓行為，像是派出臥底，鼓動抗議者攻擊警察，以便加以逮捕，或甚至是慫恿抗議者取得炸藥並炸毀橋樑。

基本上，警方行動的目的就是要造成恐慌與混亂，他們會對群眾發動大型且猛烈的攻擊，只因為當中一兩個人做了違法的事情，而這些違法事例其實無足輕重，就像是違反停車法規一樣；而就其定義而言，大規模的掃蕩行動，意味著就連無辜的路人也會被逮捕，以及在公共場所使用催淚瓦斯或其他化學武器。所有這些行動都表示，當抗議真的有所成就時，警方勢必得成為一股政治力，而其目的就是鎮壓反對的政治勢力，不惜危害、傷害或創傷公眾。

因此，儘管個別的警察屬於百分之九十九的人們，但警方作為一種體制結構，他們為整個體制權威的結構提供了最基本的支持，使得那百分之一擁有財富與權力的人們得以遂行己意。在應對警察時，以友善並尊敬的方式，將他們當成有血有肉的個體，並沒有任何錯誤可言；事實上，這是完全正確的做法，不只是因為我們本來就應該友善並尊敬每個人，就算是從戰略的角度來看，我們都該這麼做：當政權真正垮台而革命者贏得勝利時，永遠是因為派去鎮壓革命者的軍人或警察拒絕服從命令。不過，我們得要記得，這是「終局」才會發生的事。在此同時，我們需要記得，如果我們與體制結構內的警方交涉，並因此使得自己與其所代表的整體權力結構有所牽扯的話，那麼，我們永遠到不了所謂的「終局」。

必須注意的是，我所說的是「權力結構」，而不是「法律結構」。就絕大多數的這類議題而言，合法性大體上是個無足輕重的問題。畢竟，在理論上，法律與法規幾乎規範了我們生活的每個層面，儘管我們從來不曾意識到它們的存在；在一天裡，幾乎每個美國人都會違反至少十到二十條的法規。如果警察存心想對某人動手、踢他的私處、打落他的牙齒或手指，他們幾乎都能找到這麼做的正當理由。（事實上，行動者面臨的警方暴力相當弔詭：因為若行動者原本就違反了相關法規，必定會面對法庭審理的話，那麼，警方根本無須指出他們的罪證，若他們對行動者施加暴力，反倒會讓行動者在法庭上得以脫身；但如果警方從一開始就不打算定罪行動者，那麼，從法律的角度來看，他們大可以施加暴力。最糟的情形，不過就是這變成全國性的醜聞，使得值勤員警被扣除幾週的薪水而已。）這是為何警方若欲執行無人知曉的種族法條時，例如騷擾走入「錯誤」社區的非裔美國人，他們的行動往往是合法的，因為他們的行動確實合乎法條，只不過這些法條不會運用在白人身上。同樣的情形，也適用在行動者身上。

當團體成員**確實**決定將警方當作是體制結構的一員來加以交涉時，也就是說，他們指派某人擔任警方聯絡人，並開始與之談判時，法律其實無足輕重的事實，就變得更明顯了。畢竟，若雙方的行動都遵守法律，那有什麼好談判的呢？不過就是在互相交換法律到底規範了什麼，告知警方占領者或示威者打算進行怎樣的活動，並要求警方保護這些進行示威的公眾成員。但是，這根本不會發生。事實上，警方的第一個反應，就是根據自己擁有的權力（亦即他們有權鎮壓示威者，但示威者不能反擊；他們可以逮捕示威者，但示威者不能逮捕他們）臨時設立一套只有自己適用的規則，並使得它們成為整個權威結構的一環。

真正攸關的，在於政治力平衡

此處，我要舉一個再清楚不過的例證。在紐約，警方往往會用鐵藩籬來創造一個局限的空間，然後要所有的糾察員與抗議者乖乖地待在那裡。這種行為不僅會打擊抗議者的士氣，而且還完全違憲。更甚的是，警方似乎知道這樣的做法是違憲的：至少就我所知，沒有任何人曾因拒絕進入藩籬之內而遭到逮捕（儘管拒絕進入藩籬的抗議者，偶爾會在臨時編造的罪名下遭到逮捕）。如果抗議團體有指揮者（marshal），那麼警察所做的第一件事，是告訴指揮者他們自己並不需要進入藩籬，但警察認為指揮者必須負責，讓每個抗議者進入藩籬。換句話說，如果抗議團體內部具有權威結構，警方便會賦予那些位居上層的人特權，儘管這些特權是他們臨場發明的，並使得這些人成為他們權威的延伸，也就是他們自己命令鏈的非正式一環。我自己就曾有這樣的遭遇，在那時，我自願成為指揮者；假如我拒絕要求或強迫其他抗議者進入藩籬，那麼警方馬上就會咒罵，說道：「喂，你沒有盡到自己的本分！」就好像一旦成為指揮者，就等於是自願成為警方的一員一樣。

假如抗議團體內並沒有權威結構，那麼不可避免地，警方會希望抗議團體出現這樣的結構。於是，警方聯絡人便會被賦予特權，而警方會把他們當作是非正式、法制外的編務延伸，要求他們執行自己所下達的命令，若可能的話，甚至還會讓他們覺得自己這麼做是光榮的，而且還要讓其他抗議者知道，現在有實質的權威在支持警方聯絡人，而一種由上到下的正式結構正在抗議團體之內逐漸成形。

在這裡，我要提出另一個個人經驗，只不過這次來自另一方：在占領奧斯汀行動初期時，一位倡議者在一開始的大會中自願擔任警方聯絡人，或是他寧可如此自稱的「和平使者」（peace officer）；我記得他是個主張自由放任主義（libertarianism）並留著雷鬼頭的嬉皮，多數時間都在冥想，而且與引導小組的核心成員很熟。儘管由他擔任警方聯絡人的提案遭到否決，但他還是一意孤行，決定擔任這個角色。當占領者打算在市府前進行抗爭時，第一個浮現的，就是關於帳棚的問題：我們能夠紮營嗎？在法律上，紮營是個模糊的灰色地帶。有些占領者立刻試著紮營，但警方馬上就以威脅的口吻加以制止；至於絕大多數在帳棚外的我們，則是準備採取非暴力的公民不服從行動。接著，那位自我任命的警方聯絡人跳了出來，前去尋找監管這場運動的警官，不久之後，他回來我們這裡，表示他與當局達成妥協：我們可以搭建一座帳棚用來象徵抗爭，但我們不能搭起更多的帳棚。

許多（甚至是絕大多數）占領者覺得，這不過是當局因為不想丟臉而做出的要求，因為警方顯然不想在第一天就攻擊和平的紮營者，而且，他們還不清楚我們究竟想要把抗爭提高到何種程度。因此，隔天一小群比較有經驗的行動者做出再自然不過的決定，那就是以盡可能不挑戰當局的方式，慢慢地擴張被解放的空間，小心翼翼地在旁邊搭建另一座小帳棚。於是，我們紮營的規模逐漸擴大，慢慢地靠近當局許可的界線。祖科提公園也採取同樣的方式，而且相當成功。不過，在我們的情形，自我任命的警方聯絡人馬上起身反對打算搭建帳棚的行動者，他表示，這樣的舉動，等於是背叛前天警察對他的信任。接著大會的氣氛觀察員動用了人民麥克風，要求所有參與者拆掉帳棚，有位女性甚至要求警方逮捕我們，儘管警方顯然對於是否要拆掉帳棚一點興趣都沒有，至於另一位男性則是大叫「我是身經百戰的社運人士，而我要拆掉這個帳棚！」不過，他後來並沒有這麼做，因為他發現這麼做將會危及帳棚內一位孩童的性命，而此時，設立帳棚的參與者已經手臂交纏、圍起人牆，採取消極抵抗的做法。此際，營隊內的安全小組已經成功降低了正面衝突的局勢，最後，帳棚確實拆掉了，而參與者也不打算再搭建其他的帳棚；接著，就連試圖確立任何實施非暴力的占領者都不該受到武力威脅或逮捕的嘗試，都受到引導小組的忽略（有些參與者甚至說道，這樣的行動只會使得警察更可能發動攻擊，進而危及孩童的安全，所以它根本是種暴力的行動！）。接下來，警方與市府發現營隊內部已經不再團結、出現分歧，而那些採取公民不服從行動的參與者已被邊緣化，他們了解自己已重新奪回主導權，進而開始設下各種前所未有的規定，像是談判規則、食物供應或是留營規定。幾個星期後，在市府前進行的占領行動便完全煙消瓦解。

這件事例之所以值得大書特書，在於它很清楚地顯示，真正攸關的，並不是法律秩序，而是政治力的平衡，在這樣的情況下，雙方基本上都在不斷改變戰術，試圖掌控目前的局勢，不管到底發生了什麼事，雙方都希望自己可以全身而退。訴諸法條（儘管這些法條的措辭總是曖昧不明）不過是雙方可以動用的武器之一，此外還有訴諸公眾的感受，不管是透過媒體，還是直接訴諸，也可以動用武力（警方可以使用警棍、手銬或催淚瓦斯等化學藥劑；占領者則是可以設下公民不服從的路障），雙方還可以尋求政治盟友，或甚至公眾良心。

打從一開始，警方的戰略就明顯是政治的，而且顯然來自高層的授意：他們的目的就是盡可能減少紮營者可能造成的破壞，並儘速驅離紮營者。為了驅離紮營者，他們甚至派出臥底到營隊，慫恿占領者採取更極端的戰術，例如在設置路障時把箱子用鎖鍊綁在一起，因為他們知道，德州最近才通過法律，可以輕易地以重罪來指控任何這麼做的人。當局只要做出些許戰略上的讓步，例如允許抗議者搭建一座帳棚，接著他們就能藉此來更加完美地執行整個戰略，因為憑藉這樣的舉動，他們就能在占領者當中建立一個核心小組，而基本上，這個小組會自願成為警力的延伸，首先，他們會把動用武力的威脅（「警方會攻擊我們！」）變成道德上的權威（「我們已經這麼答應了！」），接著，要麼當局最終掌控了占領者，不然就是將之瓦解。絕對至關重要的是，不要讓這種暴力威脅變成道德權威。唯一用來反制這種武力威脅的方式，就是憑藉道德力，而很重要的是，這種道德力必須建立在團體的團結之上。如果參與行動的某些成員，覺得比起其他試圖質疑他們的成員，自己在道德上更加優越，那麼，這場行動就只能以失敗告終。

事實上，在思考所有的占領與街頭行動時，最好的方式就是把它們當成作戰。我知道這聽來很極端，但數年來的反思與經驗讓我覺得，沒有什麼詞語能比「作戰」更能恰當地形容我們與當局之間的關係。不過，我必須強調，「作戰」並不是訴諸暴力。如果可以的話，不去傷害任何人永遠是最佳的選擇，而且在當代的美國，我們很少會面臨暴力是唯一選項的情形。*不管怎樣，在發生衝突時，總是會有對立的雙方，而在任何街頭運動中，總有一方已經擺出準備作戰的姿態：他們不僅配戴武器，還有特種部隊、直升機、裝甲車在後頭撐腰；打從一開始，他們的態度就很明確，那就是隨時準備動用武力來完成政治目的。一般而言，未被當局核可的遊行的指揮者，並無法判斷當局是否會真的動用

*我曾參與一場魁北克行動者的圓桌會議，議題是究竟該採取暴力或非暴力的行動。其中一位主張採取極端行動的人士起身質問：「為何我們總認為，如果可以選擇的話，非暴力行動總是會比暴力行動來得好？」我的回答是：「假如你得在沒有雙腳的情形下度過餘生，那麼，你的生活會很悲慘，不是嗎？」如果真的有人在抗議場合這麼做，那這幾乎是必然會發生的事。

武力。當然，若示威者開始砸車或縱火，那麼警方一定會把他們逼到牆角並加以逮捕。不過，就算示威者沒有這麼做，警方多半還是會一樣逮捕他們。事實上，如果警方認為示威者很有可能採取暴力的行動，就算他們還沒真的這麼做，警方反倒會比較收斂；但如果警方認為示威者不太可能會有任何抵抗的動作，他們卻會採取積極的逮捕行動。該採取怎樣的做法，完全有賴於一套縝密的計算，要看示威者、社群、媒體與重要體制會做出怎樣的反應。占領者與警方之間的交鋒規則，是不斷在協商與再協商的。

祖科提公園的幾個例子，可以作為這一點的闡釋：

- 有位在占領華爾街行動初期訪問多位警察與市府官員的記者表示，這些官員在下達命令時，他們的考量之一，是祖科提公園中帶著V怪客（Guy Fawkes）面具的駭客團體匿名者（Anonymous）。他說道，絕大多數的官員對於下令攻擊營地並驅離示威者，都感到相當不安，因為匿名者可能會駭入他們的銀行與信用卡帳戶，而他們之所以沒有如此下令，這種憂慮扮演了很重要的角色。
- 在二〇一一年十月十四日，紐約市長彭博在現已改名為自由公園（Liberty Park）的首次驅離行動，演變成一場難堪的災難。在他宣布「清場」的計畫之後，行動者在同一時間就動員了所有會支持他們的陣線：上千人前來，準備以公民不服從的方式捍衛營地；同時，法律小組已準備好指令，認同倡議者的媒體也前來採訪，而工會與其他接獲動員的政治盟友也來到市議會。最後，市長只好收回成令。最終促使他做出這項決定的，並不是單一的因素，而是多項因素結合起來的力量迫使他不得不這麼做。

• 二〇一二年十一月十二日凌晨一點的突襲，驅離了占領行動，而它似乎是建立在全國的政治決定之上；這是場突襲，動用了優勢警力，而且媒體完全不得其門而入。這項突襲甚至不把法律的尊嚴放在眼裡。在凌晨兩點時，法律小組收到法院的命令，它要求停止強制撤離的行動，直到相關的法律問題得到釐清為止；但彭博卻選擇忽視這項法院命令，直到他找到一位願意支持其作法的法官。因此，在這段時期裡，查封並完全摧毀自由公園圖書館的突襲，在技術層面上完全是非法的。

這些例子所闡釋的，是我們所面對的，其實並不是法律，而是政治力的平衡。例如奧斯汀警方，他們有辦法進行完全無視任何法律與規章的協商，而且後頭還有動武的威脅撐腰；但如果他們辦不到，就像紐約警方，那麼，他們所做的第一件事，就是確保大家都知道，他們完全可以進行非法的逮捕，而且也樂於這麼做。上面提及的匿名者的例子，則是顯現政治力的界線可能並非真實，只存在於人們的腦海中，事實上，除了在電影裡，駭客根本辦不到那樣的事情；不過，政治遊戲基本上就是吹牛與偽裝，儘管它同時也是一種道德衝突。不過，正如最後一個事例所闡釋的，如果局部的勝利無法動員全國或甚至國際的支持，那麼，它注定只會衰亡。

運動成員的論辯焦點，幾乎永遠不會是是否該取採非暴力的手段，而是該採取哪種形式的非暴力。（這往往稱為甘地／金恩博士傳統與丹尼爾・巴爾根〔Daniel Berrigan，譯注：美國反越戰先鋒的天主教神父〕或犁頭運動〔Plowshares，譯注：八〇年代由丹尼爾・巴爾根及其他七個人共同發起之反核武與反戰之天主教和平運動〕傳統之間的論辯：前者避免任何毀損財物的行為，後者則認為某些毀損國家或財團資產的行為具有正當性，因為這可以阻止更大的危害發生。）接下來，我要提出幾個在考慮要採取何種戰術時必須思索的原則。

首先是幾個層次比較廣泛的原則：正如同我們需要思索怎樣的社會安排，才能讓我們創造出一個真正民主的社會，我們也需要思索怎樣的戰術，才能確保我們維持運動的民主本質。我們通常不會從這個角度來思索戰術，但其實有必要這麼做。二〇〇六年墨西哥瓦哈卡州（Oaxaca）的人民起義，便仔細思索了這個問題，他們後來得出的結論如下：**不管**是武裝起義的戰略，**還是**全然甘地式的非暴力，都必然得仰賴擁有克里斯瑪（charisma）的領導者以及軍事化的紀律，而這終究會傷害任何純正的參與式民主。相較之下，對於諸如茶黨的右翼運動而言，這完全不是問題，因為它們的權威結構是由上到下的，成員不但嚴守紀律，也不惜直接動用武力叛變。

下一個原則攸關實踐。在真正的起義與儀式性的甘地式非暴力之間，其實存在著很大的空間，可以讓我們盡情發揮想像力並隨機應變，這對我們相當有利。在街頭上，創造力其實是我們的最大優勢。這就是為何在全球正義運動中，小丑、女巫舞蹈以及拿著雞毛撢子、身穿芭蕾舞裙的女性示威者會奏效的原因。警方（這裡指的是作為體制的警方，而不是個別的警察）其實不太懂得隨機應變。當他們身著鎮暴裝備時，這點尤其明顯。在這樣的狀況下，應對警方最有效的方法，就是做些出乎他們意料的舉動，因為他們不曾為此受過訓練。這是警方遵守的軍事紀律必然得付出的代價，儘管這樣的軍事紀律使得一個普通人能夠隨時準備讓非暴力的示威者吃上幾記警棍：為了要執行上層下達的命令，警方就**只能**據此執法。另一個軍事紀律的代價，則是鎮暴警察的教官似乎認為，為了要讓警察能夠有鎮壓行動者的心理準備，他們必須接受的訓練，是該如何回應行動者幾乎根本不會採取的極端暴力行為，而不是他們實際會面對的示威者戰術。例如在西雅圖的抗爭之後，美國各地的警察教官便紛紛指導即將舉辦貿易峰會的城市的警察，該如何處理汽油彈、潑糞、裝滿酸液與阿摩尼亞的燈泡、彈簧弓射出的火球，或是身上帶著裝滿漂白水與尿液的水槍的示威者。事實上，不管是在西雅圖，還是日後舉辦貿易峰會的城市，都沒有任何行動者曾經做出上述的任何舉動。但指揮官顯然認為，警方有必要覺得行動者就像是〇〇七電影的惡棍，因此沒有必要讓他們曉得行動者實際會採取的戰術。因此，許多警察在實際面對行動者時顯得不知所措，得要不斷用無線電請求上級下達指示。近幾年，我目睹了好幾次類似的情形：當警察看到騎著高單車的小丑或是身穿戲服的示威者時，他們一時之間陷入困惑，不知該如何反應，使得被團團圍住的行動者逃過了逮捕的命運。我也曾看過已排好鎮暴隊形的警察一時之間僵住了，就像機器人一樣，原因不過是行動者全都同時坐了下來，不採取任何行動。

第三，若欲理解權力的政治問題，還有我所描述的各股勢力之間的平衡，那麼，最恰當的方式就是想像我們該如何創造一個空間，讓這類充滿創意的非暴力行動得以開展。這裡可以舉另一個最近發生在墨西哥的例子：一九九四年墨西哥恰帕斯州的查巴達起義。數世紀以來，該地的原住民都無法在組織者不被逮捕、刑求或暗殺的情形下進行政治動員。但在一九九四年一月，主要由原住民構成的叛軍拿下了該地的首府，與政府軍展開了長達十二天的交戰；最後這場交戰以休戰告終，接著叛軍把武器藏在叢林裡，然後採取直接行動的戰術來對抗墨西哥政府與當地菁英，要求組成自主、自治的團體，直至今日。也就是說，他們採取了各種可行的直白暴力行動，直到他們終於可以不用再採取暴力。這樣的做法，當然有其不可取的地方，因為暴力其實是乏味的，而且沒有什麼驚人之處；儘管好萊塢電影及其他類似的娛樂產業不斷試圖說服我們，暴力很刺激而且完全出人意料，但實情遠非如此。這是為何從歷史的角度來看，暴力永遠是蠢蛋最喜歡採用的戰術。基本上，暴力是一種昭然若揭的蠢事，等於是用手摀住耳朵，拒絕講理。正因如此，在面對任何徹底挑戰其正當性的舉動時，國家最喜歡採用的手段也是暴力。不過，一旦我們也在他處施壓，使得這並不只是暴力的衝突，那麼，局勢就整個逆轉，反倒對我們有利。

比起一九九〇年代的恰帕斯州，在現今北美進行非暴力政治行動的空間其實要來得寬廣許多，但事實上，自從一九六〇年代以來，這樣的空間便不斷在限縮。一九六八年，哥倫比亞大學校長要求警力進入校園，奪回被學生占領的建築物；在當時，這個舉動引起輿論嘩然，因為它違背了眾人默認的共識，那就是大學不該號召任何軍事性的武力來對抗自己的學生。然而，正如我稍早所指出的，在二〇〇九年，當少數幾位學生試圖占領新學院與紐約大學校園時，他們馬上受到配備高科技武器與裝備的反恐特勤警力的優勢鎮壓。更過分的是，媒體對此完全沒有任何譴責；事實上，美國的全國性廣播網連提都懶得提，因為這根本毫無新聞價值可言。在此時，在校園裡運用優勢軍力來對付非暴力的學生，已經變成家常便飯。

因此，真正的政治問題，乃是如何重新開啟這樣的空間。事實上，這也是「占領」這個措辭會變得如此重要的原因。很多人都反對「占領」這個詞所具有的明顯軍事意涵。確實，在歐洲，人們對於寄居者「占領」公寓或勞工「占領」工廠的說法習以為常，但在美國，一旦我們聽到「占領」，我們想到的是第二次世界大戰「被占領的法國」、約旦河西岸「被占領的巴勒斯坦領土」或是美軍對巴格達的「占領」。只要想到這些，都會讓人頭皮發麻。不過，事實上，我們所進行的，**正是**占領。這種軍事類比，其實再恰當不過；而且，它還不只是個類比而已。我們掌控了被解放的空間，而且運用各種力量來加以捍衛，不管是道德、心理還是實體的。關鍵所在乃是，一旦我們解放了這個空間，馬上就會把它轉化成關愛與關懷的空間。確實，關愛與關懷的意象所具備的力量，向來是我們最根本的武器；正因如此，主流媒體才會不採用任何關於民主、社群與關懷飢寒者的影像，其所採用的絕大多數乃屬虛構的暴力與性侵影像，從而正當化這些上層授令的警方驅離行動。

現在，我們要把戰術問題暫時擱置，轉而討論戰略的問題。當然，正如我一開始就強調的，這兩者其實不能分開討論，因為戰術問題永遠都是戰略問題。

不過，這也意味著，我們無法明確地決定要採取何種戰略，因為在此刻的運動內部，人們對於終極的戰略並沒有完全一致的共識。在這場運動裡，有人屬於自由派，他們想逼迫美國民主黨採取比較左傾的路線，回到類似新政（New Deal）時期的資本主義；有人則是無政府主義者，他們的終極目標是完全瓦解國家與資本主義。這些人竟然能彼此並肩作戰，不能說不是個小小的奇蹟。不過，在某些時點上，我們還是得做出艱困的決定。

我對戰術的討論，很明顯地顯示占領行動最終其實建立在革命理論所謂的「雙重權力戰略」：我們試圖在既存的政治、法律、經濟秩序之外創造一個被解放的空間，因為既存的秩序已經腐敗至極，無法拯救。在這樣的空間裡，我們可以盡可能地進行實驗，無視於外面的國家機器以及只有它才能正當地壟斷武力的主張。不過，在當代北美，我們根本還沒邁向那最後一里路，亦即讓我們所解放的社區或空間，可以用全然民主的方式來解決自己所面對的問題。那麼，究竟要採取何種戰略，才能讓那些認同「我們就是那百分之九十九」的人們，覺得我們可以為他們帶來實際的裨益呢？

部分而言，這是個結盟的問題。說我們絕對不會與任何先天腐敗的體制交涉是一回事，但說我們就連與那些體制內的成員交涉都不願意，則是另一回事。若我們採取後者的作法，那就意味著我們不能創造自己的烏托邦飛地（enclave），從而無法立刻裨益任何人的生活。不過，一旦我們與體制內的有權者交涉，不管是工會、非政府組織、政黨、政黨的外圍團體，或甚至是名人，我們都有可能危害自己組織中的內在民主。

在祖科提公園的行動裡，諸如羅珊妮・巴爾（Roseanne Barr）、約瑟夫・史迪格里茲（Joseph Stiglitiz，諾貝爾經濟獎得主）、麥可・摩爾（Michael Moore）等名人，很快就前來表示支持。大家都很高興他們願意過來，但很明顯地，他們在參與這項行動時，並不想透過人民麥克風來進行集體討論，而是透過演講。一開始，要人們不有樣學樣，發表長篇大論的演講，其實很困難。事實上，這是個微不足道的問題，但它讓我們了解這會造成怎樣的麻煩。當前進組織這樣的自由派團體決定加入我們的行動時，這種緊張關係變得更加緊繃，因為他們的成員，乃是受薪、歷經百戰且習於垂直性組織的全職雇員，而且他們往往有自己關切的政治與立法議題，但對於這些議題，他們在加入行動時並未一五一十地告訴我們。當然，在我們希望能夠得到外界的支持，好擴張運動的規模並更有效地協調運動的運作時，我們絕對不可能拒絕這樣的支持，但在此同時，我們也面臨了數不清的挑戰，因為我們必須確保這些協調結構是水平性的，這點尤其困難，因為儘管願意加入的組織支持我們的訴求，但它們從來沒聽過「水平性」是什麼東西，而且還可能認為，我們對內部民主的不斷強調，實在是種神經質的自溺行為。就算是金錢，也會變成問題。在占領華爾街行動的頭一兩個月裡，我們收到了約五十萬美元的捐款。這筆鉅款引發諸多爭執與問題，很多行動者只想擺脫這筆錢：許多人主張應該用一個大計畫來花掉這筆錢（像是搞一個宣傳占領華爾街行動的大飛船？）；不過，在當局進行清場之後，這些錢幾乎全用在支付教會上，因為教會收容了這些被驅離的群眾，直到他們可以找到其他的棲身之所。就我看來，金錢腐蝕人心的事實所反映的，其實不是民主過程的內部問題，而是在面對金錢時，不同的行動者與組織有著截然不同的習慣與動機，行動者本來就有各自對於金錢的處理態度，而組織通常需要靠金錢才得以維繫。不管怎樣，我們是不能完全逃離金錢世界的。

透過建立心理與組織的防火牆，可以解決絕大多數的這類問題，且終將如此。大型的戰略問題比較棘手，但我們不妨看看幾個近幾年其他地方的人們所採取的方式，而且它們都還算相當成功，藉此，我們或許可以想出自己的下一步要怎麼做。

讓我們想像若占領行動這樣的運動真的打造出被解放空間的網絡：要麼是重建在二〇一一年被系統性瓦解的營地（儘管就目前的局勢看來，政府絕對不會容忍此事發生），要麼是從不一樣的空間、公共建築等等開始。不管是哪種方式，終極目標都是在每個城鎮與社區打造當地的議會，並在占領的居所、職場、農園之間建立網絡，進而成為另類政經體制的基礎。那麼，這種由被解放空間與另類機構構成的網絡，和既存的法律與政治體制，兩者之間會有怎樣的關係？

事實上，有好幾種可能的模式，儘管它們都不盡然符合美國可能會發生的狀況，但至少在思考兩者之間的關係上，它們為我們提供了方向。

・薩德爾城（Sadr）戰略

一個明顯的問題，是我們該如何捍衛這些空間，因為可以預期地，當局絕對會採取系統性的做法將它們一舉掃除。中東的做法，是建立武裝民兵。儘管這種局面幾乎不可能會在當代美國發生（至少左派團體絕對不可能採取這種做法），但伊拉克薩德爾派（Sadrist）的經驗，還是足以借鏡。薩德爾派是個民粹主義的伊斯蘭運動，基本成員主要來自勞動階級，而就算是在美國軍事占領期間，它都成功地在伊拉克的各地城鎮建立自治的區域。它如此成功的原因之一，是了解任何這樣的雙重權力戰略，其成功關鍵都在於從創設沒有任何人會反對的機構開始，例如為懷孕或需要托育的女性提供免費的醫療診所，並以此為基礎，逐步打造出一個保安機器，接著再創造為之提供保護的社會基礎建築。下一步，則是與當局交涉彼此之間的界線，該組織在這個清楚且不得跨越的區域內進行治理，至於界線之外，則是仍被所謂的政府治理的區域。

不管是伊拉克的薩德爾派，還是大致採取相同戰略的黎巴嫩真主黨（Hezbollah），這種在外國軍事占領下打造自主體制的嘗試儘管相當成功，但它也顯示這種雙重權力戰略很快就會面臨其限制。首先，若人們採取的是武裝抵抗，就算其戰略基本上是防禦性的，但到了最後，其追隨者都必然會採取某種型式的暴力，而暴力有其自身的邏輯。軍事訓練成為必然，而這必定使得民主實驗無從發生，焦點也會集中在擁有克里斯瑪的領導者身上，而且，任何具備武裝抵抗色彩的運動，往往都會演變成具有一定文化同質性的政治勢力。上述的因素，以及隨著自治社區而來的無止盡問題，使得這樣的團體最終必定無法抵擋進入正式政治的誘惑。畢竟，若人們一開始就不避免採取組織化的暴力，或是並未採取水平派的原則，那麼，他們實在沒有理由不去參與國家體制。結果，正如每個採取這種方式的中東團體，它們最後都創建了政黨。

很顯然地，我並不認為這是像占領行動這樣的運動足以效法的模式，不過，這是個很好的出發點，部分原因在於它一開始的戰略（創立女性診所）是別出心裁的，但我主要的擔憂，還是它證明了這一點：只要團體並不打算避免使用槍砲，它們很快就會政治結構吸納。

・聖安德烈斯（San Andrés）戰略

在一九九四年的十二天起義後，查巴達馬上採取了一個截然不同的模式。正如前述，這場起義很快就以休戰告終，而不管它原本的目標是什麼，休戰的目的都在於讓反叛的社群得以打造自己的自治機構，並從事各種各種非暴力的直接行動（日後，查巴達為人所著稱的，乃是由數千名抱著嬰孩的原住民女性去「侵略」墨西哥軍營的行動）。

查巴達決定不參與墨西哥正式的政治過程，而是去打造一個完全不同的政治體制。不過，該如何正式地與既存的權力結構打交道，仍然是個問題。它的解決之道，是進行正式協商的和約，也就是日後所謂的聖安德烈斯協議（San Andrés Accords），而這些協定並未犧牲這些才剛建立的在地民主結構，反倒使得它們正當化，而且還能加以發展與擴張，因為查巴達的協商者（他們隨時可被委任的社區罷免）要求不管是在協商的哪個階段，各項提案都必須受到全面的民主諮詢、認可與覆議。也就是說，這樣的協商過程本身，變成了完美的防火牆。於是，每個人都知道政府在協商時總是心口不一、甚至根本不打算付諸實現的事實，反倒變得不那麼重要。

想想若是占領華爾街行動採取類似的戰略，會是很有趣的，也就是說，與既存的政治結構交涉，但又不妨礙它本身的直接民主過程，卻反倒能加以培育與發展。一個明顯的例子，是倡議對美國憲法提出一個或更多的修正案，而事實上，已經有許多人提出這樣的呼籲，例如要求禁止金援的選戰，或是廢止所謂的財團法人的法人資格。類似的例子其實很多，例如在厄瓜多，當地的原住民團體便成功地把中間偏左的經濟學家拉斐爾．科雷亞（Rafael Correa）拱上檯面，而它們所要求的，就是自己能在新憲的制定上擁有一席之地。正如上一章提及的，在這樣的局勢裡，我們會面臨各式各樣的問題，特別是當我們身處一個在大體上就預設要排除任何直接民主參與的憲法架構裡。儘管如此，在這種模式裡，我們還是可以比較輕易地架設防火牆，以免我們得要直接面對民選官員。

・埃爾阿爾托（El Alto）戰略

玻利維亞的情形，是少數幾個我知道成功結合兩種雙重權力戰略的例子：一方面，它以自主的機構作為基礎，進而在政府中取得地位；另一方面，這些自主的機構卻又完全與政府分離，成功地讓自己成為直接民主的另類選項。我將它稱為「埃爾阿爾托戰略」，埃爾阿爾托是首都拉巴斯市郊一個主要由原住民構成的城鎮，以直接民主的機構與直接行動的傳統著稱（例如，埃爾阿爾托的人民會議掌管了當地的供水設備及其他民生設施），該地也是玻利維亞第一位原住民總統埃沃・莫拉萊斯（Evo Morales）的家鄉，在擔任總統前，他是農會領袖。使得埃沃・莫拉萊斯得以掌權的社會運動，曾針對之前幾任總統發動一連串多屬非暴力的叛變，也為埃沃・莫拉萊斯的選戰進行動員；儘管如此，該社會運動還是聲明自己有起身反叛他的能力，同樣地，也隨時可以把他趕下台。該社會運動的邏輯很清楚，而且屬於埃沃・莫拉萊斯政黨的民選官員也常常如此表示：政府並不是個真正民主的體制，而且它也永遠不會是。政府有其由上而下的邏輯，它必須聽命於國際資本與貿易組織的要求，此外，在本質上，它本來就是由警力撐腰的官僚體制。因此，至少是在某些狀況下，民選官員幾乎總是得要做出完全違背其選區公民意願的決定，因為他們承受了巨大的壓力。雙重權力的機構為此提供了制衡，甚至使得像埃沃・莫拉萊斯這樣的政治人物在與外國政府與企業或自己政府的官僚談判時，有了更多的籌碼，因為他可以明白表示，在某些議題上，他是無法讓步的，因為他必須向他的選區公民負責。

在美國，我們顯然辦不到這一點，不過埃爾阿爾托戰略提醒我們，一個水平性的未來是可能的。

如果說我們可以從中學到什麼，那就是在我們確立強悍的直接行動乃是正當且可接受的政治行動之前，太早進入選舉政治不是明智之舉，最好連想都別想。

•布宜諾斯艾利斯戰略

這是另一個完全不與政治建制直接打交道的戰略，事實上，它的目標其實是要完全剝除政治建制的正當性。這可稱之為阿根廷模式，或是去正當性戰略，它有些類似在我寫作當下希臘所發生的事情。不過，必須強調的是，這並不代表放棄透過國家機器來改善現狀的希望。恰恰相反：它其實是對政治階級的挑戰，要求政治人物證明自己仍能傾聽民意，而且這往往會激發他們，使他們採取本來連想都不敢想的基進措施來改善現狀。

基本上，這個戰略的作法是創造建立在水平性基礎上的另類機構，這些機構不但與政府無關，而且還主張整個政治體制是全然腐敗、腦殘而且對人民的真實生活感受無感，政治體制是場令人笑不出來的鬧劇，因此政客應當被看成賤民。因此，在二〇〇一年阿根廷的經濟崩潰之後，人民起義在數月內使得三任不同的政府接連垮台，參與者後來決定以他們所謂的「水平性」原則設立另類的機構：由人民會議來治理社區、重掌被大老闆關閉的工廠，而由失業者自發組成的社團持續不懈地參與直接行動，一度甚至還設立的另類的貨幣體制。

他們對政治階級的態度，可以用一句有名的標語來總結：「que se vayan todos」，意思大致上是

「他們可以都去死」。據說在二〇〇二年初，不管是哪個政黨的政客，若不黏上假鬍子或利用其他偽裝，就不敢到外面的餐廳吃飯，因為若被認出來，憤怒的其他用餐人就會將他們團團圍住，或是向他們丟食物。最後掌權的是帶有社會民主主義色彩的政府，由內斯托爾・基什內爾（Néstor Kirchner）擔任總統，他之前的立場，其實是極為溫和的改革派，但他意識到，為了讓人民重新相信政府是個可以具備正當性的體制，他就必須採取基進的行動。他宣布要停止償還阿根廷絕大多數的國際債務，此舉引發了一連串的效應，幾乎摧毀了國際監察機構，像是國際貨幣基金組織，但也有效地結束了第三世界的債務危機。最終，這使得全球數億計的窮人得以喘息，而且也使得阿根廷的經濟重新復甦，儘管大眾並不知道這一點；不過，上述這一切之所以能夠發生，完全是因為那場摧毀阿根廷政治階級正當性的人民起義。更重要的是，這項戰略確保了一點：就算政府能夠重建其正當性，當初起身質疑政府正當性的諸多自治機構依然存在。

有鑑於在當下的美國，任何真正的起義都不太可能發生（當然，起義永遠都似乎是不可能的，直到它真正發生為止；不過，至少我們還是可以合理地認為，經濟只會變得愈來愈糟而已），我們可能得要綜合上述各種選項，或是想出某些類似的方式，去找出適合自己的戰略。無論如何，上述的戰略清單，提供我們一個思考未來可能性的出發點。

必須釐清的是，截至目前為止，占領華爾街行動已成功地採取最後一個選項：去正當性的戰略。

有鑑於當代美國的政治態度，這大概是不可避免的。畢竟，早在我們開始之前，政府的正當性便已飽受質疑。絕大多數的美國人都早已認為，美國的政治體制是腐敗而無用的。事實上，早在占領行動開始籌備的該年夏天，美國的政治體制就已經為舉債上限上演了一場不可思議的荒誕、幼稚且無意義的鬧劇，其結果是使得美國人對國會的信任度只剩下個位數——百分之九——這是國會史上最低的信任度。當絕大多數美國人在經濟衰退中苟延殘存時，政治體制卻表明它不願也無能處理數百萬人所面臨的困境，共和黨的國會議員要求政府拒絕償還債務，好大幅削減社福支出，如此才能避免一個根本是憑空想像的債務危機，因為這個危機會讓政府在接下來幾年內都無法舉債。於是，歐巴馬總統決定採取一個相較之下比較講理的立場，就像他的幕僚所說的「他是會場中唯一的成人」，也就是說，他不去指出這整個辯論都是建立在虛假的經濟假設上，而是為根本一模一樣的計畫提出一個比較溫和的「折衷」方案——這就好比揭穿某人是瘋子的最佳方式，是承認他的妄想中有百分之五十是煞有介事的。在這樣的脈絡下，唯一合理的做法，就是明確地指出這整個辯論是毫無意義的，而既存政治秩序唯一辦到的，就是使自己失去正當性而已。這也是為何一群由無政府主義者、嬉皮、失業的大學學生、異教的樹屋居住者與和平行動者構成的雜牌軍，忽然成為美國真正的「成人」的原因。有些時候，只有堅持基進的立場，才會是唯一合理的做法。

如同我所說的，我並不想為長程的戰略提供任何特定的建議，不過我們必須記得，美國政治已經成為一場遊戲，但其中的玩家相信政治不過是集體妄想，而政治現實實際上是由「權力」構成的，但究極而言，所謂的「權力」不過是組織化暴力的美名而已。這是為何不管我們採取怎樣的行動，我們都必須創造空間，讓自己能夠真誠地遵守講理與妥協的原則，就算我們已經揭穿在政客宣稱自己能夠憑空創造「政治現實」的空談背後，他們所仰仗的其實是由全然不講理的蠻橫武力構成的國家機器。而這必然意味著，在面對蠻橫、不講理的權力時，我們不該訴諸任何「講理」的妥協，而是應該以彈性與巧思的反制力量對抗，我們必須採取基進的另類取徑，而且不斷提醒眾人，所謂的「權力」究竟是建立在怎樣的基礎之上。

Chapter 5
尚待破除的魔咒

革命的年代絕對沒有結束。人類的想像力頑固地拒絕死去。當許許多多的人們同時開始掙脫那些強加在我們集體想像力的鐐銬時，那一刻，即便是最深刻灌輸在我們腦海中的那些關於什麼在政治上是可能的、什麼是不可能的預設，過去也曾在一夜之間粉碎脫落。

二〇一一年秋天，我們大部分人都感覺自己正身處於一場全球性革命的風暴中。一切事情正以難以想像的速度發生著，始於突尼西亞（Tunisia）的一波動亂瞬間席捲全世界，在各地造成了威脅。我們看著中國出現了表示同情的示威活動，而在像是奈吉利亞和巴基斯坦這樣的地方，幾乎每天都有新的占領行動上演。當然了，回顧過去，在這樣的一個地方，事情是絕不可能真的持續下去的。事情就像是，正當所有為了阻止這類大規模抗爭（自從二〇〇八年的金融崩潰以來，對大規模抗爭的憂慮已催生出數不清的研究及尚未正式發表的論文，皆以糧食暴動和全球性動亂的可能性為主題）上演而設計的國際安全結構在極難以置信的心情下終於說服了自己，不會有什麼大不了的事情發生時，事情就發生了；而既然事以至此，它們也只能抱著同樣難以置信的心情張口結舌地愣在那兒。

儘管如此，當鎮壓的浪潮不可避免地來到時，它讓我們之中的許多人暫時地處於困惑之中。我們都預期警棍最終將會出現。讓我們之中的許多人感到震驚的，是自由派盟友的反應。畢竟，美國並不把自己看成是由任何特殊族源（ethnic origin）所統一的民族（nation），而是一群因自由而結合的人民；而正是這一群人慣常地把自己推舉出來作為他們自由最堅定的捍衛者。而他們反而表現出樂於見到把公民自由當成討價還價的大把籌碼、當成是只有在策略上有利時才被捍衛的東西，即使對許多像我這樣對自由派陣營幾乎已經無所期待的無政府主義者而言，這樣的事實亦足以令人清醒。而其影響則更加地令人痛心，因為有那麼多陷在困境中的人直接經歷了這種暴力。這些人先是被幾乎無限的可能性迷得暈陶陶，但現在卻必須面對那些鮮明的回憶，回憶中他們看著他們如此鍾愛的圖書蒐藏在巡警的嘲笑聲中被當成垃圾送進焚化爐；看著他們最親愛的朋友們被棍棒毆打、上銬，而主流媒體卻盡職地拒絕進入界限內，無法給予他們任何協助；看著臉部被狼牙棒毆傷的朋友必須面對終身呼吸問題纏身的可能；回憶中，他們必須倉皇地為那些生活所有物（無論多麼微少）被特工破壞的人尋找棲身之處，這一切都讓每一種想像得到的緊張不安與反感沸騰，而在之前的幾個星期，當組織及防守營地給了我們如此明顯的共同目標時，這些緊張不安與反感是被壓抑或視而不見的。

約莫有一個月的時間，紐約大會暨小組發言人會議（New York General Assembly and Spokes council）幾乎呈現完全無法發揮功能的狀態。在一些會議中差點出現了拳腳相向的情形；尖叫；種族主義的呼聲；在策略、組織和金錢上不斷重疊出現的危機；以及從警察滲透到自戀性人格失常的所有指控。在這樣的一些時刻，即便是像我這樣職業性的樂觀主義者，都幾乎忍不住要憤世嫉俗起來。但是每隔一段時間（實際上是有著驚人的規律性），我總會發現自己遇到一些人或事，提醒我自己是多麼地把一切視為理所當然。在驅離發生的幾個月，在一次如往常般令人煩躁的走廊會議之後，我遇到一個蓄著鬍子的嚴肅男人，年紀大約三十五歲左右，穿著保守，他這樣評論：「你知道，五一勞動節行動是否成功並不真的很重要——我的意思是，我像任何人一樣希望它們成功，但是即便它是成功了，即便我們沒有重新占領，即便一切在今天就結束了，就我所關心的事情來說，你們這些傢伙早就已經改變了一切。至少對我來說是如此。我想我們正在看著一場美國文化轉型的開始。」

「真的嗎？但是有多少人真的被它影響了呢？」

「噢，這是那些受到影響的人要去留意的，你不能夠再回頭用過去思考事情的方式來思考。我在我的工作中注意到這種變化。在這裡，我們可能把所有的時間花在抱怨這些會議，但是如果你沒經歷過民主的會議，只要試著再次回到真實的世界就好；你回去工作，然後忽然間就好像，你有了全新的發現！這完全是荒謬的。然後你和你的朋友、你的姐妹、你的父母談談，你會說，哎，我們都假設只能用唯一的方式來做某件事情，但如果我們不把它視為理所當然，它看起來可能會很蠢，還有什麼事情是這樣的呢？你可能會覺得很驚訝。許多人都正在問著這類的事情。」

而我心想：難道這就是一場革命真正的意義嗎？那是在什麼時候開始發生的呢？如果說它真的是……

這是個十分惱人的問題：革命是什麼？

我們以前自以為知道答案。革命就是志在轉變革命發生的那個國家的政治、社會和經濟體制本質的某種人民力量奪取了權力，通常依據的是對於公義的社會的某種願景式夢想。今天，我們所生活的時代是，如果叛軍真的攻進了一個城市，或是群眾起義推翻了一個獨裁者，在這個時代是不可能有任何這類的意涵的；當深刻的社會轉型真正發生時，比方說，就和女性主義的崛起一樣，它可能採取一種完全不同的形式。並不是說革命的夢想已經不存在了，而是當代的革命者鮮少認為他們可以透過相當於攻占巴士底監獄的某種現代手段來實現革命。

革命所做的，是改變了政治最終的基本假設

而在這樣的一些時刻，值得做的是回到個人已知的歷史並追問：革命曾經真的符合過我們的想像嗎？對我來說，曾經用最有效的方式做過這件事的人，是偉大的世界史學家伊曼紐・華勒斯坦（Immanuel Wallerstein）。他主張在最近約兩百五十年間，革命首先是由政治常識的世界性變遷所組成的。

華勒斯坦注意到，在法國大革命發生時，一個單一的世界市場就已經存在了，而受到大的殖民帝國所支配的單一政治體系也逐漸存在了。結果是，攻占巴黎巴士底監獄最終影響了丹麥甚至是埃及，其深刻程度就和對法國的影響一樣——在某些案例裡，影響甚至更為深刻。因此他談到了受到「一八四八年世界革命」仿效的「一七八九年世界革命」，後者幾乎同時在從瓦拉幾亞（Wallachia）到巴西的五十個國家中掀起革命。然而沒有一場革命是革命分子成功取得權力的，但是在這之後，受到法國大革命啟發的制度，尤其是普及的基礎教育體系，卻幾乎在每個地方都被施行。同樣地，一九一七年的俄國革命也是一場世界革命，它最終對於美國新政及歐洲福利國家的貢獻，不亞於它對蘇維埃共產主義的貢獻。在這一系列革命中，最後一場革命是一九六八年的世界革命，和一八四八年的那場革命十分相似，它也在從中國到墨西哥的幾乎每個地方掀起了革命，沒有一個地方它奪得權力，然而它卻改變了一切。這是場反對國家官僚體制的革命，目的是為了爭取個人與政治解放的不可分離性，而現代女性主義的誕生很可能是它最持久的歷史遺產。革命因此是一種全球性現象。但不僅限於此。它們真正做的事情是改變了政治最終是關於什麼的基本假設。隨著革命的腳步，那些一直被認為根本是基進少數的觀念，很快地就會成為受到公認的辯論思潮。在法國大革命之前，改變是好的、政府政策是處理改變的適當方法、以及政府的正當性得自於一個被稱為「人民」的實體，這些觀念被認為是人們會從不切實際的人、煽動家，或最多只是一小撮把時間花在上咖啡館辯論的思想自由的知識分子口中聽到的東西。一個世代之後，即便是最古板的地方官員、神職人員和中小學校長，對於這些觀念也必須在口頭上讚美一番。不久，我們就達到了我們今天所處的情境：我們必須把話說得再清楚明白不過，正如我剛才所做的，才能讓人們勉強注意到這些觀念的存在。它們已經成為常識，成為政治討論的根本基礎。

直到一九六八年為止，大部分的世界革命真的推進了實際的改進：擴大公民權基礎、引進普及的基礎教育、福利國家。相形之下，一九六八年的世界革命，無論其採取的是它在中國所採取的形式，即由學生和支持毛澤東文化大革命號召的青年幹部所發起的造反行動，或是柏克萊和紐約所採取的形式，其特徵是由學生、中輟生、文化上反叛者所組成的聯盟，或甚至是巴黎所採取的形式，即學生與工人的聯合陣線，它都有同樣的原始精神：它是一場反對官僚體制、從眾以及束縛人類想像力的任何事物的叛亂，一個不僅僅是針對政治或經濟生活，而是針對人類存在的每一面向的革命方案。在大部分的案例中，其結果是造反者甚至並不試圖接管國家機器；他們認為那個機器本身就是個問題。

六〇年代的革命遺贈

今天流行的看法是將一九六〇年代晚期的社會運動視為是令人尷尬的失敗。這個看法當然有其充分的理由。在政治領域，任何政治常識的廣泛變更的立即受益者，包括針對個人自由、想像力及欲望之理想的重新排序、對官僚體制的厭惡以及對政府角色的懷疑，都是政治正確的。最重要的是，一九六〇年代的運動讓自十九世紀起幾乎被拋棄的自由市場學說得到了大舉復興的機會。那些青少年時製造了中國文化大革命的世代，在他們四十歲的年紀主導引進了資本主義，這並不是件巧合的事。自從一九八〇年代起，「自由」就成了「市場」的同義詞，而「市場」則被視為資本主義的同一物；諷刺的是，甚至在像中國這樣數千年來以高度發展市場（sophisticated market）著稱的地方，也幾乎沒有任何東西是可以被形容為資本主義的。

這樣諷刺的例子是舉不完的。儘管新的自由市場意識形態主要將自己限制在拒絕官僚體制的框架內，但事實上，它卻創造了第一個在全球性規模下運作的行政體系，並擁有層級數不清的公私官僚機構：國際貨幣組織、世界銀行、世界貿易組織、貿易組織、金融機構、跨國公司、非政府組織。正是這個體系將自由市場的正統強加於我們，並在美國臂膀的監視保護下，讓世界對金融掠奪毫不設防。

只有將再創全球革命運動的第一個嘗試，即一九九八年至二〇〇三年間達到高峰的全球正義運動理解為一場反對這個世界性官僚體制之統治的起義，才是合理的。儘管回頭來看，我認為後來的歷史學家將會做出結論，認為一九六〇年代革命的遺產比我們今日所能想像的還要深厚，而資本主義市場的勝利以及他們各式各樣的全球性行政官員、執法者，也就是那些隨著一九九一年前蘇聯的崩潰而看似劃時代而永恆的事物，事實上則膚淺多了。

我要舉個明顯的例子。人們經常聽聞，在一九六〇年代和七〇年代初持續十年的反戰示威最終都失敗了，因為他們並未明顯加速美國從印度支那撤軍的腳步。但在那之後，那些掌控美國外交政策的人對於會遇上同樣的普遍動盪局面是如此焦慮（他們更焦慮的是會遇上軍隊本身的內部騷動，軍隊在一九七〇年代初其實是分崩離析的），以至於他們有將近三十年的時間，拒絕派遣美軍參與任何主要的地面衝突。只有九一一事件這種在美國國土上導致數千平民死亡的攻擊，才能完全克服惡名昭彰的「越南症候群」（Vietnam Syndrome），即便是當時，那些策劃戰爭的人也幾乎是像患有強迫症似的、想方設法要讓戰爭不至於引發示威。無休無止的政治宣傳、媒體小心翼翼地提及這個話題、專家提供屍袋數量的精確計算（多少美國人傷亡可能會引發群眾的反對），而戰鬥規則也被謹慎地制訂，以便將傷亡數目維持在那個數量之下。

麻煩的是那些戰鬥規則所造成的必然結果：為了讓美軍的死傷人數降到最低，導致了數千名老弱婦孺的「附帶損害」（collateral damage），而這又意味著在伊拉克和阿富汗，對於占領軍的強烈恨意相當程度保證了美國無法達成其軍事目標。而值得注意的是，戰爭策劃者似乎也意識到這一點。他們認為避免國內出現有力的反對聲浪遠比實際贏得戰爭更重要。就好像是阿富汗的美軍最後是被艾比・霍夫曼（Abbie Hoffman，譯注：一九六〇年代美國著名的反戰人士）打敗了一般。

情況很清楚，如果一九六〇年代的一場反戰運動仍然讓二〇一二年的美國軍事策劃者綁手綁腳，那麼這場運動很難被認為是失敗的。但它卻提出了令人尋思的問題：當創造出失敗感、創造出反對體制的政治行動是完全無效的感覺成為當權者的主要目標時，會發生什麼事？

這個想法第一次出現在我腦海中是二〇〇二年，當時我正在參加在華盛頓特區進行的世界貨幣組織行動。在緊跟著九一一事件上場的行動中我們相對人單勢孤，警察人數遠遠超出我們；我們沒有理由可以真正成功地阻止會議的進行。大多數人都被籠罩在一股茫然的沮喪感中。直到數天後，當我和某個朋友與參加那些會議的人交談時，我才得知我們事實上讓會議停擺了：警察採取了嚴厲的安全措施，他們取消了一半的活動，實際的會議大部分是在網路上進行的。換句話說，政府已經下定決心，比起讓世界貨幣組織的會議能夠實際進行，讓示威者離開時感覺好像失敗了更為重要。如果你思考一下這件事，他們賦予示威者非比尋常的重要性。

由於避免有力反對聲浪的考量優先於戰爭勝利或高峰會本身，因此針對社會運動、戰爭策劃及貿易高峰會採取的先發制人態度，有沒有可能，這樣的方式所真正反映的是一種更為普遍的原則？如果那些現在正在管理這個體制的人，他們之中的大部分都在容易受影響的少年時代，親身經歷了一九六〇年代的動盪，是否有意識或無意識地（而我猜想有意識的程度更甚於無意識）執迷於「革命性社會運動將會再次挑戰盛行政治常識」的預期前景？

新自由主義：經濟上失敗，政治上成功

這會說明許多事情。在世界的大部分地方，最近三十年被認為是新自由主義的年代，一個被長期受到拋棄的十九世紀教條復興所支配的年代，這個教條認為一般來說自由市場和人類自由最終會是同樣的東西。新自由主義始終受到一種核心悖論的嚴重打擊。它宣稱經濟學律令優先於其他所有事物。政治本身不過是與為「增長經濟」（growing economy）創造條件有關的一件事而已，方法則是透過市場的魔法來完成它的工作。對於平等、安全的所有其它的希望和夢想，都必須為了經濟生產力的主要目標而犧牲。但實際上，在過去三十年來，全球經濟的表現無疑是平庸的。除了一、兩個令人驚豔的例外（尤其是在中國，中國的經濟表現在相當程度上忽視了大多數的新自由主義法則），成長率始終遠低於一九五〇、六〇，甚至是七〇年代時老式、由國家主導、福利國家取向的資本主義[1]。這樣說來，用它自己的標準來看，這個方案甚至在二〇〇八年金融崩潰前就已是個巨大的失敗了。

另一方面，如果我們停止相信世界領導人的話，而是將新自由主義當作一個政治方案來思考，它忽然就會看來異常有效了。政治人物、企業執行長、貿易官僚等，那些在像達佛斯（Davos）或 G20 這類高峰會定期開會的人，在創造一個符合這世界大部分居民需求（更別說是創造希望、幸福、安全

或意義）的世界性資本主義經濟這件事上都表現得糟透了，但是他們卻無比成功地說服了這個世界，資本主義——而且不只是資本主義，而是這個我們現在碰巧擁有的金融化的、半封建的資本主義——是唯一可行的經濟體制。如果我們想到這一點，這可說是項了不起的成就。

他們是怎麼圓滿達成目的的呢？針對社會運動在態度上先發制人很顯然是其中的一環；在任何情形之下都不會有替代方案或是任何提出替代方案的人可以成功。這幫助解釋了在「安全制度」上一項又一項幾乎難以想像的投資：沒有任何重要對手的美國在其軍事和情報方面的花費竟然高於冷戰時期的這個事實，再加上令人幾乎眼花繚亂的重重私人保全、情報人員、武警、守衛及傭兵。接著又有歌頌警察的宣傳機關，包括在一九六〇年代前甚至不存在的大眾媒體工業。這些制度與其說是會直接攻擊異議分子，不如說它們會創造出一種恐懼的普遍氛圍、狹隘愛國主義的從眾性、生活不安全感，以及單純的絕望，這種絕望導致任何想要改變世界的想法似乎都是自尋煩惱的幻想。然而這些安全制度要價也極其昂貴。一些經濟學家估計，如今有四分之一的美國人從事與「警衛勞動」（guard labor）有某種相關性的行業，捍衛產業、監督工作，要不就是讓他們的美國同胞循規蹈矩。[2]從經濟上來說，大部分的這些規訓機器都是龐大的花費。

事實上，最近三十年的多數經濟創新在政治面上的合理性更大於經濟面上的。保證終身僱用的廢除為沒有保障的契約開了路，卻並未真正創造出更高效的勞動力，但在摧毀工會或是將勞動去政治化上倒是展現了異常的高效率。同樣的說法也適用於無限增加的工作時數。如果人們一週工作六十個小時，沒有人會有什麼時間來從事政治活動。情況似乎常常是，每當有一個選擇，一邊的選項是讓資本主義顯得好像是唯一可能的經濟制度，而另一邊的選項則是實際上會讓資本主義成為一個比較可行的經濟制度時，新自由主義就意味著永遠會選擇前者。而針對人類想像力沒完沒了的反對活動則是其結合後的結果。或者，更準確地說：想像力、欲望、個人自由，所有那些在上一個偉大的世界革命中被解放的東西，全都被嚴格控制在消費主義的領地內，或者是網際網路的虛擬真實中。它們被嚴格地驅逐出所有其他的領域。我們在談的是對於夢想的謀殺，是被強加於我們的一種絕望裝置，設計的目的是粉碎掉另一種選項的未來的任何意義。然而將幾乎所有的努力都放在政治籃子中的結果是，我們被迫處於一種奇怪的情境中，就在每個人終於做出沒有其他體制是可能的結論時，眼睜睜地看著資本主義體制在我們的眼前崩潰。

在正如我在第二章中所指出的這樣的一個世界，即處於表面政治分界兩邊的統治階級都開始相信，在他們自己權力所創造出來的真實之外，別無真實的一個世界，也許這便是我們所能期待的全部了。泡沫經濟是同一個政治綱領所造成的結果，這個政治綱領不僅讓賄賂成為我們政治體制運作的無上法則，而且對於那些在其中運作的人而言，它正是真實自身的法則。就像是這個策略耗盡了一切一樣。

但是這意味著在常識的層次上，任何革命都對當前的掌權者具有毀滅性的影響。我們的統治者為了讓這種想像力的爆發顯得不可想像而賭上了一切。要是他們輸了那場賭注，影響（對他們而言）會是毀滅性的。

一般而言，當人挑戰傳統的信念，也就是挑戰現有經濟及政治體制是唯一可能的體制這個信念時，可能得到的第一個反映，是被要求提供一份詳盡的藍圖，說明替代體制會如何良好運作，說明得鉅細靡遺至它的金融工具的性質、能源供給及下水道維修政策。接下來，可能被要求提供一份詳盡的計畫，說明如何建立這個體制。從歷史上來看，這十分荒謬。社會變遷什麼時候曾依據某個人的藍圖而發生了？並不是文藝復興時期的佛羅倫斯有一小群有識之士構思了某種他們稱之為「資本主義」的東西，想好了股票交易和工廠有一天會如何運作的細節，然後執行一個計劃來實現他們的願景。事實上，這個構想是如此荒謬，以至於我們可能會問自己，我們怎麼會有這種想法，以為變遷就是這樣展開的呢。我懷疑這其實是一種啟蒙觀念的遺緒，除了在美國之外，啟蒙的觀念事實上在世界各地都在逐漸消失當中。在十八世紀，想像國家是由偉大的立法者（如萊克格斯〔Lycurgus〕和梭倫〔Solon〕，譯注：萊克格斯和梭倫分別是古希臘時代雅典與斯巴達城邦的立法者）所建立，他們無中生有地發明了習俗與制度，很像被想像為創造了整個世界的上帝，然後（再一次地，跟上帝一樣）就離開了，讓體制基本上維持著自我運作的狀態。「法治精神」因此就逐漸地決定了那個國家的國格。這是種特殊的幻想，但美國憲法的作者卻相信偉大的國家就是那樣建立起來的，並且實際嘗試著付諸實行。因此，美國作為「一個法治而非人治的國家」，也許是地球上唯一在某種意義上實現了這幅圖像的國家。然而，即便是在美國，正如我們所看到的，這也不過是故事中很小的一部分而已。而後來嘗試由上至下創造新國家、制定政治或經濟體制的努力（美國在二十世紀的偉大對手，蘇聯（USSR），主要以英文首字縮寫形式存在的唯一另一個偉大國家在這裡是最常被提到的例子），結果並不是特別的成功。

這一切並不是要說烏托邦式願景，或甚至是藍圖計畫有什麼錯。它們只是需要被恰如其分地對待。理論家麥可．亞伯特（Michael Albert）曾經針對在民主式、參與式的基礎上現代經濟如何在沒有貨幣的情況下運作，規劃出詳盡的計畫。我認為這是一個重要的成就——不是因為我認為那個精確的模式是可以根據他所描繪的那個形式而設立，而是因為它讓這樣一種東西是難以想像的說法不可能成立。再者，這樣的模式只能被認為是種實驗。我們無法真正料想得到，當我們開始實際試著建立一個自由社會時，會出現哪些問題。現在看來可能是最棘手的問題也許一點都不是問題；而我們從來沒想過的其他問題，可能會是極其難纏的問題。有數不清的變數存在。最明顯的就是科技了。這是為什麼想像文藝復興時期義大利的行動家可以想出股票交易和工廠模式是如此荒謬的原因，因為變遷的發生是以各式各樣他們無法預料到的技術為基礎，然而在某種程度上這些技術只有在社會開始朝向它所朝向的方向移動時才會出現。這或許解釋了，舉例來說，為什麼有這麼多更具說服力的無政府主義社會的願景，是由科幻小說家描繪出來的（娥蘇拉・勒瑰恩〔Ursula K. Le Guin〕、史塔霍克〔Starhawk〕、金・史丹利・羅賓森〔Kim Stanley Robinson〕，譯注：均為著名科幻小說家）。在小說中，你至少會承認科技的面向是個猜想的工作。

以我自己來說，我對於決定在一個自由的社會中我們應該擁有什麼樣的經濟體制的興趣，少於我對於創造出人們可以為自己做這類決定的工具的興趣。這就是為什麼我在這本書中花了那麼多篇幅來討論民主決策的制定。而參與這類新的決策制定形式的這個經驗，會鼓勵人們用新的眼光來觀察這個世界。

什麼是常識中的革命實際會有的樣子？我不知道，但是我可以想到無數的傳統看法，而如果我們想要創造任何一種可以運作的自由社會，這些傳統看法必然是我們要去挑戰的。我已經在之前的書中相當詳盡地探索了其中之一，也就是對於金錢和債的本質的傳統看法。我甚至提議債的大赦

（jubilee，譯注：《聖經．舊約》〈利未紀〉中神對摩西頒布律法，規定土地耕作滿六年後，第七年為安息年，第七個安息年後的第一年〔第五十年〕即為大赦的一年，稱為jubilee。在這一年，賣出的產業可以贖回，為奴的人可重獲自由。故譯為大赦。），即全面的免除債務，有一部分是為了要清楚說明，貨幣其實只是一種人類的產物，它是一組承諾，貨幣的本質始終是可以被重新協商的。在這裡，我將列出其他四種。

一、生產主義式的討價還價

有許多會削弱我們對於政治可能性判斷的有害預設，都和工作的本質有關。最明顯的一個就是預設工作必然是好的，那些不想要屈從於工作規訓的人，天生就是不配得到救助、不道德的；而任何經濟危機或甚至是經濟問題的解決辦法，永遠是人們必須做的比他們已經做的更多或是更努力。這是參與主流政治學論述的每個人都似乎不得不接受作為討論基礎的預設之一。但一旦你思考這個預設，它的荒謬性就會顯示出來。首先，這是道德立場，而不是經濟學立場。有許多被完成的工作或許不做會更好，而工作狂也不必然就是較好的人。事實上，我想對於世界情況的任何冷靜客觀的評價，都必然會做出一個結論，那就是真正需要的並不是更多的工作，而是更少。而即便我們不將對於生態的憂慮——也就是全球工作體制目前的步伐，正在快速讓地球邁向不宜居住境地的這個事實——納入考量，這個評價仍是正確的。

為什麼這個觀念這麼不容易被挑戰呢？我猜想勞工運動的歷史是部分原因。二十世紀最大的諷刺之一是，每當一個被政治動員的勞工階級真的贏得了一丁點的政治權利時，它總是在獻身於生產主義精神態度（productivist ethos）的科層官僚骨幹的領導之下辦到的，而這樣的精神態度卻是大多數真正工人並不擁有的。*人們甚至稱之為「生產主義的討價還價」，也就是說，如果人們接受了工作本身就是一種美德的舊有新教理念，那麼你就會獲得消費者天堂的打賞。在二十世紀的最初幾十年，這是無政府主義和社會主義工會之間的主要區別，這也就是為什麼前者始終傾向於要求更高的工資，而後者則要求更少工時的原因（無政府主義工會最著名的成就，就是它們是八小時工時制真正的促成者。譯注：此處可能是作者誤植。根據前後文脈絡，作者想表達的應該是前者〔無政府主義者〕傾向於要求更少工時，而社會主義者則要求更高的工資。）。社會主義者擁抱由資本家敵人所提供的消費者天堂，但是他們希望由自己來管理生產體系；相對地，無政府主義者想要的則是時間，用來生活、用來追求那些資本主義者們甚至連做夢都想不到的價值形式的時間。然而革命發生在什麼地方呢？真正崛

* 正如一位印第安人無政府主義者所指出的，人們可以引用從甘地到希特勒的話語說工作是神聖的，但是當真正的工作者談到假日（「聖—日」〔「holi-day」〕，譯注：假日的英文是 holiday，是由神聖的〔holy〕和日〔day〕這兩個詞根組合而成）時，他們所指的卻是你不需要工作的那一天。

起的是無政府主義的擁護者——那些拒絕了生產主義的討價還價的人們——無論是在西班牙、俄羅斯、中國，或者是幾乎是所有革命所到的之處。然而在每一個案例中，他們最後都被納入了由社會主義官僚的監管之下，這些社會主義官僚擁抱的是一個消費者烏托邦的夢想，即使那也幾乎是他們最不可能有能力提供的一樣東西。諷刺的是，蘇聯與相似政權真正能夠提供的主要社會利益，正是他們無法承認的，也就是更多的時間，因為當一個人實際上是無法被開除的，並且每個人可以只工作他應做的一半時間卻仍安然無事時，工作規訓就成了完全另一回事了；它必須被稱為是阻礙了通往充滿鞋子和消費電子產品的不可能未來的「曠工問題」。但是在這裡，工會主義者也同樣覺得是被迫接受了資本家的條件——在其中，生產力和勞動規訓是絕對價值——並且表現得好像在工地閒晃的自由不是好不容易贏得的權利，而其實是個問題一樣。確實，一天工作四小時比起用八個小時來做四個小時可以完成的工作是要好多了，但是有總比沒有好。

二、什麼是勞動？

甘願服從勞動規訓——監督、控制，甚至是有抱負的自雇者的自我控制——並不會讓人變成更好的人。在大多數真正重要的方面，或許還會讓人變得更壞。接受勞動規訓是一樁不幸的事，充其量只是有時候必須如此而已。然而只有當我們拒絕這類勞動本身就是美德的觀念時，我們才能夠開始追問那它到底有哪些地方是道德的。針對這個問題，答案很明顯。如果勞動對他人有幫助，那它就是道德的。對於生產主義的揚棄應該讓重新想像什麼是工作的本質更為容易，因為，除了其他事情以外，那會意味著科技發展將比較不會被重新導向創造更多的消費產品、更多有紀律的勞工，而是更多地朝向完全廢除那些勞動的形式。

剩下來的會是只有人類有能力去做的那類工作，也就是照顧及助人勞動的形式，而我曾主張，它們是導致了占領華爾街運動開始的那場危機的核心。如果我們停止表現得像是工作的原初形式就是在生產線、小麥或是鑄鐵廠，或甚至是在辦公隔間裡面勞動，而是始於一位母親、老師或照顧者時，會發生什麼事呢？我們可能不得不做出一個結論：人類生活的真正事業不是奉獻於某個被稱之為「經濟」（一個在三百年前甚至不存在的概念）的東西，而是我們全都是，並且始終都是，共同創造的工程的這個事實。

此時此刻，最迫切的需求也許僅僅是放慢生產力引擎的速度。這樣說似乎很奇怪——我們對於每個危機的反射性動作，就是預設危機的解答是每個人工作得更多，但這種反應無疑正是問題所在——不過如果人們考慮到世界整體的狀態，結論就會變得很明顯了。我們似乎正面臨著兩個無解的問題。一方面，我們目睹了一連串無止盡的全球債務危機，自從二十世紀七〇年代以來債務危機只有變得愈來愈嚴重，嚴重程度到了總體的債務負擔——主權國的、市政的、企業的、個人的——都明顯無法維持的地步。另一方面，我們則面臨了生態危機，氣候變遷的快速步伐正讓整個地球陷入乾旱、洪水、混亂、饑餓匱乏及戰爭的威脅之中。這兩個問題看來也許不相關，但最終它們卻是一樣的。追根究柢，除了對於未來生產力的承諾之外，還有什麼是債務？全球債務水準持續升高的說法，只不過是人類作為一種集體，彼此承諾未來要生產出甚至比他們現在所創造出來的更大量的貨品和服務的另一種表述方式而已。但即便是現在的水準也很顯然地是無法維繫的。正是它們以一種不斷加快的步伐在摧毀這個星球。即便是那些管理這個體制的人也開始不情願地做出結論：某種大規模的債務免除──某種大赦──是不可避免的。真正的政治鬥爭將是針對其所採取的形式。那麼，同步處理兩個問題難道不是很明顯的事情嗎？為什麼在實際可行的範圍內盡可能廣泛的免除全球性債務，其下一步不該是大規模的削減工時：也許是一天工作四小時，或是保證五個月的假期呢？這樣做不只可以拯救地球（因為人們不會只是無所事事地度過他們新得到的自由時間），還會開始改變我們對於價值創造性勞動真正的樣貌為何的基本概念。

占領當然不會創造需求，但是假如是我去策劃，那策劃的就會是占領。畢竟，這會是針對支配意識形態最堅固之處的一次攻擊。債的道德性以及工作的道德性，是那些現行體制的管理者手中最強的意識形態武器。那正是為何儘管它們在實際上正摧毀一切，他們卻還是牢牢緊抓住它們不放的原因。那也是為何它們會製造出完美的革命需求的原因。

三、科層制

主流左派的一個真正的災難性失敗，是它始終無能做出對於科層制有意義的批評。我認為主流左派幾乎在每個地方都無法從二〇〇八年資本主義的毀滅性失敗中得到好處，這是個最明顯的解釋。在歐洲，在幾乎所有的案例中，成功地設法從大眾的憤慨中得到好處的政黨都是右派。這是因為溫和的社會民主主義左派長期以來同時擁抱著市場與科層制；而右派（尤其是極右派）不僅發現自己更容易揚棄對於市場解放的盲目信仰，而且也已經提出了對於科層制的批判。這是個粗糙、過時，而且從許多方面來看均無關痛癢的批判，但至少它存在。主流左派在拒絕一九六〇年代的嬉皮與公社的同時，實際上也沒給自己留下任何批判的餘地了。

然而科層制卻以它前所未有的方式填滿了我們生活的每個面向。奇怪的是，我們幾乎完全無能了解或談論它。部分原因是我們已經將科層制視為是政府的一個面向而已——忽視了往往更為有力的私人科層制，或者是更關鍵的，忽視了公共及私人（企業、金融，甚至是教育的）科層制如今已完全難分難解，以至於想要真正區分它們，成了不可能的事。

我曾經讀到美國人一生中，平均花費大約半年的時間在等待交通號誌變換。我不知道是否曾經有人計算他或她花在填表格的時間有多少（我懷疑他們曾經這麼做）但我不認為那時間會短得多。我非常確定，在歷史上從來沒有一群人曾經得花這麼多的生命在文書工作上。而儘管政府確實好像以設計出極其折磨人的表格為專長，正如任何花許多時間在網際網路上的人所知道的，但是和文書工作真正息息相關的，是涉及給予和收受金錢的任何事。這對於從體制頂層（龐大的行政體系被建立起來，以便管理打著「自由市場」名義的全球貿易）以至於日常生活的最私密細節都是成立的，在日常生活中，原本應該要節省勞力的科技，將我們所有人變成了業餘的會計師、法律從業者及旅行代辦。

然而從某種角度來看，不像問題還輕微得多的一九六〇年代，這前所未見、沒完沒了的文件不再被視為政治議題。再一次，我們必須讓周遭的事件重新變得可以被看見。尤其是非政治人對於左派的直覺式懷疑之一，是左派可能會產生更多的科層化。正好相反，要擁有比我們現在已經擁有的更多的科層化幾乎是不可能的事了。即便不是完全消滅國家，任何革命性的轉變也幾乎肯定會帶來程度低得多的科層化。

四、改造共產主義

這裡我們遇到了最棘手的挑戰，但這既然這是我們的強項，何不全力一搏呢？

一九八〇年代時開始發生了一件確實很奇怪的事。這或許是資本主義有史以來資本主義者／資本家真正開始稱呼自己為「資本－主義者／資本家」（capital-ist，譯注：capitalist 是由 capital 加上 ist 這個字尾所構成的名詞，capital 作為名詞的意思是資本，ist 構成名詞表示具有資本特性的人或是資本的信仰者，即資本家或資本主義者）的頭一個時代。在這個名詞存在之前的將近兩個世紀中，它基本上一直是個用來罵人的詞。我還清楚記得《紐約時報》是如何帶頭示範的。《紐約時報》在當時成為普及化後來變成傳統新自由派看法的真正意識形態推動力量，它用沒完沒了的頭條得意洋洋地吹噓某些共產主義政權，或社會主義政黨，或合作企業，或是其它表面上屬於左翼的機構是如何地（在純粹自我利益的迫使下）擁抱了「資本主義」的這個或那個元素。這個字和無窮盡複誦的「共產主義就是行不通」的咒語緊緊相連，但是它也代表了一種意識型態的翻轉，一種由右翼極端分子如艾恩・蘭德（Ayn Rand）首先提倡的翻轉，在那裡「資本主義」和「社會主義」被造出來的基本目的，就是要交換位置的。在資本主義曾是個華麗而庸俗的現實而社會主義曾是個未被實現的理想的地方，現在情況顛倒過來了。在「共產主義」這個詞身上情況則更為極端了，即便是對那些自稱為「共產主義的」政權，這個詞始終是被用來指涉一個模糊的烏托邦式未來，而這個未來通常只會在國家消亡之後才能實現，而當然了，這個國家和當時存在的「社會主義」體制是沒有什麼相像之處的。一九八九年後，「共產主義」的意義似乎轉變為「在『共產主義』政權下占優勢地位的任何組織體系」。而這個意義又反過來帶來了一個真正特殊的修辭轉向，藉著這個修辭轉向，這類曾經因為在維護軍隊與祕密警察上無情地有效率卻在創造消費快感上可悲地無能，因而被報廢的政權，其本身被當成烏托邦來看待，也就是說，它們被認為是如此蔑視人性的基本現實（正如經濟狀況所揭露的）以至於是完全「行不通」、實際上不可能的；當談到比方說前蘇聯時，這確實是個引人注目的結論，畢竟蘇聯有長達七十年的時間控制著地表上一大塊區域，它擊敗了希特勒，先是發射了第一顆人造衛星，然後又將人類送上了外太空。這就好像蘇聯的垮台被拿來證明它從一開始就不曾存在過一樣！

這個詞在通俗意義上，其意識型態的調配是十分吸引人的，而且沒有人真正會去談論它。我還能深刻地回想起，當我還是個在餐廳廚房和類似場所打工的青少年時，任何工作人員對於如何以更合理、甚至是更有效率的方式來運作事情的任何建議，都會馬上遇到以下兩種回應之一：「這不是民主」，或者是「這不是共產主義」。換句話說，從受雇者看來，這兩個字實際上是可以互換的。共產主義意味著在工作場所實行民主，這正是他們覺得它令人不快的原因。那是一九七〇和八〇年代的時候；共產主義（或是民主）沒有效率、更別說本質上就行不通的想法還沒有真正進來。到了現在所處的這十年，我們已經到了目睹了中產階級倫敦居民，也就是那些明確以中間偏左自居的人們，連在和自己的孩子互動時都不假思索地訴諸於這個觀念的地步，就像是在回應女兒對於更民主地分配遛狗責任的建議時所說的：「不，那是共產主義，而我們都知道共產主義是行不通的。」

諷刺的是，如果人們對於「共產主義」這個詞採取一種更現實主義的定義，完全相反的結論卻會被證明是對的。有足夠的證據可以主張，我們正處在一種與一九八〇年代時被廣泛吹捧的情境相反的情境中。在無數的地方、透過無數的方式，資本主義都被迫轉而求助共產主義，原因正是因為共產主義是唯一行得通的東西。

我在過去曾經不斷重複這個論點，而這點其實不難了解。我們需要的只是停止把「共產主義」想成缺乏私有財產制度，並且回到共產主義的原始定義：「各盡所能、各得所需。」*如果可以將任何以這樣一個原則為基礎並運作的社會配置形容為「共產主義」，所有我們對於社會真實的最基本理解都會完全改變。我們會清楚看見，共產主義，至少在其最衰弱的形式中，是所有良善社會關係的基礎，因為任何一種社會性始終都預設了某種作為底線的共產主義，其預設的理解是，如果需求夠大（例如拯救一個溺水的人）或是要求夠小（例如一束光、方向），這些都會是適用的標準。之於我們所摯愛者、最信任的人，我們全都是共產主義者；然而無論是現在、過去或未來，沒有一個人可以和所有人、在每一個情境下都表現得像個共產主義者。最重要的是，工作的組織與安排是傾向於在共產主義的基礎上進行的，因為在實際的合作情境下，尤其是當需求立即而迫切時，唯一解決問題的方法就是識別出是誰、擁有什麼能力可以獲得他們所需要的東西。如果有兩個人在修水管，那麼他們是為美國傳統基金會（Heritage Foundation）或高盛集團（Goldman Sachs）工作就不重要，如果其中一個人說「給我扳手」，另一個人通常不會說：「那我會得到什麼回報呢？」因此，想像某個理想未來的「共產主義」並爭辯它是否可能實現是沒有道理的。所有的社會在基礎上都是共產主義的，而資本主

*似乎是路易．白朗（Louis Blanc）在一八四〇年時第一次將這句話以這個形式的文字呈現，但是時間追溯到一七五五年時，更早的版本在法國共產主義作家莫黑利（Morelly）的《自然法典》（*Code of Nature*）一書中已可見到。不管怎麼樣，馬克思曾在他的哥達綱領批判（Critique of the Gothea Program）中提到它，但在更早更早以前，它就已經在激進圈子裡廣為流行了。

義最好是被視為一種組織共產主義的壞方法。(除了其他方面之外，資本主義之所以壞也因為它傾向於在工作場所這個層級上鼓勵極端權威的共產主義形式。一個關鍵的政治性問題是：我們可以找到什麼比較好的共產主義組織方式，而這方式是會促進更民主的共產主義的？或甚至更棒的，是找到一個完全廢除了我們當代的「工作場所」制度的共產主義。)

這樣說明這件事情似乎令人吃驚，但它確實是十分的符合常識，並且將共產主義從一種概念無盡增生的狀態中解救出來，這種狀態既是過去以因為那些宣稱以它之名發言的人，也是那些宣稱要痛斥它的人所導致。就**一切事物**都按照共產主義的方式來組織這樣的意義上，那會意味著絕對不會有「共產主義」體制這樣的一種東西。那也會意味著在最重要的意義上，我們已經生活在一個共產主義的體制之中了。

讀者們或許現在對於我腦中的大方向有個概念了。大部分時候，我們已經在實行共產主義了。每當我們達到彼此理解，而這樣的理解毋需以身體威脅作為強迫的工具時，我們就已經是無政府主義者，或至少是像個無政府主義者般地行動了。這不是憑空建立一個全新社會的問題。這是在我們已經實行著的基礎上進行建設、是擴展自由的範圍，直到自由成為終極的組織原則的問題。我確實不認為提出如何生產和分配製造物的方法可能是個大問題，儘管我們不斷地被灌輸它是唯一的難題。在世界上，有許多東西是供不應求的。而在我們所擁有的幾乎可說是無限量供應的事物中，有能力針對這類難題提出解決辦法、聰明、富有創意的人是其中之一。難題並不是缺乏想像力。難題是這個令人窒息的債和暴力的體制，它被創造出來的目的，就是為了要確保那些想像的力量不會被使用，或者是不會被用來創造出任何超越金融衍生商品、新武器系統或為了填寫表格而設計的新網路平台的東西。當然了，這正是造成人們來到像是祖科提公園這種地方的原因。

即便是現在看起來像是重大棘手的意識形態分歧，在實作上也可能可以被輕易地處理好。一九九〇年代時，我時常造訪網路新聞群組，當時網路新聞群組充滿了自稱是「無政府主義－資本主義者」（anarcho-capitalist）的傢伙（他們似乎完全存在於網路中。到今天我還是不確定是否曾在現實生活中遇過一個這樣的人）。他們大多數人會花許多時間譴責左派無政府主義者為暴力分子。「你們怎麼能夠既支持自由社會又反對薪資勞動？如果我想要雇個工人來幫我摘番茄，除了用強迫的方式，你們要怎麼阻止我？」因此從邏輯上來說，任何想要廢除薪資體制的嘗試，只能夠透過某種新版的蘇聯國安會（KGB）才能強迫執行。人們經常聽到這類的主張。*值得注意的是，人們絕對不會聽到任何人說：「如果我想要雇我自己來摘別人的番茄，除了用強迫的方式你們要怎麼阻止我？」每個人似乎都

＊它們確實在我第三章一開始所引用的馬修•康提奈提（Matthew Continetti）的作品中被再次提出。

想像在一個沒有國家（stateless）的未來社會，他們最終總得成為受雇階級的一員。似乎沒有人認為自己**將會**是摘番茄的人。但是在他們的想像中，這些摘番茄的人到底會從哪裡來呢？

人們可以在這裡做個小小的思想實驗：讓我們稱它為分裂島嶼的預言。有兩群理想主義者各自擁有一半的島嶼。他們同意以兩邊所分配到的資源約略相等為原則來劃定邊界。一個群體創造了一種經濟體制，在這個體制中有些成員擁有財產，其他人則否，而那些沒有財產的人也沒有社會保障：除非他們接受擁有財產者願意開出的任何條件成為受雇者，否則他們會餓死。另一個群體則建立了一個體制，在其中每個人最起碼都得到基本生存工具的保障，並且歡迎所有前來的人。那些在無政府主義—資本主義者那邊的島上被安排成為守夜人、護士、鋁土礦礦工的人有什麼可能的理由要留在那裡？資本主義者可能在幾個星期的時間內就失去了他們的勞動力。結果是他們會被迫自己巡邏自己的土地、自己倒自己的便盆，自己操作自己的重型機械，也就是說，除非他們很快地開始向他們的工人提出讓他們如同生活在一個社會主義烏托邦一樣的慷慨交易。

因為這個以及其他許多的原因，我確定在實際上，任何嘗試建立一個沒有軍隊、警察和監獄撐腰的市場經濟的嘗試，最終都會迅速地脫離資本主義的樣貌。事實上我強烈懷疑它會很快就看起來跟我們習慣上認知的市場毫無相像之處。顯然我可能是錯的。可能會有某個人會嘗試這麼做，而結果會和我想像的大不相同。在這種情況下，好吧，我是錯了。但我主要感興趣的，是創造出我們可以查明結果的那些條件。

我不能肯定地說一個自由的社會應該是什麼樣子。然而，因為我說過現在真正需要的是要去釋放政治欲望，所以我想，我可以用描述自己站在個人立場所想要看到的某些事物來做結語。

我想要看到的是像是共識背後的原則那樣的東西被普及化為社會生活自身，在這原則中，尊重根本的、不可共量的差異成為共性的基礎。而這在實際上意味著什麼？

首先，我不認為這意味著每個人都把所有時間花在一整天坐在一個個小圈圈裡開正式會議。我認為大多數人都會同意，這樣的景象至少會像現在這個體制把多數人逼瘋。有許多方式顯然可以讓會議有趣而愉快。關鍵在於，正如我在前一章中所強調的，重要的與其說是形式，不如說是它的精神。這就是為什麼我始終強調任何與最終訴諸暴力的科層制結構無關的東西，都可以被視為是無政府主義組織形式。

一個經常被問到的問題是，直接民主如何可以從在地的面對面會議「升級」到整個城市、地區或國家。很清楚地，它們不會採取同樣的形式。但是各種可能性都是存在的。過去嘗試過的選項中，只有極少數是不能夠再被使用的，*而新的技術可能性不斷被發明出來。至今為止大部分的實驗都集中

---

* 只有極少數是不能使用的。在古代的雅典，確保那些工作無法輪換的技術專家，最後不會取得凌駕同等人的制度性權力的一個方法，就是確保他們不是同等人：大部分的公僕，甚至是警察，都由奴隸擔任。但是大部分的措施方法都仍然是我們可以使用的。

在可召回代表（recallable delegate）上，但我個人認為在恢復像我第三章中曾提到過的樂透制度有許多尚未探索過的潛能，某種大約類似陪審員義務的東西，只是是非強制性的，配合某種篩選偏執者、狂熱者以及狂想者的機制，但是在重大決策上能夠給予所有真正希望參與的人公平的參與機會。設立防止濫用的機制是必須的。但是很難想像那些濫用真的會比我們現在所使用的選擇模式更糟。

從經濟學上來說，我真正想要看到的是某種對於生活安全（life security）的保障，可以允許人們追求那些他們真的認為值得追求的價值，一個人，或者是和其他人一起。正如我已經觀察到的，無論如何，那正是人們追求金錢的主要理由。有能力追求其他的事物：某種他們認為高貴、美麗、深刻或純粹只是美好的事物。在一個自由社會中，他們會追求什麼呢？想必，有許多我們現在幾乎難以想像的事物，雖然人們或許會預期熟悉的價值，像是藝術或靈性或運動或花園造景或奇幻遊戲或科學研究或智性或享樂主義式的消遣都包括在其中，以各種未被預期的結合方式出現。挑戰很顯然會是在那些完全無法比較的價值追求之間，資源如何配置的問題，那些價值的形式是完全無法轉化到彼此身上的。而這又會導出另一個我有時會被問到的問題：「平等」真正的意義是什麼？

平等的技術讓不平等變成可能

我經常被問到這類問題。通常是由很有錢的人提出的。「所以你要呼籲的是什麼？完全的平等？那怎麼可能？你是真的想要生活在一個每個人都擁有同樣東西的社會裡嗎？」——並且，再一次地，心照不宣地暗示任何這類方案都會、而且是必然會意味著KGB的再現。這是那些百分之一會有的憂慮。這個問題的答案是：「我想要生活在一個世界，在這世界中問這個問題是毫無意義的。」在這裡不使用寓言，也許可以舉個歷史上的例子。近年來，考古學者發現了會把過去所有對於人類歷史的理解推翻掉的一件事情。在美索不達米亞平原和印度河谷，都市文明最初的一千年間嚴格實行著平等主義，幾乎是到了偏執的地步。完全找不到社會不平等的證據：沒有皇宮的遺址、豪奢的墓地；唯一一些宏偉建築都是可以被每個人使用的（例如巨大的公共澡堂）。通常，都市近郊的每棟房子大小都完全相同。很難不得到一個印象是，這種對於一致性的偏執正是問題所在。正如我的朋友，傑出的英國考古學家大衛•溫哥羅（David Wengrow）總喜歡指出的，都市文明是緊接著一個甚至更重要的創新而誕生的，這個創新就是大量生產的誕生，歷史上第一次有可能創造出一千個同尺寸的盛油或穀類的容器，每個容器上都蓋上了一模一樣的印記。顯然，所有人都很快意識到了這件事的意涵，而他們嚇壞了。畢竟，只有當你擁有這麼整齊劃一的產品時，你才能開始比較一個人比另一個人多擁有了多少東西。只有擁有這類平等的技術才讓不平等變成可能，正如我們今天所知道的。第一批城市的居民努力抵抗這個不可避免的結果一千年，這是他們高度決心的明證，但已發生的事終究得發生，而我們正處理著從那時起便遺留下來的遺產。

我們不太可能有能力完全抹除一項有六千年歷史的創新。我們也不清楚為什麼我們該這麼做。大型、不帶個人色彩的建築，就像制式的產品一樣，將會一直存在。問題不是怎麼毀掉這類東西，而是如何讓它們為其對立面所用，那個對立面也就是一個自由在其中變成了追求完全不可共量的目標的能力的世界。我們現今的消費社會宣稱要堅持那個為其終極的理想，但在事實上，它所堅持的只是個空虛的幻影。

人們經常談到，你可以用兩種方式來設想平等：要不是說兩個東西（不論如何，在任何重要的面向上）都正好是一樣的，要不就是說它們是這麼樣的不同，以至於根本無法可以將它們相比較。而是後面的這種邏輯讓我們可以說，因為我們全都是獨一無二的個體，所以不可能說我們之中的任何人在本質上優於任何其他人，舉例來說，就像我們不可能說有比較好的雪花和比較差的雪花一樣。如果人們要將那個理解作為平等主義政治的基礎，那麼它的邏輯就必須是：因為將這樣獨一無二的個體根據他們的長才分等級是毫無根據的做法，所以每個人都應該得到同樣分量的事物，只要那些事物是**可以**被衡量的：相同的所得、一樣多的錢，或是同樣分額的財富。然而，如果你仔細想想，就會發現這很奇怪。它預設我們都是完全不同的人，但是我們想要的東西卻是一樣的。如果我們把這完全倒過來呢？以一種有趣的方式，現行封建化的資本主義版本，也就是金錢和權力實際上成為了同一樣東西的這個資本主義，讓我們更容易這樣做。統治這個世界的百分之一也許已經將對於金錢和權力的追求變成一種病態的遊戲，在這個遊戲裡，錢和權力本身就是目的，然而對於我們這些其餘的人來說，擁有金錢、擁有一份收入、沒有負債則意味著擁有追求金錢以外的某個事物的權力。

當然了，我們都希望確保自己所愛的人能夠安全、受到良好的照顧。我們都希望活在一個健康、美麗的社群裡。但除此之外，我們希望去追求的那些東西很可能有著很大的差異。如果自由是決定我們希望去追求的是什麼、想和誰去追求它，以及過程中我們願意對它們做出什麼樣的承諾的能力呢？那麼，平等就只會是保證有同樣的機會可以使用資源，那些資源是在追求無數不同的價值形式的過程中所需要的。而民主在那個情況下，將只是我們作為理性思考的人類聚在一起並解決所導致的共同問題（因為問題始終會有）的能力；這是一種只有在鞏固既存權力結構的高壓官僚制垮台或逐漸消失之後，才可能真正實現的能力。

這一切也許仍看似十分遙遠。從表面上看來，此時此刻，與其說這個星球是在為可能通往這樣一個世界開道的那種廣闊的道德和政治轉型面前泰然自若，倒不如說它是在一系列始料未及的災禍面前面不改色。但如果我們要有機會阻止這些災禍，我們就必須改變習以為常的思維方式。正如二〇一一年的那些事件所透露的，革命的年代絕對沒有結束。人類的想像力頑固地拒絕死去。當許許多多的人們同時開始掙脫那些強加在我們集體想像力的鐐銬時，那一刻，即便是最深刻灌輸在我們腦海中的那些關於什麼在政治上是可能的、什麼是不可能的預設，過去也曾在一夜之間粉碎脫落。

注釋

導言

1. Charles Pierce, "Why Bosses Always Win if the Game Is Always Rigged," Esquire.com, October 18, 2012.

第一章

1. 這項訊息在網際網路上俯拾即是，但最初出現在 Christopher Helman 所著的 "What the Top U.S. Companies Pay in Taxes," *Forbes*, April 2, 2010.

第二章

1. Ginia Bellafante, "Gunning for Wall Street, With Faulty Aim," *The New York Times*, September 23, 2011.
2. China Study Group, "Message from Chinese Activists and Academics in Support of Occupy Wall Street,"chinastudygroup .net, October 2, 2011.
3. "Seeking Arrangement: College Students Seeking 'Sugar Daddies' to Pay Off Loan Debt," huffi ngtonpost .com, July 29, 2011. 儘管美國的相關數字無從得知，但最近英國的一項調查發現，曾經為了籌措教育費用而從事某種性工作的女大學生，比率達到驚人的百分之五十二，徹底下海賣淫的比率略低於三分之一。
4. David Graeber, "Occupy Wall Street Rediscovers the Radical Imagination," *The Guardian*, September 25, 2011.
5. 「茶黨的支持者可能是年紀較長的人、白人和男性。有百分之四十的年齡在五十五歲以上，相較於所有民調受訪者平均的百分之三十二；只有百分之二十二在三十五歲以下，百分之七十九是白人，百分之六十一是男性。許多人是基督教原教旨主義者，有百分之四十四自稱是「屬靈再生」（born-again），相較於所有受訪者的百分之三十三。」——出處：彭博新聞記者 Heidi Przybyla 所撰之 "Tea Party Advocates Who Scorn Socialism Want a Government Job," Bloomberg, March 26, 2010. 引用二〇一〇年三月 Selzer & Company 進行的一項意見調查報告。

6. Malcolm Harris, "Bad Education," *n+1* magazine, April 25, 2001.

7 引發這場辯論的是 Justin Wolfers 八月十九日在部落格 Freakonomics 上貼出的一篇文章："Forgive Student Loan Debt? Worst Idea Ever," www .freakonomics .com.

8. 一些精采的案例收錄在 Anya Kamentz 所著的 *Generation Debt: Why Now Is a Terrible Time to Be Young* (New York: Riverhead Books, 2006)。有趣的是，這種現象在占領運動開始時也常常在新聞媒體上出現，例如《紐約時報》的一篇文章："College Graduation Rates Are Stagnant Even as Enrollment Rises, a Study Finds" (Tamar Lewin, September 27, 2011, p. A15).以下摘錄其中的一段：「這些數字是嚴酷的：例如，在德克薩斯州，每一百名就讀公立大學的學生當中，就有七十九人一開始是上社區學院，其中只有兩人準時在兩年的時間內拿到學位；即使過了四年，其中也只有七人畢業。至於那一百人當中就讀四年制大學的二十一人，只有五人準時畢業；過了八年，只有十三人獲得學位。」根據皮尤研究中心（Pew）的一項研究報告，大約三分之二的輟學生說，他們未完成學業是因為沒辦法同時兼顧籌措自己的學雜費和幫忙賺錢維持家計。(Pew Research Center, "Is College Worth It?" May 16, 2011)

9. 一個戲劇性的例子是二〇一二年初宣告破產的加州斯托克頓市（Stockton）。該市宣布，為了籌措財源償付債權人，打算大舉加強「執法」：基本上，透過開違規停車罰單、對草坪未修整或清除塗鴉不夠快速處以罰款；這類處罰免不了會不成比例地落在貧窮勞工的身上。參見〈Stockton Largest U.S. City Going Bankrupt〉，*Daily News*, June 26, 2012.

10. "Parsing the Data and Ideology of the We Are 99% Tumblr," http://rortybomb .wordpress .com/ 2011/ 10/ 09/ parsing -the -data –and-ideology -of -the -we -are -99 -tumblr/.

11. See, for example, http:// lhote .blogspot .com/ 2011/ 10/ solidarity -first-then -fear -for -this .html, http:// attempter .wordpress .com/ 2011/ 10/ 12/underlying -ideology -of -the -99/, and the accompanying comment section.

12. Linda Lowen, "Women Union Members: The Changing Face of Union Membership," womensissues.about.com, updated December17, 2008.

13. Giovanni Arrighi, *The Long Twentieth Century: Money, Power, and the Origins of Our Times* (London: Verso, 1994).

14. Michael Hudson *Super Imperialism: The Economic Strategy of American Empire* (London: Pluto, 2006), p. 288.

15. Pam Martens, "Financial Giants Put New York City Cops on Their Payroll," October 10, 2011, Counterpunch. 嚴格說來，在這些時段，他們做的是私人保全的工作，但卻穿著警察制服，佩戴著警槍和警徽，而且具有完全的逮捕權力。

16. Andrew Ross Sorkin, "On Wall Street, a Protest Matures," *New York Times*, Dealbook, October 3, 2011.

17. Ron Suskind, "Faith, Certainty and the Presidency of George W. Bush," *New York Times Magazine*, October 17, 2004.

18. George Gilder, *Wealth and Poverty* (New York: Basic Books, 1981), and Pat Robertson quote both cited in Melinda Cooper, "The Unborn Born Again: Neo-Imperialism, the Evangelical Right and the Culture of Life," *Postmodern Culture*, 17 (1), Fall 2006; Robertson 1992:153.

19. Rebecca Solnit,〈Why the Media Loves the Violence of Protestors and Not of Banks〉, Tomdispatch.com, February 21, 2012. 那則KTVU的報導可見於下列網址：http://www.ktvu.com/news/news/emails-exchanged-between-oakland-opd -reveal-tensio/nGMkF/。在性侵害議題方面，出現了一些誇大的數字，但這些數字主要是把在占領運動前後所發生的性侵害報導統統列表顯示，不論被指控性侵的人是否曾經踏進營地一步。

20. 有興趣者不妨參考 Norman Finkelstein 最近出版的 *What Gandhi Says: About Nonviolence, Resistance and Courage* (New York: OR Books, 2012)，書中包含眾多的引用句，明白顯示甘地覺得最糟糕的罪行是消極、不作為。他也寫了一句名言，亦即在面對明顯的不公不義時，「如果只能在暴力與怯懦之間做選擇，我會建議暴力。」

第三章

1. Matthew Continetti, "Anarchy in the U.S.A.: The Roots of American Disorder," *Weekly Standard*, November 28, 2011.

2. John Adams, *The Works of John Adams* (Boston: Little, Brown, 1854), Volume 6, p. 481.

3. R. C. Winthrop, *The Life and Letters of John Winthrop* (Boston: Little, Brown, 1869).

4. James Madison, "Federalist #10," in《聯邦黨人文集》（*The Federalist Papers*）, p. 103. 請注意，麥迪遜稱之為「純粹的民主」，亞當斯稱之為「簡單的民主」，但他們願意賦予這種名稱的唯一政府形式，是交由民眾大會裁定。

5. Federalist Papers, No. 10, p. 119.

6. 對於議會選舉在亨利七世（Henry VII）統治期間如何運作，詳細的敘述可見 P. R. Cavill 所著的 *The English Parliaments of Henry VII*, 1485–1504 (Oxford: Oxford University Press, 2009), pp.117–31.。大致而言，選舉人是由地方上的大人物組成的地方議會；例如，在倫敦，這類團體可能是從三千個當地居民中脫穎而出的一百五十人。

7. Bernard Manin, *The Principles of Representative Government* (Cambridge: The Cambridge University Press, 1992), p. 38. 舉例來說，在古希臘，民主政體傾向於透過抽籤，從一批志願者當中選擇行政職位的持有人，而選舉則被認為是寡頭政治的做法。

8. See John Markoff, "Where and When Was Democracy Invented?," *Comparative Studies in Society and History* 41, no.4 (1991): 663– 65.

9. Gouverneur Morris to [John] Penn, May 20, 1774, in Jared Sparks, *The Life of Gouverneur Morris: With Selections from His Correspondence and Miscellaneous Papers: Detailing Events in the American Revolution, the French Revolution, and in the Political History of the United States* (Boston: Grey & Bowen, 1830), p. 25.

10. Both quoted from Morris in E. James Ferguson, *The Power of the Purse: A History of American Public Finance, 1776– 1790* (Chapel Hill: University of North Carolina Press, 1961), p. 68.

11. Adams, *The Works,* Volume 6, pp. 8– 9.

12. *Madison, Federalist Papers,* No. 10, pp. 54– 55.

13. Jennifer Tolbert Roberts, *Athens on Trial* (Princeton: Princeton University Press, 1994), p. 183.

14. Benjamin Rush, *Medical Inquiries and Observations,* vol. 1 (Philadelphia: J. Conrad, 1805), pp. 292– 93.

15. Francis Dupuis-Déri, "History of the Word 'Democracy' in Canada and Québec: A Political Analysis of Rhetorical Strategies," *World Political Science Review,* 6, no. 1 (2010): 3– 4.

16. John Markoff, "Where and When Was Democracy Invented?," *Comparative Studies in Society and History,* no. 41 (1999): 673.

17. As reconstructed by Marcus Rediker in *Villains of All Nations: Atlantic Pirates in the Golden Age* (Boston: Beacon Press, 2004).

18. Ibid., p. 53.

19. Colin Calloway, *New Worlds for All* (Baltimore: Johns Hopkins University Press, 1997). (cf. Axtell 1985)

20. Cotton Mather, *Things for a Distress'd People to Think Upon* (Boston, 1696).

21. Ron Sakolsky and James Koehnline, *Gone to Croatan: Origins of North American Dropout Culture* (Oakland: AK Press, 1993).

22. Mediker, *Many-Headed Hydra* (Boston: Beacon Press, 2001).

23. Angus Graham, *The Inner Chapters* (Indianapolis: Hackett Publishing Co., 2001).

24. James Scott, *The Art of Not Being Governed: An Anarchist History of Upland Southeast Asia* (New Haven: Yale University Press, 2010).

25. Many of the historical reasons for my thinking on this are outlined in Debt: *The First 5,000 Years* (Brooklyn: Melville House, 2011), particularly chaps. 10– 12.

26. Quoted in Francesca Polletta, *Freedom Is an Endless Meeting: Democracy in American Social Movements* (Chicago: University of Chicago Press, 2004), p. 39.

27. 我在這裡只簡短地概略敘述所發生的事，因為我已在別處用更大的篇幅描寫相關的事情。例如，請參見 *Direct Action: An Ethnography* (Oakland: AK Press, 2009), pp. 228– 37.

28. 正如亞里斯多德的說法：「在這裡，靈魂的組成已為我們指引道路；因為如此，有一部分天生就是統治者，另一部分是臣民，憑藉統治者的優勢，我們維持和臣民有所不同；一個是根據理性的優點，另一個是不理性的部分。顯然，同樣的原理普遍適用，也因此，根據天性，幾乎一切事物既是統治者也被人統治。但這種統治有所不同；自由人統治奴隸的方式，有別於男性對女性的統治，或男人對孩子的統治；雖然那部分的靈魂在任何人身上都存在著，但存在的程度不同。因為奴隸根本沒有深思熟慮的能力；女人有，但沒有權威；孩子有，但不成熟。」《政治學》（*Politics*）1.30。我很感謝湯瑪斯・吉布森（Thomas Gibson）指出，與幾乎任何其他的農業社會相比，這種對人性的觀點是多麼的奇特。

29. I owe this refl ection to a brilliant essay by the French political philosopher Bernard Manin.

30. Deborah K. Heikes, *Rationality and Feminist Philosophy* (London: Continuum, 2010), p. 146.

31. Samuel Blixen and Carlos Fazio, "Interview with Marcos About Neoliberalism, the National State and Democracy," Struggle archive, Autumn 1995, http:// www .struggle .ws/ mexico/ ezln/ inter marcos aut95.html.

32. 證據可見於經濟學家彼德・李森（Peter Leeson）最近撰寫的一份研究報告，他的結論是：「雖然發展程度仍然很低，但根據可用來比較無政府狀態之前與之後情況的十八項主要指標，索馬利亞人在無政府狀態下的日子，過得比有政府統治的情況下更好。」參見李森所撰〈Better Off Stateless: Somalia Before and After Government Collapse〉，*Journal of Comparative Economics*, vol. 35, no. 4, 2007. 完整的文章可見於下列網址：www.peterleeson.com/Better_Off_Stateless.pdf。

33. 例如，Rebecca Solnit就寫一本很棒的書：*A Paradise Built in Hell: The Extraordinary Communities That Arise in Disaster* (New York, Viking Books, 2009)，書中探討天然災害中實際發生了什麼事：在這種情況下，人們幾乎毫無例外地總是會發明出各種自動自發的合作形式，而且通常是民主的決策方式，與他們在平常生活中習以為常的行為方式形成極大的對比。

第五章

1. David Harvey, *A Brief History of Neoliberalism* (London: Oxford University Press, 2007).

2. Arjun Jayadev and Samuel Bowles, "Guard Labor," *Journal of Development Economics* 79 (2006): 328– 48.這裡的數據有些很容易受到質疑——被計算進去的作者們不只是安全部隊的成員，而且也是由失業者、囚犯所組成的「後備部隊」，其中的邏輯是，就他們所能做出的經濟貢獻來說，他們的貢獻是來自於降低工資，以及其他「規訓職能」（disciplinary function）。儘管如此，即便你排除了可受質疑的類別，數字還是很驚人，更有甚者，事實上，數字也因國家而有巨幅差異：以希臘、美國、英國和西班牙來說，有差不多兩成至兩成四的工作者從事某種警衛勞動，而北歐國家則只有一成。社會不平等似乎是關鍵因素：財富越是集中於那些百分之一手上，百分之九十九的人中就會有越高的比例從事於某種保護他們財富的職業。

國家圖書館出版品預行編目（CIP）資料

爲什麼上街頭?：新公民運動的歷史、危機和進程 / 大衛．格雷伯（David Graeber）作；湯淑君、李尚遠、陳雅馨譯. -- 初版. -- 臺北市：商周出版：家庭傳媒城邦分公司發行, 2014.07

面；　公分.

譯自：The Democracy Project : a history, a crisis, a movement

ISBN 978-986-272-607-5（平裝）

1. 民主政治　2. 西洋史

571.609　　103010015

為什麼上街頭？新公民運動的歷史、危機和進程

原著書名 / THE DEMOCRACY PROJECT
作　　者 / 大衛．格雷伯（David Graeber）
譯　　者 / 湯淑君、李尚遠、陳雅馨
企畫選書 / 鄭雅菁
責任編輯 / 夏君佩

版　　權 / 林心紅
行銷業務 / 李衍逸、黃崇華
總 編 輯 / 楊如玉
總 經 理 / 彭之琬
事業群總經理 / 黃淑貞
法律顧問 / 元禾法律事務所　王子文律師
出　　版 / 商周出版
城邦文化事業股份有限公司
臺北市中山區民生東路二段141號4樓
電話：(02) 2500-7008　傳眞：(02) 2500-7759
E-mail：bwp.service@cite.com.tw
發　　行 / 英屬蓋曼群島商家庭傳媒股份有限公司城邦分公司
台北市中山區民生東路二段141號2樓
書虫客服服務專線：02-25007718．02-25007719
24小時傳眞服務：02-25001990．02-25001991
服務時間：週一至週五上午09:30-12:00；下午13:30-17:00
郵撥帳號：19863813　戶名：書虫股份有限公司
讀者服務信箱E-mail：service@readingclub.com.tw
歡迎光臨城邦讀書花園　網址：www.cite.com.tw
香港發行所 / 城邦（香港）出版集團有限公司
香港灣仔駱克道193號東超商業中心1樓
E-mail：hkcite@biznetvigator.com
電話：(852) 25086231　傳眞：(852) 25789337
馬新發行所 / 城邦（馬新）出版集團　Cité (M) Sdn. Bhd.
41, Jalan Radin Anum, Bandar Baru Sri Petaling,
57000 Kuala Lumpur, Malaysia.
電話：(603) 90578822　傳眞：(603)90576622

封面設計 / 鄭宇斌
排　　版 / 菩薩蠻數位文化有限公司
印　　刷 / 韋懋實業有限公司
總 經 銷 / 高見文化行銷股份有限公司　電話：(02) 2668-9005
傳眞：(02)2668-9790　客服專線：0800-055-365

■2014年7月3日初版
■2021年1月4日初版6.1刷

Printed in Taiwan

定價 / 380元

城邦讀書花園
www.cite.com.tw

978-986-272-607-5

商周出版

廣　告　回　函
北區郵政管理登記證
台北廣字第000791號
郵資已付，免貼郵票

104台北市民生東路二段 141 號 2 樓

英屬蓋曼群島商家庭傳媒股份有限公司

城邦分公司

請沿虛線對摺，謝謝！

商周出版

書號：BK7056　　書名：為什麼上街頭　　編碼：

請於此處用膠水黏貼

商周出版

讀者回函卡

感謝您購買我們出版的書籍！請費心填寫此回函卡，我們將不定期寄上城邦集團最新的出版訊息。

不定期好禮相贈！
立即加入：商周出版
Facebook 粉絲團

姓名：＿＿＿＿＿＿＿＿＿＿ 性別：□男 □女

生日：西元＿＿＿＿年＿＿＿＿月＿＿＿＿日

地址：＿＿＿＿＿＿＿＿＿＿

聯絡電話：＿＿＿＿＿＿＿＿ 傳真：＿＿＿＿＿＿＿＿

E-mail ：

學歷：□ 1. 小學 □ 2. 國中 □ 3. 高中 □ 4. 大學 □ 5. 研究所以上

職業：□ 1. 學生 □ 2. 軍公教 □ 3. 服務 □ 4. 金融 □ 5. 製造 □ 6. 資訊
□ 7. 傳播 □ 8. 自由業 □ 9. 農漁牧 □ 10. 家管 □ 11. 退休
□ 12. 其他＿＿＿＿＿＿＿＿

您從何種方式得知本書消息？

□ 1. 書店 □ 2. 網路 □ 3. 報紙 □ 4. 雜誌 □ 5. 廣播 □ 6. 電視
□ 7. 親友推薦 □ 8. 其他＿＿＿＿＿＿＿＿

您通常以何種方式購書？

□ 1. 書店 □ 2. 網路 □ 3. 傳真訂購 □ 4. 郵局劃撥 □ 5. 其他＿＿＿＿

您喜歡閱讀那些類別的書籍？

□ 1. 財經商業 □ 2. 自然科學 □ 3. 歷史 □ 4. 法律 □ 5. 文學
□ 6. 休閒旅遊 □ 7. 小說 □ 8. 人物傳記 □ 9. 生活、勵志 □ 10. 其他

對我們的建議：＿＿＿＿＿＿＿＿＿＿

【為提供訂購、行銷、客戶管理或其他合於營業登記項目或章程所定業務之目的，城邦出版人集團（即英屬蓋曼群島商家庭傳媒（股）公司城邦分公司、城邦文化事業（股）公司），於本集團之營運期間及地區內，將以電郵、傳真、電話、簡訊、郵寄或其他公告方式利用您提供之資料（資料類別：C001、C002、C003、C011 等）。利用對象除本集團外，亦可能包括相關服務的協力機構。如您有依個資法第三條或其他需服務之處，得致電本公司客服中心電話 02-25007718 請求協助。相關資料如為非必要項目，不提供亦不影響您的權益。】

1.C001 辨識個人者：如消費者之姓名、地址、電話、電子郵件等資訊。
2.C002 辨識財務者：如信用卡或轉帳帳戶資訊。
3.C003 政府資料中之辨識者：如身分證字號或護照號碼（外國人）。
4.C011 個人描述：如性別、國籍、出生年月日。

請於此處用膠水黏貼